江苏师范大学小学教育国家级一流本科专业建设点资助出版

U0659768

小学道德与法治教学设计及案例研究

XIAOXUE DAODE YU FAZHI JIAOXUE SHEJI JI ANLI YANJIU

小学教育一流专业建设教材

主　编 / 陈美兰

副主编 / 王小倩
　　　　房　敏
　　　　袁云美

北京师范大学出版集团
BEIJING NORMAL UNIVERSITY PUBLISHING GROUP
北京师范大学出版社

图书在版编目(CIP)数据

小学道德与法治教学设计及案例研究 / 陈美兰主编 . —北京：
北京师范大学出版社，2023.4(2025.1重印)

小学教育一流专业建设教材

ISBN 978-7-303-28278-4

Ⅰ．①小… Ⅱ．①陈… Ⅲ．①政治课－教学研究－小学－
教材 Ⅳ．①G623.102

中国版本图书馆 CIP 数据核字(2022)第 212299 号

教 材 意 见 反 馈　gaozhifk@bnupg.com　010-58805079
营 销 中 心 电 话　010-58802135　58802786
编 辑 部 电 话　010-58807068

出版发行：北京师范大学出版社　www.bnupg.com
　　　　　北京市西城区新街口外大街 12－3 号
　　　　　邮政编码：100088
印　　刷：天津中印联印务有限公司
经　　销：全国新华书店
开　　本：787 mm×1092 mm　1/16
印　　张：15.25
字　　数：320 千字
版　　次：2023 年 4 月第 1 版
印　　次：2025 年 1 月第 5 次印刷
定　　价：40.00 元

策划编辑：张筱彤　　　　　责任编辑：朱前前
美术编辑：焦　丽　　　　　装帧设计：焦　丽
责任校对：陈　民　　　　　责任印制：马　洁

总　序

　　本套教材由江苏师范大学教育科学学院（教师教育学院）小学教育国家级一流本科专业建设点资助出版，共有《教师的实践哲学》《儿童哲学》《小学生认知与学习》等21本，基本涵盖了小学教育专业的学科专业课程、教育实践课程以及教师教育课程，并重点关注了新时代教育前沿课程。

　　本套教材自酝酿到遴选、初审再到申报选题、审读、出版，经历了一个较为漫长的过程。2019年，江苏师范大学教育科学学院（教师教育学院）小学教育专业先后获批江苏省高校一流本科专业和国家级一流本科专业建设点，国家级一流本科专业建设点本身对教材建设有要求。2019年年初，我们在学院发布了教材招标书，明确了申报条件、教材范围以及申报程序。在提交给出版社教材目录之前，我们对所申报的教材采用院内评价、同行评价、专家评价的方式进行了三轮严格的遴选。我们把"三个原则，三个标准"作为教材遴选的基本条件。

　　三个原则，即思想性原则、实用性原则和时代性原则。这三个原则也是教材出版的基本依据和根本遵循。一是思想性原则。思想性就是有意识地将习近平新时代中国特色社会主义思想、社会主义核心价值观有机融入教材内容，体现马克思主义中国化要求，体现中国和中华民族风格，体现党和国家对教育的基本要求，体现国家和民族基本价值观，围绕育人目标，深度挖掘提炼小学教育专业知识体系中所蕴含的思想价值和精神内涵，注重加强师德师风教育，引导学生树立学为人师、行为世范的职业理想，争作"四有"好老师，充分体现课程的思想逻辑、价值逻辑和实践逻辑。二是实用性原则。小学教育专业教材编写的指向很明确，就是要培养能够胜任小学教育教学的高素质、专业化、创新型教师，这就要求教材实用、能用、好用。教材要遵循小学教育专业教育教学规律、小学教师人才成长规律，贴近小学教育专业学生的思想、学习和生活实际，以便教师好教、学生好学、学有所得、学以致用。我们要求教材在呈现专业知识时，以实际问题为出发点和归宿，体现知识的形成和应用过程，突出理论与实践的统一，培养学生用教育学的思想和眼光观察世界的习惯，在教学实践中提升问题解决的能力。教材一定要注重师范生能力培养，以创新精神和实践能力为核心，以培养学生发现问题、提出问题、分析问题、解决问题的能力为目标，完善以能力培养为核心的教学设计。这就要求编者不仅要精心设计教材内容，还应在编写体例上下足功夫，夯实学生能力发展的知识基础，把知识学习与能力形成有效地结合起来。三是时代性原则。时代发展和科技进步是教材改革最有效的催化剂。要想更新教材内容、创造性转化传统教育观念，就必须立足时代前沿，及时反映经济社会发展新变化、科学技术进步新成果，既要相对稳定，准确阐述本学科专业基本概念、基本知识和基本方法，保持小学教育专业教材的科学性，又要与时俱进，吸纳最新研究成果，保障人才培养的先进性。

三个标准，即专业标准、经历标准和验证标准。一是专业标准。凡申报教材出版的教师，必须有高级职称，必须在其专业领域表现出较高的专业水准。我们不是唯职称论者，所看重的并不是职称，而是职称背后的学术训练、实践历练和经验老练。二是经历标准。我们要求教材编者必须有三个经历：和中小学的长期合作经历、经常去中小学体验的经历，以及指导中小学教科研的经历。这三个经历缺一不可。之所以要特别强调经历标准，是因为教材是要"用"的，如果编者对基础教育的情况不熟悉、不了解，对中小学课程标准摸不透、吃不准，对中小学到底需要什么样的教师把握得不清楚、不准确，那么他就既不能准确地理解我们对人才培养目标的设计，也不能保证课程、教学对于培养目标、毕业要求的达成，当然也就写不出一本具有学科特色、专业特色的教材。三是验证标准。验证标准就是所申报的教材内容必须在教学实践中经过两到三轮的试用，也就是说在出版之前，必须已经验证了教材的适用性。事实上，有的教材是编者十几年乃至几十年专业教学工作的结晶。从这个意义上讲，这套教材既是我们对教学实践的总结，也是对教学实践的反思与提炼。

我们按照"三个原则，三个标准"遴选的教材又经过了出版社的严格审核、层层遴选、多重把关，应该说充分保障了教材本身的质量。

本套教材出版之际，还是要表达由衷的感谢之情。感谢江苏师范大学小学教育专业团队，这个团队所有成员同呼吸、共命运，同甘共苦，同心同德，矢志创业，本套教材在某种意义上也是团队共同奋斗的见证。感谢北京师范大学出版社郭兴举、李轶楠、张筱彤及其他编辑同志，他们的精心编辑、审读使本套教材锦上添花，他们的帮助对江苏师范大学小学教育专业建设而言是雪中送炭。最后，也要感谢江苏师范大学小学教育专业的所有学生，他们的成长与发展是我们追求进步的不竭动力。当然，由于编者水平所限，教材不免会有不妥之处，同时随着教育实践和研究的不断发展，教材的内容也应该不断升级换代，敬请广大读者、同行专家给予批评指正，欢迎提出富有建设性的意见，以便今后进一步修订完善。

高伟

序
起而行之的道德与法治课教研示范

  案例教学法是课程与教学论专业经常使用的教育教学方法，其核心要义是通过对案例的深入研究，实现对于相关教育教学理论的深刻理解和创新运用。案例教学法从案例出发，避免了纯理论探讨的抽象，又不是局限于案例本身的"就事论事"，因而在教学实践中运用非常广泛。但就中小学思想政治课的教学来说，由于课程与教材正处于变动时期，加之思想政治课教学本身的特殊性，以案例方式呈现教育教学的问题与策略的著作并不多。也正是由于这个原因，呈现在各位读者面前的这部著作也就更加难能可贵。

  本书的第一个可看之处，是作者队伍的强大。如果用一个词来形容本书的作者队伍，"群星璀璨"是毫不为过的。非常佩服陈美兰教授，能把江苏省内小学道德与法治课教育精英用"众筹智慧"的方式汇集在这样一部沉甸甸的成果里。这批作者，应当是当前江苏省内道德与法治课教学与教研的"精锐"人物的"大集结"。在各位作者特级教师、统编教材作者、教研员等光环背后的，是他们对于新时代背景下小学道德与法治课教学的长期投入和深刻理解。如果小学道德与法治课教师有"省队"，那么本书作者所代表的，应该毫不夸张地说是"省队"的前沿水平。有了这样的作者队伍做"底牌"，本书的高质量也就有了最可靠的保证。

  本书的另一个可看之处，就是作品角度的选取。本书采取了理论与实践结合的方式，既有理论上的深入分析，又有基于案例的系统解读。每一篇案例，都代表了作者及其研究团队最新的研究成果。这样的呈现方式，对于师范生和中小学道德与法治课教学的"一线人员"来说非常有价值。应该说，就中小学道德与法治课教学而言，本成果在理论分析与实践策略之间保持了很好的平衡，既有超越案例的深化与升华，也有基于案例的探索与策略，这就为中小学道德与法治课的教学衔接和教学改进提供了更具参考性和可操作性的"样本"。这样的角度，也一定能给读者带来更多的启发，是非常值得肯定的。

  自从事大中小学思政课教学研究以来，我也曾经不止一次地想做一些类似的工作，真正从一线教师和教研员需要的角度，对中小学道德与法治课教学提出一些思考和建议，但始终未能付诸行动。究其原因，课程与教材的变动是一个方面，自己的怠惰也是不可忽视的一个方面。从这个意义上说，特别佩服陈美兰教授和本书的各位作者，因为他们用这样的方式让我们看到了道德与法治研究人积极探索、努力发现和深入持久的研究状态，看到了落实习近平总书记在学校思想政治理论课教师座谈会上提出的坚持"八个相统一"的实际行动。有了这样的努力，才能让更多的中小学道德与法治课教师看到前进的方向。教师眼里有了光，他们才能成为传播温暖的师者，为学生照亮前行的路，引导学生在正确的道路上积极探索。

与本书的许多作者，都是熟悉多年的老朋友了。为这样一批优秀的"前行者"的作品作序，我实在是没有资格。但我很愿意用前面的文字，为他们点赞，也激励自己，加快自己的脚步，和这些优秀的人以及天南地北德育人一起，坚定地行走，抵达中小学道德与法治课教学"众行致远"的未来。

李晓东，北京师范大学马克思主义学院副教授、大中小学德育一体化国家教材建设重点研究基地核心成员，义务教育统编教材《道德与法治》八年级上册主编，普通高中思想政治课程标准修订组成员，义务教育道德与法治课程标准制订组成员。

2022 年 10 月 18 日

前　言

　　笔者从事中小学道德与法治课教学与研究工作 30 余年，切身体验了一线道德与法治课教师的日常与困惑。作为一名曾经的一线教师，一直以来，很想写一本能体现道德与法治课教师情怀与温度的、能真实记录和反映一线道德与法治课教师如何备课、上课、评课、议课，积极探索课堂教学改革，并以此为契机改进教学行为，实现自身对话性专业成长的书。本书以叙事方式呈现教学研究过程，旨在为小学教育和思想政治教育专业的大学生、一线中小学道德与法治课教师以及道德与法治教研员专业发展提供借鉴和思考，可作为《小学生品德发展道德教育》《政治课程与教学论》《政治课标与教材研究》的辅助教材。

　　习近平总书记在学校思想政治理论课教师座谈会上指出："在大中小学循序渐进、螺旋上升地开设思想政治理论课非常必要，是培养一代又一代社会主义建设者和接班人的重要保障。"党的二十大报告指出："用社会主义核心价值观铸魂育人，完善思想政治工作体系，推进大中小学思想政治教育一体化建设。"党的二十届三中全会通过的《中共中央关于进一步全面深化改革 推进中国式现代化的决定》也提出："完善立德树人机制，推进大中小学思政课一体化改革创新。"这些重要论述为本书的撰写提供了根本遵循。本书采用课堂观察和课例研究的方法，从理论和实践两个维度进行探讨，主要包括理论探索篇、实践创新篇、成长感悟篇。本书是 2020 年度教育部人文社会科学研究一般项目"'大思政'格局下大中小学思政课协同育人机制研究"(20YJA710004)相关成果，也是 2023 年江苏省大中小学思政课一体化建设示范项目"共建·共享·共育：协同推进大中小学思政课一体化建设"的相关成果。

　　该书具有如下特点：

　　1. 突出真实性

　　所有教学案例均来自小学道德与法治教学一线，是一线道德与法治课教师探索核心素养背景下小学道德与法治课堂教学有效性，不断探索小学道德与法治教学规律，优化教学目标、改进教学行为的真实写照。

　　2. 体现故事性

　　故事具有化育功能。本书以教学活动为对象，用客观、形象的叙事方式呈现教学研究过程，为读者提供最直观、最生动、最精彩的教学研究蓝图，使读者有一种比较强烈的代入感。

3. 呈现交互性

案例具有情境性，能让读者快速进入有故事情境的教学研究现场，参与思考和探讨问题的解决办法，具有较强交互性，这也是世界教师教育研究的潮流。

4. 注重指导性

尽管所选案例不是自己亲历的，但教学目标、教学内容、教学活动的设计等有相通性，尤其是案例中教师们分析和解决问题的思路和方法，对读者具有启发性和指导性。

本书由陈美兰编著。参加本书编写的有陈美兰（第一章、第二章、第三章、第四章），王银娣（案例1、感悟1），宋梅（案例2、感悟2），华琳智（案例3、感悟3），宗海玲（案例4、感悟4），王小倩（案例5、感悟5），房敏（案例6、感悟6），董一红、宗月红、黄俊俊、仇玉洁（案例7），康平复（案例8），任颖（案例9），汪晓勇（案例10），袁云美（案例11）。全书由陈美兰统一审定。在编写过程中，笔者参考了大量文献资料，吸收了许多专家学者的研究成果，同时有幸得到北京师范大学马克思主义学院李晓东教授的大力支持，在此一并表示诚挚的谢意。

由于教育部《义务教育道德与法治课程标准（2022年版）》颁布后，相应《道德与法治》教材还在陆续修订中，因而本书所用教材是2019年教育部统编《道德与法治》教材，加之编著水平有限，书中肯定有诸多不足之处，恳请广大读者批评指正。

2024年12月于徐州

目　录

理论探索篇

实践创新篇

成长感悟篇

理论探索篇

第一章

小学道德与法治教学目标设计

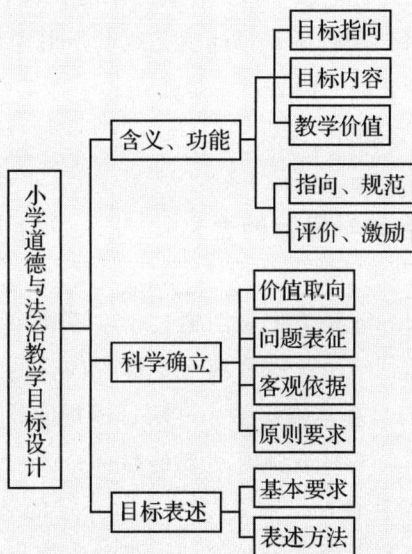

```
                                          ┌─ 目标指向
                              ┌─ 含义、功能 ─┼─ 目标内容
                              │            ├─ 教学价值
                              │            ├─ 指向、规范
                              │            └─ 评价、激励
小学道德与法治教学目标设计 ─────┤            ┌─ 价值取向
                              ├─ 科学确立 ─┼─ 问题表征
                              │            ├─ 客观依据
                              │            └─ 原则要求
                              └─ 目标表述 ─┬─ 基本要求
                                          └─ 表述方法
```

　　本章重点是了解小学道德与法治教学目标的含义和功能，把握小学道德与法治教学目标定位的价值取向，分辨教学目标确定过程中的一些误区，掌握小学道德与法治教学目标确定的依据、原则和要求，从而达到恰当地确定教学目标的目的。

期望学生通过道德与法治教学学到什么？这是教学活动首先要考虑的问题，也是教师在进行教学设计时首先要面临的问题。小学道德与法治的教学实施、教学评价、资源开发与利用等活动，都要从教学目标出发，以目标为导向，并为达成目标服务。可见，合理、明确的教学目标，有助于教师选择和使用有效的教学策略，推动教学有序进行。

第一节
小学道德与法治教学目标的含义及其功能

小学道德与法治围绕核心素养目标，体现课程性质，反映课程理念，确立课程目标。课程目标又决定了教学目标，教学目标是课程目标的具体化。那么，什么是目标？从字面看，"目"即眼睛，"标"是靶子，目标就是眼睛所盯着的"靶子"。教学目标是关于教学将使学生发生何种变化的明确表述，是指在教学活动中教师需要锁定的那个"靶子"，即所期待的学生学习结果。

一、小学道德与法治教学目标的含义

小学道德与法治教学目标就是人们试图通过小学道德与法治教学所要达到的预期结果和标准，是通过小学道德与法治课程或一定课程内容的教学而使学生所要达到的目标。教学目标的内涵有三个基本点：第一，从目标指向看，它是指向学生，所呈现的是学生所要达到的目标，而不是教师要达到的目标；第二，从目标内容看，它是预期的结果和标准，而不是现实性的，需要学生通过一定的条件和努力去实现；第三，它体现的教学价值，是国家有关教育行政部门、小学道德与法治教师等对道德与法治教学的一种价值选择。在具体实施中，教师要区别课程目标与教学目标、教学目标与教学目的这几对概念，只有这样，才能比较准确地把握教学目标，理解和掌握小学道德与法治的教学目标。教学目标主要有教学目标设计、教学目标表述和教学目标实施等。教学目标设计是教学设计的起点，是教学目标问题的首要和关键，教学目标设计得如何，在很大程度上影响教学进程及其效果。①

　　教育目的与课程目标，两者具有一致性，但也有着显著的区别。一般而言，教育目的是系统的整体目标，较为抽象、普遍，是某种教学行为和教学活动的宗旨或方针，它具有理想性、方向性和指导性，时间跨度长，可能一时间无法实现；而课程目标是学生通过整个课程的学习所预期达到的结果，它体现的是课程的价值，是课程编制、课程实施、课程评价的准则和指南；比如小学道德与法治的课程目标是政治认同、道德修养、法治观念、健全人格、责任意识等核心素养，这是本课程所追求的育人价值的集中体现，需要渗透到每个单元、每节课甚至每一个环节的教学中。

　　教学目标和课时目标，这是两个极为近似的概念，一般讲教学目标也就是课时目标，但是二者也有区别。相对课程目标而言，教学目标更为具体和特殊，是某种教学行为具体结果的体现，它可以从科学的意义上来评价和测量，是教师的教学目标和学生的学习目标，是教学实施和教学评价的基本依据，主要包括单元教学目标、每节课教学目标、每课时教学目标；而课时目标又称课堂教学目标，是教学目标的细化，所表达的是学生经过一节课学习后，在学科核心素养方面所发生的预期变化。（见图1-1）②

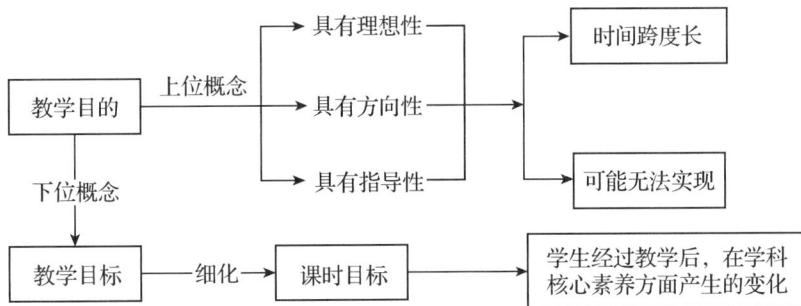

图 1-1　教育目的、教学目标和课时目标关系示意

二、小学道德与法治教学目标所具有的功能

　　教学目标之于教学活动，就像一根红线贯穿始终，又像一座灯塔照亮教学之舟，给予在学海探索中的学生收获与回味。小学道德与法治教学目标在教学中主要有四种功能，即指向功能、规范功能、评价功能和激励功能。

---

①　刘彦文：《课程与教学问题专题研究》，95页，北京，中国轻工业出版社，2017。
②　朱维宗、吴骏、施红星主编：《小学数学教学设计》，58页，哈尔滨，哈尔滨工业大学出版社，2016。

(一)指向功能

小学道德与法治教学是通过影响学生的注意而实现的。教学目标规定了教学所要达到的预期结果，确定了教学活动的基本任务，指明了教师和学生活动的共同方向。教师有了明确的教学目标，就会自觉引导学生把有限的注意力集中到与目标有关的事情上，围绕教学目标有计划、有组织地开展教学活动，实施教学评价。

(二)规范功能

一般来说，教学进行都是从确立目标开始，围绕目标来展开，教学目标对教学的一切活动都具有制约作用，有利于教学活动的规范化、科学化。首先，它规范教学内容的选择和处理。在教学设计中，要根据目标精选和组织内容。其次，它规范教学活动的方式、方法和手段。教学采用什么样的方式、方法和手段，都必须以完成教学任务、实现教学目标为基本依据。最后，它规范教学的进程。在不同地区、不同学校、不同班级，学生的知识基础、能力水平等是有区别的，教学的进程也不能强求一致，因此，要在教学反馈的基础上，根据教学目标的达成情况适时调整教学进程。

(三)评价功能

衡量教学效果的基本标准就是看教学预期目标是否达到，达到多少。因此，教学目标是教学评价的基本依据。在现实教学评价中，往往采用一些细化的、切实可行的评价指标体系进行评价实施，而这些评价指标体系都是以教学目标为依据来设计的，脱离了教学目标，教学评价就缺乏效度和信度。

(四)激励功能

小学道德与法治教学目标的激励功能与指向功能是紧密联系的。一般来说，指向会产生激励，也就是目标激励。明确的目标会激发教师和学生的积极性和主动性，使其朝着预定的目标努力。教学目标要起到激励作用，必然具备两点：第一，教学目标必须与学生的内部需要相一致。教学目标是一种外在的要求，要使之内化，必须与学生的自身需要相一致。第二，教学目标必须难易适度，符合学生的知识和思想基础，这也是激发学生强烈学习动机和持久学习积极性的必备条件。[①]

【探究与分享 1-1】

　　某教师在执教三年级上册第一单元第 3 课《做学习的主人》时，设计如下教学

---

① 胡田庚：《中学思想政治教学设计与案例研究》，41 页，北京，科学出版社，2012。

目标：

（1）找到自己的长处，知道每个人都蕴含着巨大的学习潜力，认识到自己的学习潜力，相信自己能学好，树立战胜困难的自信心。

（2）通过访谈交流了解自己在学习上的困难，获得克服困难的建议。

（3）通过活动体验，知道学习要肯于动脑筋，学会合理安排和利用时间，掌握提高学习效率的方法。

请结合目标功能知识学习，简要分析上述目标在教学中会发挥哪些功能。

第二节
小学道德与法治教学目标的科学确立

教学目标设置得是否合理与科学，关系课程教学能否顺利进行。核心素养视域下的教学活动要牢牢指向学生发展的核心素养，并确保核心素养的有效养成。因此，教师必须设计好指向学生核心素养发展的教学目标。

一、小学道德与法治教学目标设计的价值取向

无论是教育目的、教育方针，还是课程目标、教育目标，这些都表现出明显的价值取向，它的价值取向是教育即以人的发展为出发点和根本归宿，同时，个人的发展又是以社会的总体需要和发展为基础的。小学道德与法治的教学目标，不仅体现了课程的教育价值，而且指明了该课程在教学过程中应该具有的德育效果和学生身心发展的变化等。因此，实现小学道德与法治教学目标是一定教育价值在教学过程中的具体化，具有明确的价值追求。一直以来，小学道德与法治教学目标具有三种代表性的价值取向。

（一）教学目标的"社会本位说"

教学目标的社会本位，就是指教学更多地关注社会发展需要，认为教学是为社会培养合格的人才，学生的学习是为了社会的发展。教学为社会服务是社会本位的价值观念。20世纪50年代初期至改革开放前，我国教学目标的突出特点就是强调培养"社会建设者"。当然，人具有社会属性，人的生存发展依赖社会整体的发展，教学目标的制订不应该忽视它的社会价值，这也是教学应该坚持的基本社会功能。但这种价值取向容易忽视学生的个体性，忽视学生的个人发展需要和内在需求。因此，教学目标必

须包含"以人为本"的价值取向。

(二)教学目标的"知识本位说"

知识本位的价值取向，就是指教学目标是人类知识的传承和发展。课堂教学应该重点关注知识的讲解和传授，对学生的评价也以知识测验为主。应该承认，个人的成长发展和社会的发展进步都需要通过知识教育来传承文化和价值。因此，教学目标应该是以知识为载体，在传授知识的基础上，促进人的发展与社会进步。但这种价值取向也有一定的局限性，容易让人将教育目的片面理解为育分而非育人。

(三)教学目标的"个人本位说"

个人本位的价值取向，就是强调教学目标的制订要以学生的发展为本，促进学生的健康成长，这也是我国新课程改革的目标，强调课程和教学是为了学生的全面健康发展以及学生的未来。社会发展是建立在个体发展基础上的，个体发展促进整体的社会发展；如果社会发展了，个体素质却得不到根本的提高，那么，社会的发展也是不可持续的。因此，教学目标的确定必须要突出以学生为本，这是个人本位的价值取向。

长期以来，我国教学目标的发展经历了从"社会本位"到"知识本位"，再到"以人为本"的发展轨迹。从 20 世纪 50 年代初期到改革开放之前，我国的教学目标突出"社会本位"的价值取向。改革开放后，人们普遍认为"学好数理化，走遍天下都不怕"，开始追求"知识本位"的教学目标。21 世纪初，我国的基础教育课程改革明确提出了"教育要以学生的发展为本"，要构建以"学生生活"为主的课程，教育开始回归"以人为本"的价值追求。新时代思政课教学改革进入新阶段，大、中、小学思政课一体化建设成为思政课改革的方向，培养有理想、有本领、有担当的时代新人，已经成为小学道德与法治教学的价值追求。在教学目标确定上，我们逐步改变了过去过于强调社会本位、知识本位的价值取向，注重在关注社会需要和学科知识体系的同时，强调以学生的发展为本，实现学生个体发展与社会发展的统一、学科知识与学生生活的结合，这两个结合也是小学道德与法治教学目标确定的基点。①

二、小学道德与法治教学目标设计的问题表征

课时教学目标是教学活动的灵魂和标杆，它决定了教学活动的内容、方向，也决定了教学活动的整体效益。因此，恰当的目标是课堂教学有效性的前提，它就像航船的罗盘一样，如果偏离了航向，航船就很难到达目的地，同样，如果教学目标的设定

---

① 胡田庚：《中学思想政治教学设计与案例研究》，41 页，北京，科学出版社，2012。

陷入误区，那么教师就很难完成教学任务。只有走出教学目标定位的误区，教师才能上好每一节课，学生也才能学有所得。目前小学道德与法治课时教学目标定位存在以下问题：①

(一)"蜻蜓点水"贪多求全型

教材是达成目标的有机载体，在小学道德与法治教材中，教学内容往往以单元主题的方式呈现，教学目标也相应以单元或课题目标出现，而对于每一课时的目标并未进行具体规定，那么，教师应如何划分某一课时的教学内容，确定某一课时的教学目标呢？不少教师会忽略这一问题，常常为追求课堂"出彩"，安排丰富的教学内容，从而在一定程度上影响了教学的有效性。比如，六年级下册第二单元的第4课《地球——我们的家园》，有些教师把了解地球的知识作为本课的教学重点，并通过对环球航行的模拟演练加深对地球的认识，通过欣赏各地美景来激发热爱地球之情。这样的课尽管安排得满满当当，但学生也仅仅停留在走马观花的景象之中，课堂俨然成了一场表演秀。究其原因，其一，误认为教学内容越多，课堂积淀就越丰厚，殊不知，没有目标引领的积淀就好比没有过滤的沙石一般，缺乏保留价值；其二，追求课堂完整性，刻意体现完美，殊不知，此"完美"的背后却是由知识堆积而产生的"无知"盲区。因此，教师在研究课标、教材和学情后，可把握"美丽的地球"这一关键词，把本课教学目标设计为了解地球面貌、感受地球美丽，从而激发学生热爱地球之情。

(二)"不知所云"迷失方向型

在实际教学过程中，由于受传统教学观念的影响，教师往往简单地认为，地理知识教学本身不具备情感、态度、价值观的要素，它与思想品德培养没有多少关系，甚至将地理知识的教学与品德教育分割开来，致使知识与品德成了"两条不相交的线"。其实，新课程把一些地理内容纳入小学道德与法治教学中，目的就是要使学生热爱地球，树立生态环境保护和可持续发展的理念。因此，我们在教学《地球——我们的家园》这类融入地理知识的道德与法治课时，教学目标的设计不能仅仅局限于让学生获得地球知识本身，还要在学生认知水平提高的基础上激发学生对美丽地球的由衷赞赏以及对地球的热爱之情，在教学过程中要牢牢把握小学道德与法治课程的政治性、思想性和综合性特点，力求使学习过程成为儿童整体生命投入的过程，成为认知、情感、行为整体构建的过程。在这一理念指导下，某教师对《地球——我们的家园》这一课时教学目标进行优化：

---

① 杨翠玉主编：《小学品德课堂教学的"草根研究"》，25页，宁波，宁波出版社，2013。

【探究与分享 1-2】

(1)感受地球面貌的多姿多彩，激发学生热爱地球的情感，树立保护环境的意识。

(2)知道地球是一个球体，它的表面是陆地和海洋；初步了解地球与人类生活的关系。

(3)初步学会在地球仪上查找有关信息，养成探究的习惯，学习探究的方法。

请问在此教学目标中，你体会到了教师的哪些设计理念？

(三)"目中无人"偏离主体型

新课程倡导"以学生为中心"的学习，课堂是学生知识和心灵"生长"的地方，学生情况对定位教学目标具有现实意义。然而，一些教师要么将教学目标定位过高，课堂教学活动脱离大多数学生的水平；要么将教学目标定位过低，课堂教学活动费时耗力低效；更有甚者，一味强调学生作为主动建构者，学生想怎么学就怎么学，正可谓"脚踩两瓜皮，滑到哪里算哪里"，毫无目的性可言。我们主张："学生已经会的，不需教；学生能自己学会的，不必教；教了学生也不会的，不能教。"一切教学目标的定位，最终都要归结到学生的实际水平与发展需要上来。由此可见，道德与法治课程教学前的学情分析有助于强化教学的针对性，是我们确定教学目标必不可缺的重要环节。学情分析主要包括：作为个体的学生的个性特征；生活中真实的行为表现，真实的内心感受；已有的生活经验以及所处的家庭背景、社会环境等；以及学生在群体中形成的思维、习惯、行为等共同特性。

《地球——我们的家园》一课面对的是六年级的学生，他们对地形地貌了解不多，缺乏一定的能力，特别是对专业性的地理名词、空间概念还很模糊，但六年级学生的动手能力较强，基于这样的学情分析，教师可以通过探究活动来设计学习活动，从而达成教学目标。

【案例呈现 1-1】

《地球——我们的家园》教学目标

1. 通过小组合作，学生在地球仪上找到七大洲和四大洋的位置，并说出它们的名称。

2. 通过同桌互猜，学生能以自己喜欢的方式记住七大洲和四大洋，进而感受地球之大。

3. 通过探究性学习，学生体会地球与人类生活之间的关系。

以找位置、记形状、比大小这种贴近学生生活实际的探究模式，把学生原有生活基础作为教学的出发点和核心，实现应学生而动，应情境而动。这样的课堂教学才是真正有活力的教学，才能实现师生间、生生间的交往互动，才能逐步实现既定的教学目标，真正地为学生的核心素养发展服务。

(四)"依葫芦画瓢"缺乏个性型

教学目标是备课的目的，它是第一个被写入教案中的。但是现实中不少教师在备课时，往往会把注意力集中在教学过程的设计和教学手段的选择上，教学目标的确定依赖教学经验或教学参考书，但只有一个统一标准，很难备好自己的课，这也是许多教师没有教学个性的主要原因之一。其实，教学目标从制订、实施及至评价无不体现着一个教师的教育哲学和教学理念，教师只有对本课程的知识体系有着全面、准确、深入的认识与研究，再根据课程标准及学生的实际情况，才能构建符合学情的独特的教学目标，我们的备课才真正有意义，才能形成富有教师个性化的教学风格。

【探究与分享 1-3】

　　1. 根据《地球——我们的家园》确定的"活动园"的教学内容，把核心素养目标设定为：通过展现地球各种地貌，体现"多姿多彩"，激发学生热爱地球之情，初步了解七大洲和四大洋的位置和面积。

　　2. 教师从发展每个学生的个性出发设计教学，鼓励学生用不同的方法去表现自己感受到的地球全貌，给学生的创造性思维提供广阔的空间。

　　结合该教师教学目标的设计分享，谈谈自己的学习体会。

三、小学道德与法治教学目标设计的客观依据

教学目标的设计受课程标准、教学内容、学生实际等多方面因素的影响和制约。特别是思政课程，具有很强的时代性和实践性，教学目标的设计更不能凭空想象，必须有科学依据。小学道德与法治是义务教育阶段的思政课程，因此，小学道德与法治教学目标设计的依据主要包括以下几个方面。[①]

(一)依据国家、社会的要求和时代的特点

道德与法治作为落实立德树人根本任务的课程，具有很强的时代性和实践性，教

---

① 胡田庚：《中学思想政治教学设计与案例研究》，43 页，北京，科学出版社，2012。

学内容较多受社会经济、政治、文化等发展的影响，因而其教学目标的设计也要随时体现不断变化发展的时代特色和社会要求。小学道德与法治教学目标的制订要力求反映当前和今后一个时期加强和改进小学生思想道德建设的总体要求。这个总体要求是坚持以马克思列宁主义、毛泽东思想、邓小平理论、"三个代表"重要思想和习近平新时代中国特色社会主义思想为指导，以理想信念教育为核心，以树立正确的世界观、人生观、价值观为重点，以养成高尚的思想品德和良好的道德情操为基础，紧密结合实现社会主义现代化和中华民族伟大复兴的实际，遵循小学生思想道德教育与法治教育的规律，坚持以人为本，促进小学生全面发展，努力培育有理想、有本领、有担当的时代新人和中国特色社会主义事业的建设者和接班人。

(二)依据课程标准

课程标准是教学的依据，也是教学目标确定的依据。

【阅读链接1-1】

义务教育道德与法治课程标准(2022年版)总目标

1. 学生能够初步了解中国的基本国情、中华优秀传统文化的主要代表性成果，了解中国共产党的历史和革命传统、改革开放和中国特色社会主义的伟大成就，汲取党史、新中国史、改革开放史、社会主义发展史所蕴含的精神力量，热爱伟大祖国、中华民族、中华文化、中国共产党和中国特色社会主义，为自己是中国人而自豪；具有维护民族团结的意识，能够把个人发展和国家命运联系起来，维护国家利益和安全；能够理解社会主义核心价值观的内涵及其重要意义，并在社会生活中自觉践行；能够以实现中华民族伟大复兴为己任，增强做中国人的志气、骨气、底气，不负时代，不负韶华，不负党和人民的殷切期望；关心时事，热爱和平，初步具有国际视野和人类命运共同体意识。

2. 学生能够了解个人生活和公共生活中基本的道德要求和行为规范，能够在日常生活中践行诚实守信、团结友爱、尊老爱幼等基本的道德要求；形成初步的道德认知和判断，能够明辨是非善恶，通过体验、认知和践行，养成良好的道德品质。

3. 学生能够具有基本的规则意识和安全意识，理解宪法的意义，知道与学生生活密切相关的法律，能够初步认识到法律对个人生活、社会秩序和国家发展的规范和保障作用；形成宪法法律至上、法律面前人人平等观念和权利义务相统一观念；遵守规则和法律规范，提高自我防范意识，掌握基本的自我保护方法，预防意外伤害，养成自觉守法、遇事找法、解决问题靠法的思维习惯和行为方式，初步具备依法参与社会生活的能力。

4. 学生能够正确认识生命的意义和价值，珍爱生命，热爱生活；初步具有自尊自强、坚韧乐观的心理素质和道德品质；具有理性平和的心态，能够建立良好的同伴关系、师生关系和家庭关系，树立正确的合作与竞争观念，具有团队意识和互助精神；具备积极向上、锐意进取的人生态度，能够适应变化，不怕挫折。

5. 学生能够关心集体、社会和国家，具有主人翁意识、责任感和集体主义精神，主动承担对自己、家庭、学校和社会的责任，自觉维护祖国统一和国家安全；能够主动参与志愿者活动、社区服务活动，具有为人民服务的奉献精神，勇于担当；能够遵守社会规则和社会公德，依法依规有序参与公共事务，具有公共意识和公共精神；敬畏自然，保护环境，形成人与自然生命共同体的意识。

这一课程目标设计改变了传统课程过于注重知识传授的倾向，强调形成积极主动的学习态度，使学习过程成为学会学习和形成正确价值观的过程。

(三)依据教材内容

教材是依据课程标准编写的，是课程标准的具体化，它承载着教学的主要内容，是教师教和学生学的主要材料。教材所提供的学科知识和大量范例是经过精心挑选、精心安排的，具有较强的基础性和系统性，可以引导、帮助学生快捷地实现课程目标。因此，教师在确立教学目标时，应该反复阅读、分析教材，理解教材的编写意图，把握教材的基本内容，根据教材确立教学目标。比如"美丽文字、民族瑰宝"是五年级上册第四单元第 8 课的内容，该课分为"丰富多样的文字""古老而优美的汉字""意蕴隽永的汉字""影响深远的汉字"四个板块，旨在引导学生感悟中国汉字的文化魅力，激发对中华优秀传统文化的珍惜和热爱，感悟民族自信和自豪感。教师在研读教材基础上可以设计如下教学目标：了解我国多民族丰富多彩的文字；感悟汉字的形体美及多姿多彩，了解汉字的演变历程；激发对祖国悠久历史和文化的热爱之情，增强民族自信和自豪感。

(四)依据学生实际

小学道德与法治教学目标必须考虑学生发展的阶段性和可接受性，对不同阶段、不同层次、不同地区的小学生提出不同的目标要求，体现出由低到高、由浅入深的渐进过程，其中教学目标的确定，要有更强的针对性和灵活性，要针对教学要求的统一性和学生需要的差异性，具有一定弹性，有最低标准，保证学生的学习质量，又有较高要求，鼓励学有余力的学生充分发挥学习潜能。如某教师在进行二年级上册第三单元第 12 课《我们小点儿声》教学目标设计时，充分考虑二年级学生具有的心理趋向较稳定，显示出一定的个性特征，个人能处理的问题越来越多，自信心不断增强等特点，设计如下教学目标：

【案例呈现 1-2】

《我们小点儿声》教学目标

1. 交流校园生活中的吵闹声，了解吵闹声给人带来的不良后果。

2. 针对校园吵闹声提出解决的方法，学会不同场合调节不同音量。

3. 初步树立说话做事小点儿声的意识，养成讲文明懂礼貌的良好习惯。

(五)依据课程特点

小学道德与法治是旨在提升学生思想政治素质、道德修养、法治素养和人格修养等，增强学生做中国人的志气、骨气、底气，为培养以实现中华民族伟大复兴为己任的有理想、有本领、有担当的时代新人打下牢固的思想根基的课程。与此相应，其教学目标的确定不能重智轻德、重知轻能，而必须着力培养学生政治认同、道德修养、法治观念、健全人格、责任意识等核心素养。某教师在进行五年级下册第三单元第 9 课《中国有了共产党》教学目标设计时，不仅设计了中国共产党诞生等历史知识目标，而且注重对学生进行爱党爱国情感教育目标的设计。

【案例呈现 1-3】

《中国有了共产党》教学目标

1. 通过探寻历史故事，初步了解马克思主义在中国传播等史实，体会中国共产党的成立是历史与人民的必然选择。

2. 感悟红船精神的内涵，激发爱党爱国之情，以切实的行动来传承红船精神。

四、小学道德与法治教学目标设计的原则与要求

小学道德与法治教学目标设计还需遵循以下原则和要求：

(一)小学道德与法治教学目标设计的原则

1. 统一性与灵活性相结合

教学目标设计必须注重统一要求，才能满足学生身心发展需要，在一定程度上保证人才培养的质量标准和规格，体现学校教育的效率和优势。同时，教学目标的制订还必须兼顾一定的灵活性。第一，由于学生身心发展有差异性，教学必须注意到这种

个别差异，适应不同学生的需要，做到因材施教，根据不同学生学习水平，把教学目标设计为上下限。一般而言，统一的要求是最基本、最低层次、最下限的目标。在此基础上，要设计更高层次的目标，激励和指导有潜力的学生的发展。第二，目标要根据客观条件的变化而及时调整。目标的制订不是一成不变的，而是因人因时因地而异，要随时注意客观变化，对目标加以调整修正，因为变化是影响教学目标设计的重要因素。

2. 操作性和体验性相结合

学习结果大致可分为两类，一类是可以观察、测量到的行为表现，另一类是内在心理品质等的变化。从学习结果方面分析，教学目标既要体现行为的可操作性，也要注意情感等方面的内在体验。教学目标必须具备可操作性，要力求具体化，有针对性，有具体、明确的内涵，能达到可观察或可测量程度，使教学工作有的放矢、有章可循，能够得到检验和确认；但那些灵感类的、学生感受类的体验及结果是不容易纳入具体目标的，如理解、欣赏、热爱、尊重等强调的是感悟和体验，是内心的东西，不容易表现出来，也很难观察和测量。所以，教师在评价时要注重体验性，强调学生的内心感受。

【案例呈现 1-4】

《小水滴的诉说》教学目标

通过对二年级下册第三单元第 9 课《小水滴的诉说》的教学，引导学生感知水的重要性，了解我国水资源缺乏的现状，学会在日常生活中节约用水的方法；养成自觉珍惜水资源的习惯，树立资源有限，坚持可持续发展的意识。

这一教学目标设计既考虑了操作性要求，通过学习学生能学会在生活中节约用水的方法，又考虑了学生由此养成珍惜水资源的习惯，帮助学生树立环境保护意识和形成社会责任感。

3. 预设目标和过程生成目标相结合

教学目标具有计划性和预设性特点，教师根据对各种教学因素的分析，预先设计好实际教学过程中可以实现的目标。然而，教学双方是有意识、有主动性的人，是鲜活的生命体，随时会有新想法产生，经常会有意想不到的因素参与其中，从而会有意料之外的教学效果，也就是所谓的生成性目标。有时，生成性目标也是非常有教育价值的。为此，教师要注意调动学生积极性，鼓励学生深入思考和自由表达，努力营造学生发展的良好环境和氛围，同时，教师要充分运用智慧，施展教育才能，处理好设想之外的事情，抓住机遇，发挥主导作用，引导学生加快、加深发展，从而收到非预期目标之效。[①]

---

① 刘彦文：《课程与教学问题专题研究》，99 页，北京，中国轻工业出版社，2017。

(二)小学道德与法治教学目标设计的要求

教学目标是为了完成教学任务而设计的，是学生学习的预期结果，它规范教学活动的进程，制约教学发展的方向，影响教学活动的效率。因此，如何确定合理的教学目标，值得高度关注。一般来说，道德与法治课程教学目标的确立，要符合以下几方面要求。

1. 以发展学生核心素养为目标导向

小学生是一个"整体的人"，小学生的发展是综合发展，确立教学目标要注意目标全面性，形成相对系统完整的目标内容体系。新课程标准提出了使学生逐步形成正确价值观、必备品格和关键能力。这一目标涵盖了学生主要的发展领域，为确定教学目标指明了基本方向。为此，教师要更多地关注学生个性的全面和谐发展，重视提高核心素养，正确处理好知识、能力、方法、思想品行等之间的关系，既提出知识和能力方面的要求，又明确情感态度与价值观方面的目标。

2. 以协调整合目标内在关系为抓手

小学道德与法治课的核心素养目标集中体现了课程育人价值导向，主要包括政治认同、道德修养、法治观念、健全人格、责任意识。政治认同是社会主义建设者和接班人必须具备的思想前提，道德修养是立身成人之本，法治观念是行为的指引，健全人格是身心健康的体现，责任意识是担当民族复兴大任时代新人的内在要求。这五个方面彼此渗透，相互融合，统一于学生的成长与发展之中。因此，在确定教学目标时，要重视核心素养，要让学生感受和理解知识产生与发展的过程，注意将结论的获得同体验、探究与发展的活动过程结合起来。

3. 以关注学生生活实际和体验为重点

在教学活动中，小学生的情况是各不相同的，有不同的知识基础、能力水平、兴趣爱好、思想状况、行为表现等，在学习上也有不同的学习需求和期望。因此，小学道德与法治课程教学目标的确立也要根据不同班级和学生的具体情况"因人而异"。同时，在教学目标的确定上，教师要多关注社会生活实际情况，引导学生跳出教材，走出教室，从生产、生活实践中，或从学生感兴趣的最新成就中去感悟教学目标；通过图书、网络等资源拓宽学习途径，拓宽学习空间和时间，给小学生提供更多主动学习的空间和时间，让学生涉足的领域更为广泛，从而获得更丰富的体验，进而更好地发展个性，发挥他们的特长。

【案例呈现 1-5】

在宪法认同教育目标设计上，小学阶段着重普及宪法常识，形成守法意识和养成行为习惯。例如，教师在教学六年级上第一单元第 2 课"宪法是根本法"第一部分"感受宪法日"时，可设计如下目标：浏览人民网—中国人大新闻—国家宪法日专题网页，结合学校里国家宪法日的宣传栏和书店里的宪法图书专区等，与同学分享你对国家宪法日的印象。

第三节
小学道德与法治教学目标的恰当表述

小学道德与法治课目标，就是把已经确定好的道德与法治教学目标以书面的方式呈现出来，从而明晰教师所制订的道德与法治教学目标。小学道德与法治教学目标不仅要科学设计，而且要恰当表述，只有这样才能更好地发挥其功能，服务于教学实施和教学评价。

一、小学道德与法治教学目标表述的基本要求

根据基础教育课程与教学改革发展的趋势，结合教学目标自身的功能和特点，教学目标的表述一般应该符合以下几个基本要求。

(一)确立教学目标的学生主体地位

学生是学习的主体，教学目标应该指向学生的学习，是学生通过学习后所达成的结果，而不是教师的行为；判断教学是否有效，其直接依据也是学生通过教学有没有进步，而不是教师有没有完成任务。因而教学目标主要陈述学生行为的会与不会、能与不能，而不是教师的教学行为以及教学任务的完成情况。因此，教学目标的表述要注意把学生放在主体地位，而不能把教师看成主动者，把学生当作被动者。要避免出现的句式是："通过教学，使学生了解……使学生掌握……"同时，表述教学目标要使用能够体现学生主体性的行为动词，如复述、了解、描述、列举、写出、识别、辨认、解析、比较、说明、应用、评述、辨析、感受、观察、探寻等，而不是指导、培养、启发、引导、激发等描述教师教学行为的动词。

(二)教学目标表述要可观察、可检测

以往表述教学目标大多使用一些表示内部心理过程的术语，如掌握、理解、懂得、认识、培养等，用这些术语表述教学目标，无疑有助于我们对教学目标形成一般的、总体的了解。但这些术语缺乏质和量的规定性，可测性和可比性较差，难以确切表述

学生的学习结果，也难以用来衡量教学效果的好坏。因此，如果仅仅用这些术语对教学目标进行概括性的一般描述，难免使教学目标流于空泛。

(三)教学目标呈现预期的教学结果

教学目标是教与学的达成目标，是对学生学习结果的描述，而不是教师主观愿望的描述，如前面所谈到的"使学生了解……使学生掌握……"句式，这只是教师开展教学活动的主观愿望，而不是预期学习结果。

【探究与分享 1-4】
六年级上册第一单元第 1 课《感受生活中的法律》教学目标
1. 通过本课教学，引导学生感受日常生活与法律息息相关，了解法律规定的人们的权利与义务，认识以法律为代表的社会规则。学习法律，了解维护合法权利的方式和形成履行应尽义务的意识。
2. 通过创设生动的生活情境，引导学生对生活经验与经历进行回顾，从而深刻认识到法律在生活中的重要作用。
3. 懂得珍惜权利，同时又要恪守自己应尽的义务，从而增强国家观念和法律意识，培养主人翁意识。

结合所学知识，分析上述教学目标的表述存在哪些问题，应该如何优化。

二、小学道德与法治教学目标表述的主要方法

20 世纪以来，许多专家对此进行研究，形成了诸多教学目标的表述方法。就目前来看，行为目标表述方法是小学道德与法治课程教学目标表述的基本方法，也是值得倡导的一种方法。

(一)行为目标表述法：ABCD 模式

行为目标表述方法指用可以观察的或可以测量的行为来描述教学目标。相对于传统教学目标表述比较概括、含糊和不精确，行为目标的表述方式具有精确性、具体性、可操作性的特点，比较适合于知识、技能领域目标的表述。行为目标的概念最早由美国著名教育家泰勒于 1934 年提出，但他并没有论及怎样来表述行为目标。此后，布鲁姆等人推进了行为目标的研究，但他们在表述教学目标时往往采用"主语＋谓语＋宾语"的形式，主语是特定学生，谓语是某一动词，宾语是特定学习结果，不过谓语所使用的动词往往是描述内部心理的，如领会等，而不是描述行为结果的。1962 年，马杰

在《准备教学目标》中，提出表述教学目标的三个要素，即行为、条件和标准，一个教学目标如果能够兼顾到这三个要素，就是一个好的教学目标。我国教育工作者根据马杰的三个要素，提出了四要素模式，这四个要素是教学对象、学生行为、条件和程度。

1. 学生是教学对象（A 即 audience"学习者"）

课堂教学目标的陈述对象应该是学生的行为，是学生的学习结果。规范的教学目标开头应是"学生能……"而不是教师的行为，不能陈述教师应该做什么，如果教学目标的陈述是"教师培养学生……"则是不符合要求的。

2. 行为是教学目标中最基本的成分（B 即 behavior"行为"）

行为是通过使用明确的外显性行为动词来表述的。教学目标中的行为动词应该是具体的、可测量的，不能用比较模糊的、不确定的、不便于测量的动词。教学目标应该使用"说出、指出、写出"一类的词语，减少使用"知道、了解"一类的词语，例如，"针对校园吵闹声提出解决的方法，学会不同场合调节不同音量"就非常明确具体，便于观察与测量。

3. 条件是表示学生完成规定行为时的环境（C 即 condition"条件"）

这里的条件包括时间限制、行为情境以及所提供的信息等，通常是针对影响学生学习结果的特定限制和范围。例如，通过观看蓝猫洗澡时停水的动画、学校里学生涮拖把等图片，说一说为何不能浪费水。同样的行为，有无行为条件，会使学习难度不同。

4. 程度是教学目标中学生要达到的最低表现水准（D 即 degree"程度"）

程度是评定学生行为的最低依据，是学生学习之后预期应有的表现。如"针对浪费水的现象，每人至少提出一种节水办法"。

通过以上分析，一个完整规范的 ABCD 模式的教学目标编写格式就形成了。譬如学生（对象）通过观看学校里学生涮拖把浪费水和稻苗缺水的图片比较（条件），说出节约用水的重要性（内容），并举 1 个事例加以说明（程度）。

（二）内外结合法

前述 ABCD 目标表述模式是根据行为主义的观点编写教学目标的基本方法。这种方法克服了目标表述的模糊性，也为多数教师所接受，但该方法只是强调了行为的结果，忽视了心理过程，有些心理过程无法行为化。这就可能导致教师只关注学生的外在行为变化，而忽视了其内在能力和情感的变化。尤其值得注意的是，小学道德与法治是德育性质的课程，具有政治性、思想性、综合性和实践性。其中，思想性是其本质属性，核心素养目标是其教学目标的"根"与"魂"。而核心素养目标很难在短时间内实现，也很难完全通过外显行为来衡量。因此，对这类教学目标的表述，我们应该既关注其学习行为的外显，又要注重学生的内心感受，强调学生在一定情境中获得的个人意义，将学生内部心理活动与外显行为结合起来。这种方法是格朗伦在《课堂教学目标的陈述》中率先提出的，即先用描述内部过程的术语陈述一般教学目标，然后用可观察的学生行为使之具体化的方法。

【案例呈现 1-6】

体会中国共产党的成立是历史的必然选择

1. 课前自主阅读《七律·长征》和《十六年前的回忆》，并写 100 字学习体会；

2. 通过视频和图片资料，了解"南陈北李，相约建党"的故事；

3. 说出：《新青年》杂志的贡献是什么？李大钊具有怎样的革命精神和气节？

上述事例中"体会"是一个表示内部心理过程的动词，难以观察和测量，而通过例举的行为动词，教学目标得以具体化。这种方法既避免了内部心理特征表述目标的抽象性和模糊性，又防止行为目标的机械性和局限性，因而为许多教师所认可。

本章小结

综上所述，小学生正处于人生启蒙阶段，他们的道德观念在此时刚刚确立。教师应把握小学生的可塑时期，认真研究小学道德与法治教学目标科学制订的方法，学会恰当、准确地表述教学目标，充分发挥教学目标对教学活动的指向、规范、评价、激励和调控功能。通过小学道德与法治教学，为小学生日后全面发展奠定扎实的道德修养与法治修养基础，这是教学活动的出发点和落脚点，也是实施有效教学的重要策略，是教学设计的第一步，也是关键的一步。

章后练习

1. 什么是 ABCD 模式？

2. 阅读以下案例，指出三年级上册第三单元第 8 课《安全记心上》的教学目标不合理之处，并说明理由。

让学生认识常见的交通标志、交通信号，遵守交通规则，注意交通安全。

培养学生热爱生命的情感，让学生懂得珍爱生命，是对自己的生命负责的一种表现，也是一个人有责任感的体现。

3. 结合本章所学知识，请对二年级下册第四单元第 15 课《坚持才会有收获》的教学目标进行设计并分享。

延伸阅读

1.［美］拉尔夫·泰勒：《课程与教学的基本原理》，罗康、张阅译，北京，中国轻工业出版社，2014。

2.［美］小威廉姆·E. 多尔：《后现代课程观》，王红宇译，北京，教育科学出版社，2000。

3. 张育花：《小学道德与法治课程教学目标设计的三大要领》，载《中国德育》，2020(12)。

在线学习资源

中国大学慕课《有效教学》第三章第一节教学目标设计

https：//www. icourse163. org/course/YNNU－1002245013？ from＝searchPage

第二章

小学道德与法治
教学内容设计

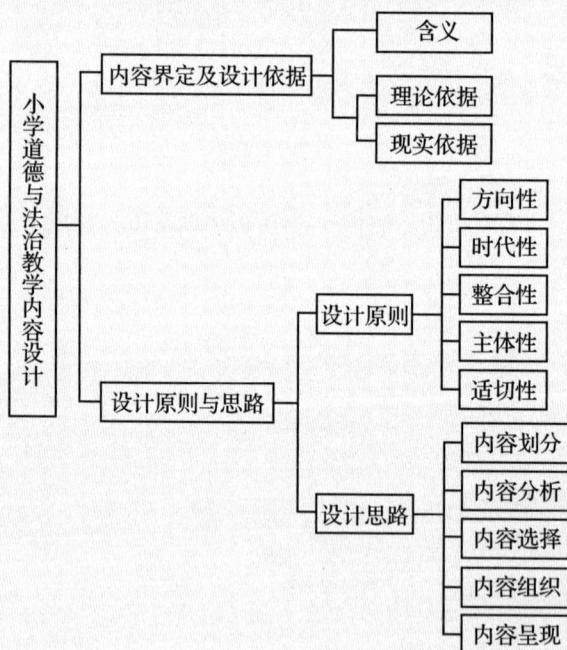

```
                                      ┌─────────────┐
                    ┌─────────────────┤     含义    │
                    │                 └─────────────┘
          ┌─────────┴──────┐          ┌─────────────┐
          │内容界定及设计依据├──────────┤   理论依据   │
          │                │          └─────────────┘
          └────────────────┘          ┌─────────────┐
                                       │   现实依据   │
     ┌────┐                            └─────────────┘
     │小  │                                ┌─────────┐
     │学  │                          ┌─────┤  方向性  │
     │道  │                          │     └─────────┘
     │德  │                          │     ┌─────────┐
     │与  │                   ┌──────┴─┐   │  时代性  │
     │法  │             ┌─────┤设计原则├───┤         │
     │治  │             │     └────────┘   ├─────────┤
     │教  ├─────────────┤                  │  整合性  │
     │学  │             │                  ├─────────┤
     │内  │             │                  │  主体性  │
     │容  │      ┌──────┴──────┐           ├─────────┤
     │设  ├──────┤ 设计原则与思路│           │  适切性  │
     │计  │      └─────────────┘           └─────────┘
     └────┘                                ┌─────────┐
                                     ┌─────┤  内容划分 │
                                     │     ├─────────┤
                              ┌──────┴─┐   │  内容分析 │
                              │设计思路├───┤         │
                              └────────┘   ├─────────┤
                                           │  内容选择 │
                                           ├─────────┤
                                           │  内容组织 │
                                           ├─────────┤
                                           │  内容呈现 │
                                           └─────────┘
```

　　本章重点是了解小学道德与法治教学内容的界定，把握教学内容设计依据、设计原则、设计思路，掌握教学内容设计的操作方法。

章前导语

　　所谓教学内容的设计，就是教师为实现教学目标对教材内容进行取舍与安排。教材是教学的基本材料，提供了教学活动的基本内容。这些内容在教学中如何安排，哪些要讲、哪些可以不讲，哪些先讲、哪些后讲，哪些需要重点关注、哪些可以一般对待，哪些需要补充、哪些可以舍弃等，都需要教师精心设计和安排，从而做到思路清晰，结构合理，详略得当，重点突出，增删有度，形成一个适合教学的、崭新的、适宜的、完整的教学内容体系。

第一节
小学道德与法治教学内容界定及设计依据

　　小学道德与法治教学内容到底指什么？这是教师在进行教学设计时首先要面临的问题，对这一问题的回答，直接影响教学内容的选择和组织，关系到教学内容设计得是否科学、合理。

一、小学道德与法治教学内容的含义

　　在现有研究成果中，关于教学内容的含义有两种，第一种是指"根据教学目标，有目的地选择并按照一定的逻辑思路组织编排而成的知识体系"[1]。第二种是指教材内容的"教学化"，即在"教学过程中通过对教材内容的进一步加工，采用个性化的方式动态生成的素材和信息"[2]。教材内容向教学内容转化是指教师依据课程与教学理论以及课程标准、教材和学生实际，对教材进行一定的、合理的增删或者重组，即二次开发，从而将教材内容变成易于学生理解和接受的教学内容的活动。由于通常情况下最终的教学内容并不等同于教材内容，在实际教学过程中，要以课程标准为依据，考虑学生实际情况，对教材内容进行二次开发，形成新的教学内容，最终呈现给学生。目前更多的教师把教学内容看作动态化生成的素材和信息，是在具体教学过程中预设和生成

---

　　[1]　胡田庚、李秀妮、代利玲、王海雁：《中学思想政治课堂教学实施策略》，63 页，北京，科学出版社，2016。

　　[2]　韩震、朱明光：《普通高中思想政治课程标准（2017 年版 2020 年修订）解读》，155 页，北京，高等教育出版社，2020。

的知识。

由于一些一线道德与法治教师并不能准确把握"教材内容"与"教学内容"之间的联系与区别，把教材内容当作唯一的"范本"，把"教材内容"等同于"教学内容"，课堂上所有的活动都围绕着教材内容转，教材写什么就教什么、学什么，可以说是照本宣科。导致这一问题的根本原因在于教师对"教材内容"和"教学内容"认识上的混乱。那么，"教材内容"与"教学内容"之间关系怎样？如何基于"教材内容"这一资源，准确选择"教学内容"，从而构建有效课堂？这些问题值得一线教师深思。

【阅读链接 2-1】

教学内容与教材内容①

教学内容与教材内容二者既有联系也有区别。

联系表现在：第一，它们的主体内容是一致的，教材内容是教学内容的基本组成部分，没有教材内容也谈不上教学内容；第二，总体上看，教学内容是教材内容的展开和具体化，是对教材内容的二次加工和深度开发。

区别表现在：第一，两者具有交叉关系，有些教材内容由于滞后不适合做教学内容，有些教学内容教材中没有，尤其是道德与法治课程需要联系时事教学，教学中需要补充一些内容；第二，教学内容具有一定的灵活性，需要根据实际情况对教材内容重组、取舍和再构，而教材内容具有相对稳定性，一旦出版发行则在一定时期内保持不变；第三，教学内容主要以教师设计的教学方案为载体，教材内容则以教材为载体；第四，教学内容体现教师对课程内容的选择，而教材内容则是编写者对课程内容的选择。

二、小学道德与法治教学内容设计依据

教师在进行教学内容设计时，需要遵循一定的理论依据和现实依据，并非主观随意选择和组织。其中，理论依据主要是建构主义的课程与教学理论，现实依据为课程标准、教材和学生实际等方面。

(一)理论依据

建构主义课程观认为，课程是有待完成和完善的，课程不应该仅仅提供给学生固定的书本知识、程序性知识，还要考虑在教学过程中出现的不确定因素，教师要提供

---

① 胡田庚：《中学思想政治教学设计与案例研究》，64 页，北京，科学出版社，2012。

给学生一些综合性的、与社会生活密切联系的知识，将理论与实际联系起来。建构主义内容观认为，教材内容并不是一成不变的，需要不断更新，教师和学生要注重对教材内容的重组和创造，要把知识的获取看作一个需要不断地组织和互动的过程，决定学习的质与量的好坏的是学生而不是教材，要求教师注重教学内容和课程资源的开发和利用。建构主义教学观认为，教学过程是教师和学生共同合作建构知识的过程。在教学过程中教师除了传授知识之外，更重要的是在学生建构知识的过程中起到辅助作用，是学生学习知识的推动者和指导者，教师要以学生为本，根据学生的实际发展水平进行因材施教，激发学生各自的潜能和学习的乐趣，以此来培养学生自我学习的能力。建构主义学习观认为，学习不单单是知识由外到内的过程，而且是学生自己主动建构知识的一个过程，学生基于已有的经验基础，不断吸取新的知识来丰富和改造自己。这启发教师在将教材内容转化为教学内容过程中，要契合学生的知识和经验，要注重对学生已有经验的利用与改造，这样才能便于学生理解和掌握教学内容。上述建构主义的课程与教学理论为小学道德与法治教学内容设计提供理论指导。

【探究与分享 2-1】

图 2-1　"鱼牛"图

在一个池塘里生活着一只青蛙和一条鱼，有一天，青蛙对鱼说："今天，我想看一下，外面的世界是怎样的。"鱼羡慕极了。等青蛙回来以后，它迫不及待地要让青蛙说说外面的世界。青蛙说："我看到一只比我大很多的叫牛的动物。"从来没见过牛的鱼马上让青蛙给它讲讲牛是怎样的。青蛙说："牛，身体比你大 1000 倍以上，有四条树干一样粗的腿，眼睛很大很大，头上还长着两只又弯又尖的牛角，吃青草为生，身上有着黑白相间的斑点。"鱼听了青蛙的介绍，它的脑中出现了一个鱼不像鱼，牛不像牛的怪物。

"鱼牛"知识建构过程分析

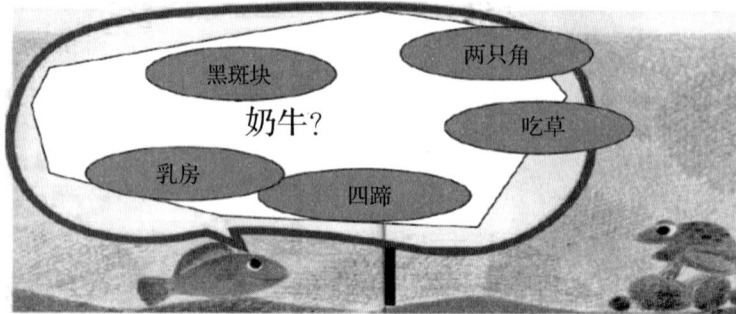

图 2-2 "鱼牛"知识建构图

请结合上述图文，简要分析"鱼牛"知识建构给予我们哪些启示。

【阅读链接 2-2】

义务教育道德与法治课程标准(2022 年版)课程内容

道德与法治课程以发展学生的核心素养为导向，以"成长中的我"为原点，由"自我认识"到"我与自然""我与家庭""我与他人""我与社会""我与国家和人类文明"，不断扩展学生的认识和生活范围，以道德与法治教育为框架，有机融入国家安全教育、生命安全与健康教育、劳动教育，以及信息素养教育、金融素养教育等相关主题，强化中华民族传统美德、革命传统和法治教育。根据不同阶段学生的身心发展特点，以学生实际生活为基础，分学段按主题对内容进行科学设计，建构学段衔接、循序渐进、螺旋上升的课程体系。

(二)现实依据

小学道德与法治课程教学内容设计的现实依据主要在于课程标准、教材与学生实际。

1. 课程标准

课程标准是学生学习本课程所要达到的一个最基本的要求。其中课程性质、课程理念、课程内容等均为教师将小学道德与法治教材内容转化为教学内容提供了依据，课程标准也是教材编写、教学、评估的依据，是国家管理和评价课程的基础。它体现国家对不同阶段的学生在必备品格、关键能力、价值观等方面的基本要求。教师在呈现教材内容时，除了可以创设一定的教学情境或者教学活动外，也可以结合一些现代教育技术使教学内容更加形象化，这样有利于学生对知识的吸收，并能够达到外化于行的目的。

2. 教材内容

教材是根据课程标准编写的，是实现教学计划的重要载体，是教学的基本材料和最重要的课程资源，是教师组织教学的依据，也是实现教学目标的重要工具。所以，教师在教学内容设计时要对教材进行加工和处理。小学道德与法治教材由不同的模块组成，教师每一模块中又包含单元、课，它们共同构成教材整体。教材是有结构的，教材的每一部分之间都有着内在的逻辑联系。因此，对教材结构进行分析，才能更好地驾驭和处理教材。教师可以先从整体结构上分析教材，从而宏观把握教学内容。比如，小学道德与法治高年级教材整体上以学生不断扩大的生活范围为基础，设置道德教育、生命安全与健康教育、法治教育、中华优秀传统文化与革命传统教育、国情教育等主题，旨在培养学生的道德情感、责任意识，引导学生遵守公共规则，形成深厚的爱国情感。所以教师在教学内容设计时要贴近生活，调动学生已有的经验，从而提高学生分析问题、解决问题的实际能力。教材由不同单元构成，单元结构分析是对教材的中观分析，通过对单元结构的分析可以把握教材框架的每一基本内容和较大主题，通过分析单元结构，可以明确单元教材内容在整个教材体系中的地位和作用。在进行单元分析之后，要进行每课内容结构的分析，也就是分析课与课之间的相互关系。这种分析有利于了解每课时所讲述的主题，从而更好地明确教学方向，从而建立系统化的道德与法治体系。对整体、单元、课进行结构分析，有利于教师在教学内容设计过程中厘清教材的脉络和逻辑结构，有利于构建系统的教学内容体系。另外，教师在教学内容设计中，要突出核心素养的内容，使必备品格、关键能力和核心价值观教育在教学过程中得到落实。

【案例呈现 2-1】

"做学习的主人"教材内容分析

本课是三年级上册第一单元"做学习的主人"的第 3 课，针对培养学生养成良好学习习惯，掌握合适的学习方法而设置，共设计了四个话题："人人都能学得好""多在心中画问号""我和时间交朋友""好经验共分享"。四个话题各有侧重，前三个话题都具体地介绍了"做学习的主人"的方法，现将第一、第三个话题放在第一课时完成，重点帮助学生树立学习信心，掌握有效学习方法；第二、第四个话题是开放性交流，放在第二课时完成，让学生联系自己的生活分享好的学习经验，互相启发，养成良好的学习习惯。作为第一单元的最后一课，在前两课明确学习的意义、体验学习的快乐基础上，重点培养学生"掌握学习的方法"，与本单元的前两课是递进关系，符合学生的认知与学习规律。

3. 小学生的认知实际

小学生的认知实际是教学内容设计的重要现实依据，小学生思考方式、知识水平、能力水平、兴趣需要等的不同，都会对教师教学内容设计有着不可忽略的影响。无论是对教材内容的处理，还是对教学内容的呈现，都要符合小学生的认知方式。不同认知方式的学生会有不同的信息处理方式，因而对内容往往会出现不同的理解，基本上学生的学习认知方式分为场独立型和场依存型两种，这两种不同学习认知方式对教学内容的吸收和理解也往往存在差异。针对小学生的不同学习认知方式的特点，教师在教学中可以选择适合不同学生认知的教学方法，注重因材施教。维果茨基提出的"最近发展区"理论认为，学生发展有两种水平，即已经达到的发展水平和可能达到的发展水平。因此，教师在进行教学内容设计时，首先要明确学生已经达到的发展水平，以此为基础明确学生可能达到的发展水平，从而避免出现教学内容远离学生实际、教学内容的呈现方式不宜于学生接受等现象，这样才能够使学生对学习产生兴趣，使学生想学、乐学、愿学，激发学生的学习动力。

【探究与分享 2-2】

在四年级上册第三单元第 1 课《健康看电视》教学中，教师讲解到：通过上节课交流生活体验，大家感受到了电视对我们成长以及社会生活所带来的积极影响，同时也了解到了电视可能给我们的身心健康造成的危害，所以说电视是一把双刃剑。那么，请同学们思考一下，在生活中，我们要怎样科学安排看电视的时间，怎样科学选择观看合适的节目，掌握一些看电视的方法和原则呢？给同学们 5 分钟进行小组内交流讨论，然后请各小组选出代表分享你们组的交流讨论结果。

结合上述案例，你认为该教师的教学内容设计是否合理，为什么？

4. 体现课程特点

小学道德与法治教学内容设计必须考虑本课程的特性，以本课程的内容为边界，不能"种了别人的地，荒了自己的田"。也就是说，不能把各科内容都往这个框里放，这不仅会影响小学道德与法治课程的声誉，而且会严重阻碍道德与法治课程教学质量的提高。此外，在坚持教学内容的课程特性的基础上，在教学内容设计的过程中还要注意教学内容的与时俱进，实现教学内容的不断更新。

目前小学道德与法治主要教学内容由《义务教育道德与法治课程标准（2022 年版）》课程标准规定，同时增加了小学低学段《习近平新时代中国特色社会主义思想学生读本》（简称小学低学段读本）和小学高学段《习近平新时代中国特色社会主义思想学生读本》（简称小学高学段读本）。小学低学段读本内容编排为六讲：第 1 讲 我爱你中国；第 2 讲 一心跟着共产党；第 3 讲 走进新时代；第 4 讲 我们的中国梦；第 5 讲 我们是共产主义接班人；第 6 讲 做新时代的好少年。主要目的在于让小学低年级学生知道自己作为一名中国人的国民身份，知道中国共产党的初心和使命是为中国人民谋幸福、为中华民族谋复兴，知道习近平总书记是全党全国人民的领路人，知道中华民族伟大复兴的奋斗目标和新时代"两步走"战略安排，知道只有坚持中国共产党的领导才能实现全体人民共同富裕和中华民族伟大复兴目标，知道自己的少先队员身份和承担的光荣使命，等等。① 小学高学段读本内容编排为十四讲：第 1 讲 伟大的事业都始于梦想；第 2 讲 办好中国的事情关键在党；第 3 讲 把人民群众放在心中最高位置；第 4 讲 唯改革才有出路；第 5 讲 块头大不等于强；第 6 讲 国家一切权力属于人民；第 7 讲 法律是治国之重器；第 8 讲 人无精神不立 国无精神不强；第 9 讲 蛋糕做大了同时要分好；第 10 讲 绿水青山就是金山银山；第 11 讲 国家安全是头等大事；第 12 讲 强国必须强军；第 13 讲 统一是历史大势；第 14 讲 人类是一个休戚与共的命运共同体。通过这部分的教学让小学高年级学生懂得：党和国家发展的"大道理"和个人成长成才的"小道理"是相通的，学懂"大道理"才能更好地弄通"小道理"，让小学生在理解党的治国理政的理念、战略、举措中学习为人处世、成就一番事业的道理。②

【阅读链接 2-3】
义务教育道德与法治课程标准(2022 年版)1～6 年级课程内容

1～2 年级是学校生活起步期，学生开始适应有序的集体学习生活。结合低年级段学生特点，本学段设置入学教育、道德教育、生命安全与健康教育、法治教育、中华优秀传统文化与革命传统教育五个主题，旨在以正确的价值观、道德和法律规范对学生进行道德和法治启蒙。入学教育主要是针对一年级第一学期开展的适应性教育。

3～4 年级是从小学低年级段向高年级段的过渡期。本学段学生已经适应了学校生活，生活视野进一步扩大，具备一定的独立意识。根据以上特点，设置道德教育、生命安全与健康教育、法治教育、中华优秀传统文化与革命传统教育、国情教育五个主题，旨在引导学生养成健康的生活习惯、良好的道德品质和健全人格，形成集体荣誉感和责任意识。

5～6 年级是小学的高年级段，延续小学低、中年级段，与初中阶段相衔接。本学段学生的生活范围不断扩大，具备一定的道德是非判断能力。基于上述特点，设置道德教育、生命安全与健康教育、法治教育、中华优秀传统文化与革命传统

---

① 吴玉军：《〈习近平新时代中国特色社会主义思想学生读本〉(小学低年级)编写设计及教学建议》，载《课程・教材・教法》，2021(9)。

② 陈培永：《〈习近平新时代中国特色社会主义思想学生读本〉(小学高年级)编写思路及主要内容》，载《课程・教材・教法》，2021(9)。

教育、国情教育五个主题，旨在培养学生的道德情感、责任意识，引导学生遵守公共规则，形成深厚的爱国情感。

第二节
小学道德与法治教学内容设计原则与思路

小学道德与法治教学内容设计工作是一项复杂的创造性工作，这项工作开展得顺利与否直接关系到教学活动的成效，因此，为了提升教学实效，教师在进行教学内容设计时还必须遵循以下原则。

一、小学道德与法治教学内容设计原则

(一)方向性原则

方向性原则是小学道德与法治教学内容设计必须遵循的根本原则，这是由小学道德与法治的德育性质所决定的。教师要按照一定的社会要求，有目的、有计划、有系统地对学生进行思想、政治、道德等方面的影响，并通过学生积极的认识、体验与践行，使其形成一定社会与生活所需要的道德与法治教育活动。教学内容设计遵循方向性原则，首先表现在对小学生进行思想、政治、道德和心理品质教育时，所选择的内容要体现社会主义方向，教育具有一定政治性、思想性、综合性和实践性，应着力培养小学生正确的世界观、人生观和价值观，坚持中国特色社会主义方向不动摇。其次，在小学道德与法治教学内容设计中，教师要明确中国特色社会主义教育旨在培养有理想、有本领、有担当的时代新人，无论是对教材内容加工还是课程资源开发利用，都必须紧扣党和国家的教育方针，解决教育为谁培养人的根本问题。

(二)时代性原则

时代性原则是小学道德与法治教学内容设计必须遵循的重要原则，它体现与时俱进的实践品格。马克思和恩格斯指出："人们的观念、观点和概念，一句话，人们的意识，随着人们的生活条件、人们的社会关系、人们的社会存在的改变而改变。"①社会存在决定社会意识，社会意识反映社会存在。小学道德与法治教学内容设计不是一成不变的，在不同的时代条件、实践水平和科学发展的基础上，内容会有所变化。教师要

---

① 马克思、恩格斯：《共产党宣言》，48 页，北京，人民出版社，2014。

紧紧把握时代脉搏,不断赋予小学道德与法治教学内容以鲜明的时代特征、时代内容和时代风格,这是内容设计富有生机与活力的关键所在。此外,教师还需要紧密结合小学低学段读本和小学高学段读本代替主题内容,使教学内容设计体现鲜明的时代性和政治性。

(三)整合性原则

整合性原则体现内容设计中融合、集成之意。小学道德与法治教学内容设计,首先,需要考虑教学内容与教学目标的对应关系,融合教学目标的要求,明确教学目标决定教学内容,教学内容体现教学目标,教学内容是教学目标的展开和具体表现;其次,教学内容设计要考虑内容之间各模块的内在关系,有机整合思想道德教育、心理健康教育和法治教育内容;再次,教学内容与生活实际要融合,明确只有基于生活经验进行内容整合,才能更好地发挥其道德与法治教育功能;最后,教师还要依据主题深入融合习近平新时代中国特色社会主义思想,让学生加强政治认同,尤其在"大思政课"背景下,小学道德与法治更要融入线上、线下,校内、校外丰富的思政教育资源,使小学道德与法治教学内容设计更全面、更科学、更能激发学生学习兴趣。

(四)主体性原则

主体性原则是指学生是道德与法治课程的学习主体、发展主体和体验主体,学生的道德修养与法治素养是在各种活动中通过自身和外界的相互作用来实现的。为此,教师要由单纯的知识传授者向学生学习活动的引导者、组织者转变,要尊重学生的主体地位,调动学生的内在动力,将德育内化为身心发展的需要。教师要通过教学内容设计和学习任务安排引导学生参与体验性学习活动,在活动体验中培养其道德修养与法治素养。为此,小学道德与法治教学内容体系的构建,要适应学生社会生活实际,反映学生思想特点,在教学内容确立过程中应准确把握学生的思想特点和实际,以增强教育的有效性。

(五)适切性原则

适切性原则即目标与内容要符合小学生的年龄特征,这也是小学道德与法治教学内容设计的重要原则。适切即贴切、合适、适当和适应等。适切性原则主要有这样几方面:一是保持小学道德与法治课程的合理结构,打破单一课程模式,使学科课程、活动课程、生活技能课程有机地结合起来;二是课程内容既要兼顾知识领域和技能领域,也要明确体现与此有关的核心素养内容和文化内容,使教学内容的编排和呈现方式充分遵循科学原理,尤其要考虑学生的心理准备状态、心理发展水平、认识顺序以及发展需求等,使课程编制为实现课程内容逻辑顺序向学习者发展顺序转换提供更大的可能性和可操作性；三是教学评价要着眼于学习者发展需要的满足、实际能力的提高和创业精神的增进，而不是知识的机械积累，真正让学习者站在课堂正中央，把满足学习者的基本需求和全面发展作为根本着眼点，这也是我们强调教学内容设计适切性的意义所在。[①]

【探究与分享 2-3】

红绿灯自我介绍：

大家好！我是红绿灯，每天站在路口值班，根据道路交通的情况变换眼睛的颜色，和好朋友斑马线一起帮助交警叔叔指挥交通，大家都亲切地叫我小交警。

师：你们听到他说什么了？相机板书：小交警。

我们一起来和这位小交警打个招呼吧！

生齐：小交警，你好！

师：哇！看大家这么热情，红绿灯家族的其他兄弟姐妹也跑来啦！（出示图片）大家认识他们吗？你在哪儿见过他们？

师：小朋友们真爱动脑筋，红绿灯想跟大家来玩一个游戏。来看一下游戏规则：（课件展示）

红灯亮：立正，喊停；黄灯亮：摆臂，喊等；绿灯亮：原地踏步，喊行！

全体起立，根据规则玩游戏。

师：那是不是知道了红灯停，绿灯行，黄灯亮了等一等，过马路时就安全了呢？我们来看一看。

情景：读秒的绿灯还剩 2 秒时（图片展示）问：你过还是不过？为什么？

师：是啊，一旦绿灯变成红灯，这个时候过马路就十分危险了！很多车祸就是因为行人闯红灯而发生的。我们来看一看！

（播放出示真实的事例视频）

问：看了视频，你觉得闯红灯危险吗？是啊！每次车祸的发生就在那几秒之间。现在，你们知道为什么在你出门前家人要一遍又一遍地叮嘱你要小心了吗？（生命只有一次，我们的平安是全家人的心愿）所以，为了自己和家人，我们过马路的时候一定要选择正确的时机。（宁等 3 分，不抢 1 秒）

结合所学，简要分析上述教学片段是如何体现教学内容设计原则的？

---

① 周满生主编：《世界教育发展的基本特点和规律》，120 页，北京，人民教育出版社，2005。

二、小学道德与法治教学内容设计的思路

小学道德与法治教学内容设计主要是做好五个方面的工作：一是教学内容划分；二是教学内容分析；三是教学内容选择；四是教学内容组织；五是教学内容呈现。

(一)教学内容划分

教学内容划分是指以一定标准和方法将教学内容划分为若干相对独立的教学单位。由于教材是教学内容的主要载体和依据，因此，教学内容划分基本上是以教材为对象，将教材内容按其结构进行划分，形成相对独立的教学单位。现行小学道德与法治教材在编写体例上是按照单元、课、目编排。一般来看，一课相当于一课时内容，但由于具体情况的差异，也可以一课用两课时或者两课用一课时教学，这需要教师根据内容的容量和难度、学生情况以及实际教学需要来决定。恰当划分教学内容是教学内容设计的基础。

(二)教学内容分析

教学内容分析是指以教材分析为重点，围绕教学目标所进行的内容分析。尽管教学内容分析不仅仅指教材分析，但无疑教材内容分析是教学内容分析的重中之重。教材内容分析主要从以下几个方面入手。

1. 分析教材的地位和意义

小学道德与法治教材是一个有机整体，教材的每一单元、每一课都是教材的有机组成部分，都在教材体系中占有特定地位，都对学生的发展有着特定意义。小学道德与法治教材归根结底是"学材"，德育归根结底是"学德"，教材编写者以学习活动为核心建构教材：单元是学习活动指向的问题域，正文是学习活动的有机构成，栏目是不同类型的学习活动，学生是学习活动的主体。教师只有明晰教材的理论定位和实际编排，才能更好地把握教材的地位和意义，而分析教材的地位与意义，也是教师确定教学目标和重点、难点，选择和处理教学内容、设计教学方案的重要依据。分析教材的地位和意义可以从两个层面思考：一是在整个小学道德与法治教材体系中的地位和作用；二是所分析的教材对学生发展的重要意义。

【阅读链接 2-4】

德育与"学德"的关系①

我们可以从以下几个维度来理解德育与"学德"的关系。

第一，即使德育不一定可教，道德也一定可以学。一方面，人是道德的存在载体，不学习道德，人就无法真正成人；另一方面，个体的人都有道德潜能，都有道德学习的能力。

第二，有生命力的德育一定是以道德学习为基础的德育，那种只从教出发的德育，而不考虑道德学习规律、道德学习者需要的德育，一定不是好的德育，甚至是违背道德的德育。

第三，道德不是不能教，而是如何教道德。一方面，从帮助学生学的角度看，道德教育是必要的，年青一代有学习道德的需要，他们也有学习道德的潜能和内在动力；另一方面，在成长的过程中，个体处在各种力量的博弈之中，诱惑众多，需要师长的扶助才不至于走上邪路。

第四，德育的目的不是培养依赖性的人，而是培养有自主道德学习能力的人。对于自主学习能力弱一点的学生，道德教育可以给他们一些启示和帮助，但目的不是让他们产生依赖，而是让他们提高自主学习能力。一旦被帮助者的自主学习能力提升起来，道德教育就可以退场，而且这种退场越快越好。

2. 分析教材内容的基本结构

每一册、每一单元、每一课的教材内容都有着内在的逻辑结构。以课为例，教学内容之间有着这样和那样的关系，比如并列关系、递进关系、因果关系等。分析教学内容之间的相互关系，有利于把握教学内容的内在结构，建立系统化的教学内容体系。

【案例呈现 2-2】

三年级下册第一单元第 3 课《不一样的你我他》，该课由三个板块构成。第一个板块话题是"找找我们的不同"，以"比一比"活动引入，让学生认识到人与人之间就像不同树上的树叶一样，外表各不相同。接着是"找不同"和"展开想象"两个活动，让学生通过参与和体验，认识到人与人之间除了外表不同以外，爱好、性格、思想都各不相同。第二个板块话题是"与'不同'友好相处"，目的是让学生认识到学会与"不同"的人交往的重要性，从思想上解决交往中的"小疙瘩"，从行动上掌握人际交往的技巧，真正学会平等待人，与"不同"的同学友好相处。第三个

---

① 高德胜、章乐、唐燕：《"接上童气"——小学〈道德与法治〉统编教材研究》，162 页，北京，人民教育出版社，2020。

板块话题是"'不同'让生活更精彩",学生通过寻找生活中的各种"不同"和谐相处的现象,真正理解"不同"对于生活的重要意义。

3. 分析教材的重点和难点

"重点"是指教材中最基本、最重要的核心部分,在整个教材中有着重要的地位和作用。小学道德与法治教学重点一般是思想道德教育的重点,比如规则意识、诚信意识、法治意识等,是小学生重点把握的思想观点和重点形成的行为品质。"难点"是教材中学生难以理解和接受的部分,可能是思想上的难点,即学生道理上容易理解,但思想上难以接受的内容。比如规则教育,知道要有规则意识,但一到实际生活中往往容易忘记规则或明知要讲究规则却出现不守规则现象。

4. 分析教材的科学方法

小学道德与法治教材不仅包含丰富的科学知识和思想观点,而且在阐述这些科学知识和思想观点的过程中运用了大量科学方法,如比较、综合、分析、演绎、归纳等。教师在进行教材分析时可以研究和使用这些方法,另外,教师在分析教材时要注意做到从上到下、瞻前顾后、左顾右盼、动静兼顾、宏观微观结合。[①]

(1)从上到下

第一,要求教师既要分析课程标准的要求,也要分析小学生的实际基础。课程标准由教育部组织编写和颁布实施,反映了国家对课程的要求,体现着学生通过课程学习要达到的核心素养目标。教材是编写者依据课标编写,指导小学生学习的基本材料,是连接国家要求与学生实际的重要环节,教材分析要关注这种上下层的各种因素。第二,既要分析教材编写者的编写意图,也要分析小学生的学习基础和认知规律。生活德育论已经成为小学道德与法治课程的核心理念,小学道德与法治教材编写者在教材内容选择、编排、呈现方面都有思考和主张。同时,教材是供小学生用的,教材编写者对教材的设计是否符合小学生的认识基础和认知规律等也是教材分析时需要考虑的。

(2)瞻前顾后

要求教材分析者在进行教材分析时考虑三方面关系。

第一,从教材本身来说,要分析教材的前后联系,小学道德与法治教材是一个相对系统的教材体系,其中每一单元、每一课都是教材体系中的重要组成部分,相邻的单元和课之间也是有内在联系的。分析教材时要把握教材前后内在联系,明确所分析的教材在整个教材体系中的地位和作用。

第二,从学生角度来说,教师要分析学生在学习该教材内容之前学过什么、在这之后又要学习什么。学生的学习是逐步进行、循序渐进的。学生在学习一定的教材内

[①]　胡田庚:《中学思想政治教学设计与案例研究》,186 页,北京,科学出版社,2012。

容之前，是有一些相关知识基础和生活经验的，现有教材内容学习也可能会对今后学习产生影响，所以教师要明确所分析教材对小学生学习发挥的作用。

第三，从教学本身来说，教师要分析教材的承上启下作用。教材是一个有机整体，教材的每一部分都是这个整体中的一部分。从教学角度分析教材，教师要注意在"承上启下"方面可以做些什么、怎么做。

【探究与分享 2-4】

《做学习的主人》是三年级上册第一单元"快乐学习"第 3 课的内容，本课作为第一单元的最后一课，与本单元的前两课是递进关系，符合学生的认知与学习规律。

三年级是小学阶段的特殊时期也是关键时期，正处于由低年级向高年级的过渡期，这是培养学生良好学习习惯的最佳时期。他们对于学校的日常生活和学习已经初步适应，具有基本的学习能力、观察和分析能力，并形成了一些好的学习习惯，这为进一步提升学习能力提供了条件，且步入三年级，他们的自我认识开始萌芽，对事物认识也逐渐由直观向理性过渡，这为教学提供了契机。但是刚刚步入小学中年级段，由于学习难度加大，学生学习分化现状会加重，有些学习成绩不太好的学生会开始怀疑自己，在学习上表现出泄气和不自信，相对于一、二年级，主动发问的热情也会因为年龄的增长稍有降低。他们每天经历着学习，但他们会对"有效的学习方法"缺乏科学的认识，学习主动性不强，且时间观念还是相对淡薄，他们不太懂得如何珍惜时间，也不太懂得如何提高学习的效率，有的学生不太会合理安排自己的学习时间、娱乐时间和休息时间，再加上自制力较差，导致做作业总是拖拖拉拉，因此需要教师给予恰当的引导。

请问该教师在进行教材分析时主要运用什么方法？请简要说明。

(3)左顾右盼

左顾右盼就是教师在进行教材分析时，要注意分析与小学道德与法治教材有着共同任务和功能的种种因素。尤其需要关注以下两个因素。

第一，相关课程及其教材。小学道德与法治课程与小学语文等课程存在密切联系，有些学校的小学道德与法治教师就是小学语文教师兼职的，这两门教材的教学目标有时候一致，内容也有相通之处。比如统编版小学语文五年级下册第五单元"习作例文：我的朋友容容"，其中"容容"的可爱与助人为乐特点与小学道德与法治教材四年级下册第一单元第 1 课"我们的好朋友"教材内容联系紧密。教师在进行小学道德与法治教材分析时可以关注课程之间、教材之间的相通性，采用小学语文教材相关内容作为小学道德与法治情境和活动设计的素材，加强教材内容相通性的研究。

第二，学校有关的德育工作安排。小学道德与法治是德育性质的课程，也是小学德育的主渠道，它与班主任工作、少先队工作、劳动与社会实践等活动关系密切。比如某中心小学通过开展"讲文明礼仪，做文明新人"主题教育活动，人人争当"礼仪标兵"，形成人与人之间彼此尊重、互相协助的和谐关系，促使学生增强讲文明礼仪意识，自觉践行文明礼仪，全方位提升文明素养。这一德育内容与五年级下册第二单元第6课《我参与 我奉献》中"文明有礼"高度一致。教师在进行小学道德与法治教材分析时应该关注学校德育活动安排，考虑协调和配合，对活动主题进行统一设计，共同完成学校德育任务。

（4）动静兼顾

教材既是一个静态的存在也是一个动态存在，教师要对教材进行静态和动态的双重分析。静态分析通常从以下几个方面进行：教材以及各单元和课题的教学目标分析；各模块、课内容的教材地位和功能分析；教材中所蕴含的科学思想和方法体系分析，尤其是分析教材表达形式，如文字、插图、活动等。动态分析就是把教材作为教学系统中的一个变量，与教师、学生、教学环境、教育目的、社会实际等因素相互作用，从这种相互作用中对教材进行分析。具体可以从教材与学生的认知与心理规律协调性分析，从学生对教材的使用方式分析，也可以从教师对教材所表现出来的德育立场和文化内涵分析，也可以从社会形势发展对教材内容提出新要求出发进行分析。[①]

（三）教学内容选择

教学内容的选择是在对教材内容进行研究分析，经过筛选和加工的基础上而确立的，它是教学内容设计的一个重要环节。教学内容的选择需要注意以下几点。

1. 围绕学习目标

教学内容是为实现教学目标服务的，教师在教学内容选择时要围绕教学目标进行，看哪些内容最能体现教学目标。比如，一年级下册第一单元"我的好习惯"是核心教育主题，体现一种与自己、与自然、与他人、与自己所在的世界共生共存的"共在"观念。在第一单元第1课《我们爱整洁》中，"镜子里的我""这样做好不好""保持整洁有办法""这样是爱整洁吗"四个栏目的教材内容都离不开小学生要"养成好习惯"这一教学目标。

2. 着眼学生发展

小学道德与法治教学的根本目的是使学生全面发展，因此，教学内容的选择要着眼于学生的发展，选择对学生终身发展有益的知识、技能、方法等。比如，传统文化纷繁复杂，有精华，也有糟粕。对于学生，尤其是低年级的学生而言，他们的是非对错辨别能力还比较弱。因此，在小学道德与法治统编教材中，我们开展中华传统教育

[①]　胡田庚：《中学思想政治教学设计与案例研究》，186页，北京，科学出版社，2012。

时应侧重积极内容的教育，努力把传统文化中"个人修养""家国情怀""社会责任"等进步思想的文化元素筛选出来，融入教材，形成促进其成长的正能量。同时选择积极的内容也有利于传统文化的继承。[①]

3. 突出重点难点

教学重点和难点是造成学生现有基础与学习目标之间差距的主要原因，是教学中要突出解决的主要问题。教师在进行教材内容选择时，应该分清主次、难易，选择那些能突出重点，突破难点的教材内容组织教学。

4. 调整相关内容

教学内容还需要从量上进行控制。某教师为了上好五年级上册第9课《古代科技耀我中华》，增加了不少资源，在短短40分钟的课上就陆续放了"我国航天事业的高光时刻"等5个短视频，教学内容的过度增加一定程度上影响了学习目标的达成。因此，教师要根据社会发展、教学需要、学生实际，对有些内容进行适当添加补充，对有些内容进行删减或者替换，选择适度的教材内容进行有效教学。

(四)教学内容组织

教学内容组织是指对选定的教学内容进行合理编排，使之形成系统化的教学内容体系。课程与教学专家泰勒曾指出教学内容组织的三个基本原则，即顺序性、连续性和整合性。一般来讲，教师对小学道德与法治教学内容的组织方式有以下三种：一是按照教材自身的结构体系加以有逻辑的排列组合；二是按照小学生的认知特点和规律来排列组合；三是以教学重点为核心来组织。无论按照哪一种方式组织，都需要将体系化的知识融于生活逻辑之中。比如，成人立场的传统文化教育往往优先考虑内容的正确性和系统性，不承认儿童经验的价值，故而往往会严重削弱教育的实效性。儿童立场的传统文化教育优先考虑内容的适切性和趣味性，承认儿童经验的价值。虽然这种传统文化教育在系统性和逻辑性上显得不足，但是儿童更感兴趣，教学实效性也更高。[②] 按照这样的教材结构来进行教学内容的组织有助于将体系化的内容渗透于儿童生活的逻辑之中。但无论哪一种组织方式，都需要协调好以下几方面的关系。

从教学活动层次来看，教学内容的组织依然不是一项简单的工作，需要协调好以下几方面的关系。[③]

1. 纵向组织与横向组织的统一

教学内容的纵向组织是指按照一定的准则，以先后顺序将教学内容进行排列。教

① 高德胜、章乐、唐燕：《"接上童气"——小学〈道德与法治〉统编教材研究》，120页，北京，人民教育出版社，2020。

② 同上书，122页。

③ 玲珑：《教师如何做好课堂教学设计》，61页，沈阳，万卷出版公司，2014。

育心理学家加涅曾指出，人类的学习是由易到难逐渐递进的。因此，教学内容的组织可先让学生进行辨别，然后再让他们学习概念，并在这个基础上把握原理和规则，最后通过原理和规则来解决问题。教学内容的横向组织是指为了让学生全面地将各门学科知识联系起来，而打破传统的知识体系和学科界限。尽管人类文化被划分为很多不同的课程，但课程之间还是有联系的。所以，在教学内容组织时，我们提倡教学内容纵向组织和横向组织的统一。

2. 逻辑顺序与心理顺序的统一

教学内容的组织不仅要考虑逻辑顺序，而且要考虑心理顺序。逻辑顺序指的是课程知识本身的体系和内在的逻辑联系。在课程知识的有序体系中，各部分的知识都是有先后顺序的，某部分的内容是另一部分内容的基础，学生只有先理解和掌握了这部分的内容，才能去理解和掌握另一部分的内容。所以，教学内容的组织必须要遵循这种顺序性。此外，儿童的心理活动和心理发展也是有顺序的，往往是从低级到高级、从简单到复杂。这就要求教学内容要根据学生心理活动和心理发展的特点去组织，不然，如果教学内容的顺序和学生心理活动的顺序、心理发展的特点不相符合，那么学生就很难理解和掌握教学内容。

3. 直线式与螺旋式的统一

直线式和螺旋式是教学内容组织的两种基本方式。直线式指的是将课程的内容组织成有逻辑顺序的一条直线，基本上不重复前后内容。螺旋式指的是在不同的阶段重复出现特定的教学内容，并且慢慢扩大范围和加深程度，使之"螺旋式"上升。直线式的组织方式可以很全面地体现一门学科的逻辑体系，避免了教学内容的不必要的重复，但不足之处在于它不能全面地反映学生心理发展的特点。螺旋式的组织方式恰恰能够弥补这一不足之处，它可以逐步加深学生对知识的掌握，但是却又容易造成不必要的重复和教学内容的烦琐。2019年8月，中共中央办公厅、国务院办公厅印发了《关于深化新时代学校思想政治理论课改革创新的若干意见》，其中第二点"完善思政课课程教材体系"中指出，"在大中小学循序渐进、螺旋上升地开设思政课，引导学生立德成人、立志成才，树立正确世界观、人生观、价值观"，并且对思政课课程目标和教材体系都做出了分阶段的规划设计。思政课一体化建设要求小学道德与法治在教学内容的组织上，应该将直线式和螺旋式这两种组织方式结合起来，更多考虑螺旋式方式，发挥各自优势，取长补短，相互促进。

【阅读链接 2-5】

统筹推进思政课课程内容建设①

坚持用习近平新时代中国特色社会主义思想铸魂育人，以政治认同、家国情怀、道德修养、法治意识、文化素养为重点，以爱党、爱国、爱社会主义、爱人民、爱集体为主线，坚持爱国和爱党爱社会主义相统一，系统开展马克思主义理论教育，系统进行中国特色社会主义和中国梦教育、社会主义核心价值观教育、法治教育、劳动教育、心理健康教育、中华优秀传统文化教育。

（五）教学内容呈现

如何将选择、编排好的教学内容呈现出来，是教学内容设计的一个重要方面。呈现方式有误，再好的教学内容也无法转化为学生的知识。适应新课程改革的需要，目前教学内容的呈现方式表现为以下几种趋势。

1. 教学内容情境化

创设生活化的教学情境，寓教学内容于教学情境之中，通过引导学生对教学情境的感知、体验，领悟其中蕴含的道理。

2. 教学内容案例化

以案例承载教学内容，通过案例的呈现，调动学生学习的积极性和主动性，借助对案例的分析，引发学生的思考和联想，掌握案例中所蕴含的道理。

3. 教学内容问题化

以问题的方式呈现教学内容，让学生在问题情境中，通过对问题的不断思考、探究，达成政治认同、道德修养、法治观念、健全人格、责任意识核心素养目标。可见，注重培养学生的问题意识以及问题的提出、分析、解决能力，以问题承载教学内容，对启发学生的思维和培养学生关键能力大有裨益。

4. 教学内容活动化

以活动承载教学内容，通过引导学生参与相应的活动，去体会和把握教学内容是小学道德与法治课程的鲜明特点。如有教师在进行六年级上册第三单元第5课《国家机构有哪些》中"国家机构和我们的关系"的教学时，先出示一张学生写给教师的纸条："老师您好，昨天您让我们搜集有关国家机构的资料，妈妈看到后说'你瞎忙什么呢？什么国家机构啊，别瞎操心，赶紧把书背背……'我真不知道该怎么跟她说。"后来教师针对学生与妈妈的这段对话，创设学习活动"如果你是这位同学，该怎样劝劝妈妈？"从

---

① 中共中央办公厅 国务院办公厅：《关于深化新时代学校思想政治理论课改革创新的若干意见》，载《中华人民共和国国务院公报》，2019(24)。

而引导学生较好地学习领会了国家的正常运转需要通过国家机构实现，我们的生活也离不开国家机构保障等观点。

当然这四种教学内容呈现的情形并不是孤立的，而往往是相互联系、互相补充、同时并存的，如教学情境往往是生活化的情境和问题情境，随情境而来的往往是问题的提出和探究；活动设计也往往需要创设情境，关注生活、包含问题。因此，教师要注意研究各种呈现方式特点，围绕教学主题进行教学，往往需要情境、活动、问题综合运用才能完成教学任务。

【案例呈现 2-3】

五年级下册第三单元第 9 课

《中国有了共产党》教学内容呈现

通过视频和图片资料，了解陈独秀、李大钊、《新青年》杂志以及"南陈北李，相约建党"的故事(情景)。

思考：《新青年》杂志的贡献是什么？李大钊具有怎样的革命精神和气节？(问题 1)

交流课前自主阅读《七律·长征》和《十六年前的回忆》的体会(活动 1)；

观看五四运动、"一大召开"等相关视频和图片资料(活动 2)；

进入中共一大网上纪念馆，小组成员共同参观学习(活动 3)；

学唱歌曲，完成手抄报，参与演讲和寻访活动(活动 4)；思考为什么要"红船精神代代传"，说一说新时代应怎样学习和传承红船精神(问题 2、活动 5)。

本章小结

总而言之，研究小学道德与法治的教学内容很重要，它直接影响到教学内容的选择和组织，关系到教学内容设计是否科学、合理。教师要明确教学内容与教材内容的区别，理解并掌握教学内容设计的依据和要求，厘清教学内容划分、分析、选择、组织和呈现的思路。

章后练习

1. 什么是小学道德与法治课程的教学内容？

2. 小学道德与法治教学内容设计有哪些要求？

3. 小学道德与法治教学内容是不是越多越好？为什么？

延伸阅读

1. 高德胜、章乐、唐燕：《"接上童气"——小学〈道德与法治〉统编教材研究》，北京，人民教育出版社，2020。

2. 胡田庚：《中学思想政治教学设计与案例研究》，北京，科学出版社，2012。

在线资源

中国大学慕课《小学课程与教学论》中第五部分"小学课程与教学内容"https：//www.icourse163.org/course/JXNU－1206603809？from＝searchPage

第三章

小学道德与法治教学环节设计

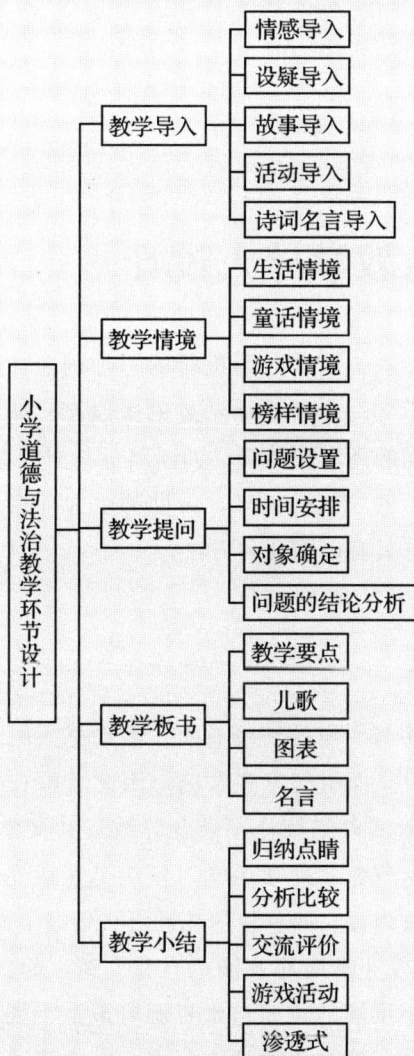

```
                              ┌─ 情感导入
                              ├─ 设疑导入
                  教学导入 ────┼─ 故事导入
                              ├─ 活动导入
                              └─ 诗词名言导入

                              ┌─ 生活情境
                  教学情境 ────┼─ 童话情境
                              ├─ 游戏情境
                              └─ 榜样情境

小学道德与                    ┌─ 问题设置
法治教学环节  ──── 教学提问 ────┼─ 时间安排
设计                          ├─ 对象确定
                              └─ 问题的结论分析

                              ┌─ 教学要点
                  教学板书 ────┼─ 儿歌
                              ├─ 图表
                              └─ 名言

                              ┌─ 归纳点睛
                              ├─ 分析比较
                  教学小结 ────┼─ 交流评价
                              ├─ 游戏活动
                              └─ 渗透式
```

　　本章重点是要了解并掌握小学道德与法治教学环节诸要素的设计方法，在研读新课标、新教材，了解小学生学情基础上，熟练掌握小学道德与法治教学情境创设和教学活动设计的要求和方法，进一步明确"双减"背景下小学道德与法治优化教学环节设计的价值意蕴。

章前导语

　　所谓教学环节设计是指小学道德与法治教学是一个过程，课堂教学是完成小学道德与法治主要任务的主渠道。作为主要教学组织形式的课堂教学离不开一定的逻辑历程，其中就包括诸如教学导入、新课讲授、情境设置、教学提问、教学板书、教学小结等基本环节。教学环节设计是教学过程设计的主要内容，是教学设计的重要组成部分，也是提高教学质量的重要保证。

第一节
小学道德与法治教学导入设计

　　教学导入是指教师在导入一节课时而进行的一种创造性劳动。它既是课堂教学内容的一部分，又是组织教学的一个科学而巧妙的手段。它如同桥梁，联系着旧课和新课；如同序幕，预示着后面的高潮和结局；如同路标，引导着学生的思维方向。总之，导入过程乃是整个课堂教学的"准备工作"，帮助师生为即将进行新课教学做好心理与知识的准备。教学导入设计具有以下几种方法。

一、情感导入法

　　学生情感的触发，往往与一定的情境有关。生动感人的情境能增强学生的内心体验，引起学生的愉快情绪，从而引起思想共鸣。因此教师在导入新课时，可根据教材特点，通过图画、播放歌曲或以幻灯片、录音等教具和文学语言的描绘来创设生动、具体的教学情境，渲染课堂气氛，使学生学习情绪迅速达到最佳状态，并置身于特定的情境之中，深入体验教材内涵。如有教师在进行二年级下册第三单元第9课《小水滴的诉说》教学导入时，安排学生聆听小水滴的自我介绍，问："我们在何时何地遇到它呀？"然后创设情境，认识小水滴的重要与水资源有限：①视频演示，认识到水资源的丰富和有限；②图片示警，了解缺水的地方很多；③交流感悟，小水滴是我们珍贵的朋友。小结："通过交流，我们深深地认识到，水对我们来说实在是太重要啦！它是地球的血液，是生命的源泉。"从生活体验入手，自然引出"小水滴"这一话题。让学生在交流中深刻感受到我们的日常生活、生产中处处离不开水，知道水的重要性和资源的珍贵，为整节课中学生的学习奠定一定基础。

二、设疑导入法

"学起于思，思起于疑"，思维一般都从问题开始，为激起学生主动探索的学习动机，教师可根据授课内容抓住事物的关键，巧妙设置疑问，提出学生感兴趣而又一下子难以解决的问题来设置悬念，以形成一种急切期待的心理状态，引起学生思考，吸引学生注意力，拨动他们求知的心弦，从而导入新课。采用这种导入法需注意设置悬念应具有"新""奇"的特点，要能击中学生的兴奋点，在技巧上则应"引而不发"，令人深思，富有余味。比如，有教师在进行二年级上册第三单元第 12 课《我们小点儿声》教学导入时，首先做了一个声音游戏："小朋友们都喜欢玩游戏，老师说一个词，请你用声音来表示。"然后揭示课题："刚刚的小游戏，你有什么发现？声音有高有低的，声音的世界可是一个奇妙的世界。刚才是什么声音啊？那你想对这些吵闹的小朋友说什么呢？是呀，我们一起说＿＿＿。"（板贴课题）最后引发思考："围绕这个话题，我们可以讨论什么呢？"板书课题"我们小点儿声"，自然导入新课的学习。

三、故事导入法

针对学生爱听爱看有趣的奇闻逸事的心理特点，适当引用一些与教学内容有关的故事、寓言、名人逸事等导入新课，这是一种喜闻乐见，很受学生喜欢的形式。一方面，这种方式可帮助学生扩展思维丰富联想，使之兴致勃勃地投入新知识的学习中；另一方面，也可使学生在安安静静、兴趣盎然地听故事时，用实例向他们说明要讲的观点。比如某教师在进行五年级下册第三单元第 9 课《中国有了共产党》教学导入时，要求学生课前观看《觉醒年代》视频和图片资料，课上分享陈独秀、李大钊、《新青年》杂志以及"南陈北李，相约建党"的故事，以此导入该课教学，拉近了学生与共产党领袖之间的距离，帮助学生了解中国共产党的艰难创建历程，增强学生对党的领导和执政的政治认同感。

四、活动导入法

活动导入法就是把课文内容编成微型活动，由教师或学生在课堂教学中表演，这是低年级学生较为喜闻乐见的一种导入形式。这种导入形式新颖活泼、气氛热烈，对活跃课堂气氛、培养学生思维能力均有很好的效果。每次活动完毕，学生都能根据教师提问踊跃发言，在生动活泼的气氛中，自然而然地接受道理，受到启迪。某教师在进行四年级下册第二单元第 5 课《合理消费》教学导入时，提出问题"同学们，生活中有许多商品对我们具有吸引力，每个人都会有自己想要的东西。来说说看，最近你们都有哪些想要买的物品。"然后学生根据课前填写的"我的心愿卡"纷纷交流自己近期的购物愿望和理由，这种交流活动为学生顺利进行本课学习奠定了认知基础。

五、诗词、名言导入法

诗词、名言常常言简意深，有着深刻的哲理，催人深思。它能给人以极大的启发、鼓舞和鞭策，使人们的思想得到净化，获得升华。同时用诗词、名言来形容、描绘、说明某一事物往往更为形象、生动、逼真，学生乐于接受，也易于接受，可以收到事半功倍的效果。比如有教师课前出示"君子一言，驷马难追"这一名言，问道："同学们，你们听说过这句话吗？知道它是什么含义吗？今天这节课我们一起来聊一聊关于诚实守信、说话算数的话题。"从而揭示课题统编版四年级下册第一单元第 2 课《说话要算数》并写下板书，由此自然顺畅地导入新课的学习。

当然，导入的方法很多，除上述几种常用的导入方法外，还有调查导入、直观导入等。教师要根据学生的学习实际，根据不同教材内容等具体情况而灵活运用。须知教无定法，贵在得法，这就要求我们在教学中不断探索，以求取得更好的教学效果。

第二节
小学道德与法治教学情境设计

情境，顾名思义，就是情感和环境的和谐结合。这里的情感，指的是道德情感，它包括自豪感、光荣感、友谊感、责任感、幸福感、厌恶感、内疚感等。情境教学的创始人李吉林老师认为：情境是根据刺激物对儿童感官或思维活动所引起的不同作用，大致分为实体情境、模拟情境、语言表达情境、想象情境及推理情境。教学情境，是指教师根据教学内容和教学要求，运用环境布置、示范演示、音像效果、生动形象的语言描述与形象直观的表情动作等手段所创设的，与讲解内容相适应的，能引起学生情感体验的环境气氛。

小学道德与法治教学情境设计在激发学生学习兴趣、积极参与教学、形成特定氛围、陶冶学生情操、拓展信息通道、加强教学信息交流等方面发挥着积极作用。小学道德与法治教学情境设计有以下几种比较常见的方法。

一、生活情境创设法

《义务教育道德与法治课程标准（2022年版）》指出要突出学生主体地位，充分考虑学生的生活经验，通过设置议题，创设多样化的学习情境，引导学生开展自主、合作的实践探究和体验活动，帮助学生形成正确的价值观，涵养必备品格，增强规则意识，发展社会情感，提升关键能力，使他们在感悟生活中认识社会，学会做事，学会做人，把道德与法治教育的方向引领和学生发展有机统一起来。为此，教师应当做到以下几点。

(一)基于学生生活，关注学生成长中的困惑与问题

学生生活有个体生活、集体生活、家庭生活和社区生活等，教师可以通过游戏活动、角色扮演、讲解故事、展示视频图片等方式创设基于学生生活的情境，尤其要关注学生成长中的困惑与问题，如粗心大意、丢三落四、对电视手机着迷、学习方法不对、缺乏观察、上课分神等问题，进行学习情境创设。只有源于学生实际生活和真实道德冲突的教育活动才能引发他们内心的而非表面的道德情感。教师在进行课堂教学设计时，应该关注学生生活，把学生的生活资源与教材内容有机结合起来，才能取得良好的教学实效。

【阅读链接 3-1】

核心素养目标达成的学业要求

1~2年级养成自己的事情自己做的好习惯，能够控制消极情绪，形成做事认真、明辨是非、知错就改的品质；懂得感恩，乐于帮助他人，懂得欣赏别人的优点和长处；养成良好的卫生和生活习惯，掌握基本的安全保健常识。

3~4年级能够遵守与日常生活密切相关的基本道德规范和法律，掌握有关生命安全与健康的基本常识和技能，初步学会调控情绪和与人沟通的方法，积极参加劳动和集体活动，尊重普通劳动者，平等待人。

5~6年级能够运用所学知识，分析和明辨日常生活中的是非善恶，平等待人，乐于合作，相互帮助，具有合作意识和集体主义精神，做到遵守公共秩序，遵纪守法，担当责任，养成亲社会的行为和品格，提升道德和人格修养。

(二)激发学生情感，引导学生探讨行为背后的价值

儿童的情感是在活动和人际交往中形成与发展的。以道德情感的内容为例，低年级学生较多的是自尊心、个体荣誉感；高年级学生则开始有责任感、集体荣誉感、友

谊感、爱国主义情感、义务感、人道主义情感，等等。[①] 只有激发学生情感，才能实现"负责任、有爱心的生活"的教学目标。例如：某教师在进行一年级下册第三单元第 11 课《让我自己来整理》教学时，创设了学生自己帮助某位同学一起学会整理房间的情境。在这样的生活情境中，学生处于一个经验传授者的身份，可以最大限度地调动他们原有生活经验，物品该如何分类、如何摆放。但教师并没有仅仅停留于此，而是积极引导学生细读教材内容，观察并思考：文具遗失、东西乱放"会给自己和家人带来烦恼"，凌乱的房间，无可奈何的妈妈，让人感受到"会给家人带来额外做家务的负担"，"我们该怎么整理呢？我们为什么要学会整理呢？"当学生从生活情境中悟出要"定时整理""物归原位"的方法时，教师再将教室内的活动延伸到真实生活中，就达到了思想品德和行为习惯教育的目的。[②]

【探究与分享 3-1】

　　某教师在进行六年级上册第二单元第 4 课《公民的基本权利和义务》一课时，他将小王作为主人公，通过一系列主题漫画，让学生在漫画情境中轻松、愉快地明白了"公民的基本义务"。

　　漫画一："爬围墙，损公物。"小王读书时，学习不认真，经常违反校规校纪。他有时爬过学校围墙到公园玩，甚至将公园的设施损坏了好几处，公园领导几次来学校告状。

　　漫画二："装病号，当逃兵。"到了应征入伍的年龄，小王假装身体不好，用欺骗的方式逃避服兵役。

　　漫画三："啃老族，空悠闲。"小王好逸恶劳，不肯上班，天天游手好闲，坐吃山空。

　　漫画四："造谣言，搞分裂。"小王沉迷网络，还在网上散布有损民族团结的谣言，伤害民族感情。

　　漫画五："抗法律，逃税收。"在父母的帮助下，小王总算在小商品市场开了一家宠物店，但总是以生意不好为由拒绝交税，并扬言"养狗还要交税吗"。

　　漫画六："不尊老，不爱幼。"小王平时对女儿和长辈总是"横眉怒目"，稍不顺心就出言不逊。

　　通过系列主题漫画，将小王的丑陋行为淋漓尽致地勾画了出来，激发学生对小王不良行为的厌恶情绪，加之教师的教学引导，学生也因此明白了作为公民应

---

① 中小学教师心理健康教育教程编写组：《心理健康教育教程》，158 页，北京，人民教育出版社，2004。
② 沈婧婧：《小学德育课程情境的创设价值——统编版〈道德与法治〉教学实践策略探究》，载《小学教学研究》，2018(11)。

该履行的基本义务。

你觉得这位教师运用的情境教学法有何特点？还有哪些情境创设法？

二、童话情境创设法

童话是爱的礼物，能使儿童沐浴在以爱为本的人性教育中，同时，儿童在童话中能经历自己美好健全人格的发展，具有丰富的德育功能。如何创设童话情境进行教学？教师应当做到：

（一）认真研读教材，找出童话故事

教师挖掘教材本身的童话故事教学资源，是进行童话情境创设的前提条件。二年级下册第一单元第 1 课《挑战第一次》中的"小马过河"，鼓励儿童勇敢尝试，《学做"快乐鸟"》中的"蜗牛和寄居蟹"，引导儿童学会寻找快乐，《做个"开心果"》中的"小狐狸找'开心果'"，指引儿童明白自己就是大家的开心果，等等。

（二）利用童话故事，寻求实践智慧

教师要善于利用童话故事，开展故事化教学，引导学生在童话故事中习得生活和实践智慧。如某教师在进行一年级下册第四单元第 14 课《请帮我一下吧》教学时，以森林学校开学为童话背景，以"小咕噜"的一天为故事内容，以"点亮三盏求助灯"为活动目标。学生在教师极富有感染力的语言下，很快进入童话故事情境，非常愉快地开始帮助小刺猬学会求助的学习过程。

（三）品味童话故事，融入真实生活

教师在创设童话情境时，要将学生的真实生活融入其中，让学生品味童话故事，引导学生回忆自己在生活中曾经遇到的困难，鼓励学生模拟小刺猬那样"勇敢"求助。面对困难是否求助，如何"智慧"求助？教师可通过对小刺猬错误做法的纠正，告诉学生小刺猬应该"礼貌"求助等。同时结合角色扮演等形式，表面上看是学生帮助小刺猬，实则是学生之间在互相启发，互动成长。

三、游戏情境创设法

对于儿童来说，游戏是一种与生俱来的本能的生命欲求，它伴随了儿童生命成长的全过程，也融汇并勾画了儿童精神发展的螺旋轨迹。如何创设游戏情境进行教学？

它要求教师：

（一）将活动与游戏相结合

小学道德与法治是一门活动型课程，学生解决问题的方式、技能，价值判断的能力，对道德原则与法治观念的领悟，是可以在活动中形成的。这既契合学生身心发展的自然规律，又可以利用游戏本身对学生的吸引力，将道德与法治课程的效果进行最大化延伸。教材中有许多课程内容直接与游戏有关。比如一年级上册第三单元第 9 课《玩得真开心》引导学生知道在家里玩耍时如何玩出花样、如何在创造中寻找乐趣等。再如一年级下册第四单元第 13 课《我想和你们一起玩》鼓励学生主动交往，养成乐群精神等。这些课程内容以游戏的方式在课堂中展开，再以游戏的方式回到生活中。

（二）将游戏与生活相结合

朱永新教授认为：学习本来应该是一件非常美好、快乐的事情。孔子曰："学而时习之，不亦说乎！"但学生进入学校不久就开始恐惧、厌烦学习。这是什么原因呢？苏联教育家苏霍姆林斯基则认为，最重要的原因是教师把本来趣味无穷的学习变成了味同嚼蜡的苦差事，变成了死记硬背的笨功夫，所以学生在学习过程中不断遭遇失败，不断远离趣味和游戏。教师要做的就是让学生热爱学习，将游戏与生活和学习过程结合起来，创设具有生活乐趣和情趣的游戏活动，让学生在玩耍、游戏和娱乐中学习知识，增长才干，适应生活，认识环境，促进学生德智体美劳全面发展。

【案例呈现 3-1】
四年级下册第一单元第 1 课《我们的好朋友》游戏活动

师：在《友谊地久天长》的歌声中引入：我们在学校生活三年多了，一定有不少好朋友吧！今天我们来做个竞猜游戏。用一两句话说出好朋友的特点，但不要说出名字，然后让大家猜猜他是谁。大家可以先想一想好朋友的外貌、爱好、性格和最擅长的事，看看大家能不能猜出你的好朋友是谁。游戏开始！

生 1：我的好朋友个子小小的，眼睛也小小的，但嗓门却挺大，胆子也不小。他性格开朗，特别爱笑，最擅长讲笑话，每次搞活动，总是他最先上台表演节目，是我们班的"开心果"。

（其他同学猜一猜，如果猜对，有请好朋友上台）……

通过"猜一猜"的游戏活动，让学生介绍好朋友特点，从中看出他对朋友的了解程度。引导学生回忆与朋友在一起或开心或难忘的事情，有意识地梳理其生活经验，感知友谊的美好。

(三)将游戏融入其他内容

除了原本有童话故事的课程内容之外，教师还可以根据其他课程内容穿插游戏情境，比如闯关、答题、辩论、争章、猜谜、探秘等。以一年级上册第二单元第 6 课《校园里的号令》为例，本课中第一个栏目"神秘的指挥"就可以用猜谜语的方式，课后可以引导学生到校园里去听一听、找一找不同的"指挥家"；第二个栏目"铃声告诉我"则可以用"你说我做"的方式，明确铃声对应的行为规范，课后可以用真实的生活情境来评价衡量本堂课的学习所得；火灾疏散演练可以采用辨析的方式，帮助学生学会一些逃生的基本技能，在学校疏散演练的时候，对学生有直接的指导作用……整堂课都可以用游戏情境作为评价，从课堂活动表现延伸至课外活动。

四、榜样情境创设法

榜样是值得学习的好人或好事。榜样有真实榜样和符号性榜样两大类，真实的榜样是由榜样进行现场示范，如现场报告或行为表演，这样的榜样真切生动，容易激发学生学习兴趣，引起学生注意；符号性榜样是通过传播媒介来呈现，如电影、电视、小说、戏剧等。[①] 榜样情境创设要求教师：

(一)精选榜样资源

当今社会开放性、互动性很强，学生很容易形成各自的目标选择空间，多元化的价值取向使他们的榜样选择趋向多样化，可以树立不同类型的榜样，如"革命英雄型榜样""先进模范型榜样""敬老爱亲型榜样""好学求知型榜样""科技创新型榜样""自强自立型榜样""社会实践型榜样"等。教师运用身边榜样进行价值观教育，生动形象，说服力强，容易使学生产生情感共鸣，学生在耳闻目睹的榜样事迹中获得启迪，在接受榜样的感染中自然而然地尊崇、认同社会主义核心价值观。[②] 教师要时刻关注国家大事和社会生活热点问题，整合道德与法治课程资源，精心挑选那些为国家和社会发展做出巨大贡献的人或事情，提供给学生学习和研讨，使学生获得"正能量"的学习榜样。

(二)呈现榜样精神

教师要把正能量融入小学道德与法治教学中，引导学生关注现实生活，对学生进行道德与法治方面的教育，激发学生的学习兴趣。教师在进行五年级下册第二单元第 6

---

①　皮连生、王小明、胡谊：《教学设计(第 2 版)》，325—326 页，北京，高等教育出版社，2009。

②　丁玲玲：《榜样教育的困境和有效性探究》，载《辽宁行政学院学报》，2013(2)。

课"我参与 我奉献"教学时，可引用 2020 年 9 月 8 日全国抗击新冠疫情表彰大会中先进人物的感人事迹，特别介绍"共和国勋章"国家荣誉称号获得者钟南山，"人民英雄"国家荣誉称号获得者张伯礼、张定宇和陈薇的感人事迹，让学生理解在我们周围，有许许多多为国家、为社会无私奉献的人，正是因为他们的奉献和担当，我们的生活才如此幸福和美好。通过榜样激励和示范引领，激发学生对课程的学习兴趣，为其成长为对社会有贡献的人奠定思想基础。

(三)观察榜样示范

无论是真实榜样还是符号性榜样，都要体现出社会的价值要求，并尽可能与学习者的年龄、性别、生活环境、文化背景、兴趣爱好和价值观念相接近，从而引起学生注意，并能认真观察榜样的示范。

(四)模仿榜样行为

学生将榜样的示范行为转化为认知表象或词语符号而存在于自己的头脑中，然后学生仿照榜样的行为进行反复的演练，不断总结自己的操作行为进展情况，及时做出自我矫正。对于模仿的行为，需要进行强化，这种强化可以是外部强化，也可以是自我强化，其目的就是要从榜样身上习得良好行为。

【阅读链接 3-2】

江苏省著名小学语文特级教师李吉林老师曾提出情境教学的五条原则：第一，以培养兴趣为前提，诱发主动性；第二，以指导观察为基础，强化感受性；第三，以发展思维为核心，着眼创造性；第四，以培养情感为动因，渗透教育性；第五，以生活体验为手段，贯穿实践性。[1]

【阅读链接 3-3】

丰富学生实践体验，促进知行合一

教学要与社会实践活动相结合，加强课内课外联结，实现隐性课程与显性课程相配合。

注重案例教学，选择、设计和运用个人和社会生活中的典型实例，鼓励学生探究、讨论，提高学生的价值辨析能力。案例选择要关注以下几点：一要坚持正面引导为主；二要紧扣时代主题，反映学生关注的现实问题；三要具有真实性、

---

[1]　中国德育杂志社、教育研究杂志社：《当代中国德育研究新进展》，433 页，北京，人民教育出版社，2011。

典型性、可延展性，能够服务核心素养的培育；四要关注学生的认知水平和接受能力，具有一定的感染力和说服力，能够引起共鸣。

要积极探索议题式、体验式、项目式等多种教学方法，引导学生参与体验，促进感悟与建构。要采取热点分析、角色扮演、情境体验、模拟活动等方式，引导学生开展自主探究与合作探究，让学生认识社会。

通过参观访问、现场观摩、志愿服务、生产劳动、研学旅行等方式走向社会，增进学生对国情、社情、民情的了解，增强爱国情感。鼓励学生在社会实践中扩展自己的视野，提升自己的能力，学以致用，知行合一。

简言之，小学道德与法治教学除了需要关注教学情境创设等课内教学方式方法，还需要将知识贯彻到生活中，让学生真正体会到学习道德与法治课程对自身的作用。实践活动的形式有多种．如课后社会调查活动、课堂辩论赛、研学及假期考察等，让学生利用假期时间进行实践学习，这对于道德与法治课程来说是一种很好的体验式教学方式，能够帮助学生更好地学习。

第三节
小学道德与法治教学提问设计

小学道德与法治的课堂提问是教师在教学活动中通过一定方式向学生质疑，促使学生参与教学活动，了解学生学习状态，启发学生思维，并通过学生解决问题，达到学生理解和掌握知识，发展能力的行为活动方式。它是一种最直接的师生互动活动，也是教师最常用的一种教学技能。课堂提问要注重方式方法，方法运用的好坏与教学效果息息相关。课堂提问什么、什么时候问、问谁、怎样问，都要精心设计。课堂提问设计是一个微观的教学系统，包括所提问问题的设置、提问时间的安排、提问对象的确定和提问问题的结论分析四个环节。[①]

一、提问问题的设置

问题设置是设计课堂提问的关键和核心。问题设置就是对问题进行分解、选择和确定，以解决提出什么问题和怎样提出问题。问题设置时要求遵循以下四个原则。

---

① 范牡丹：《现代课堂教学艺术》，66 页，咸阳，西北农林科技大学出版社，2010。

(一)科学性原则

问题设置的科学性原则要求设置的问题必须是正确、全面和明确的。问题要正确，是问题设置的起码要求。问题不正确，学生找不出答案，不仅白白浪费时间和精力，而且还会把学生的思维引入歧途。问题要全面和明确，即所提的问题从整体上要合乎逻辑，不能顾此失彼。如"你愿意和什么样的同学做朋友"这样的问题就比较明确，便于学生思考和回答。

(二)主体性原则

问题设置的主体性原则要求设置的问题要有指向性和集中性。问题的"指向性"，就是设置的问题要紧紧围绕本节课或本学时的教学目的与要求，具有较强的针对性。问题的"集中性"，就是设置的问题要相对集中于本节课或本学时的教学重点、难点和关键点，这也就是说问题的设置要有选择性，提问应该问的问题，以保证重点突出、难点突破，保证有利于集中学生的注意力。

(三)整体性原则

问题设置的整体性原则要求一个教学单元内所提问的问题不能是彼此孤立的，更不能是东一榔头西一棒子，风马牛不相及的，而应是有某种内在联系的。《礼记·学记》曰："善问者，如攻坚木，先其易者，后其节目。"提问要先易后难，注重整体与部分之间的关系。如"他为什么没有朋友？""你愿意和什么样的同学交朋友？""怎样才能做好朋友？"这系列提问围绕"交友之道"层层设问，有利于学生学习交友之道。

(四)启发性原则

问题设置的启发性原则要求设置的问题能使学生产生浓厚的学习兴趣和强烈的求知欲望，能打开学生的思路、调动学生的积极性，有利于发展其智力、培养其能力。因此，教师在进行问题设置时要适应学生的心理和学习的需求，重求"因"、难易适度、激发学生创造性思维。另外，可以设置一些发散型、归纳型、类比型、变式型、陷阱型、展望型等类型的问题。比如"为何凯凯交不到好朋友？"就是一个具有启发性的问题，能激发学生思考凯凯交不到好朋友的具体原因。

【探究与分享 3-2】

某教师在进行四年级下册第一单元第 1 课《我们的好朋友》教学时，围绕"朋友也有矛盾"这一话题设计了一个活动：悄悄话信箱。教师根据悄悄话信箱梳理出一些问题，并进行如下提问：(1)朋友与别人发生矛盾，你该怎么办？(2)两个朋友都竞选班干部，你给谁投票？(3)都说朋友要互相帮助，考试时若朋友想看你的答案，你帮不帮？让学生思考，若碰到这些问题，应该怎么办？四人小组讨论，请小组代表发言。

简要分析上述教师提问的问题设置体现了哪些原则？如何体现的？

二、提问时间的安排

课堂提问存在着一个最佳时间的问题。教师在设计课堂提问时，必须有时间观念，把提问的时间作为一个重要问题来考量。课堂提问时间安排的总原则是问在当问之时，[①] 具体说，包括下面两层意思。

(一)在不同教学阶段提问不同类型、不同水平的问题

教学是按照导入、授课、复习巩固、布置作业的流程推进的。伴随着教学进程，学生的兴趣状态和心理状态则是沿着初始、高潮、稳定、低潮的轨迹变化。新课伊始，学生的兴趣状态和整个心理状态尚处于初始阶段，注意力尚不够集中，宜以导入式或引发式提问为主，以便集中学生的注意力，唤醒和激发学生的兴趣，引导学生的积极思维；在进入新课后，学生的兴趣状态和心理状态逐渐进入高潮阶段，思维比较积极活跃，宜以理解性和分析性提问为主，以解决比较重要、复杂、困难的问题，并使学生进一步强化兴趣，保持积极思维的状态；讲授新课后期，学生开始出现疲劳，兴趣状态和心理状态处于相对稳定的阶段，宜以强调性提问为主，并适当进行非教学性提问，以重新引发学生的兴趣和思维的积极性，防止或制止非学习行为的发生；新课讲授结束，学生容易产生松口气的情绪，兴趣状态和心理状态由高潮转入低潮，宜以巩固性和非教学性提问为主，以使学生加深理解、强化记忆。

(二)应在学生有疑之时提问

课堂提问的目的主要在于激活学生的思维，引起学生探究的兴趣，学生无疑问时，教师的提问就不能起到这种作用。相反地，学生有疑问时，教师的提问便可促使其积极思考，不管是自己思考出了答案，还是别的同学回答出了答案，都会感到柳暗花明，精神上得到极大满足。至于学生何处何时有疑，教师要根据从各种渠道获得的信息反馈和积累的经验来做出判断。一般情况下，新知识与旧知识、低层次知识与高层次知识、理论与实践的联系处，学生容易产生疑问，教师应考虑在这些地方设置问题，课堂教学进行到这里时进行提问。

---

① 范牡丹：《现代课堂教学艺术》，66 页，咸阳，西北农林科技大学出版社，2010。

三、提问对象的确定

学生是教学的对象，也必然是课堂提问的对象。课堂提问的本质就是教学问答，有问就必须有答，有问而无答，就失去了课堂提问的意义。为了保证课堂提问的顺利进行，避免"卡壳"和僵局现象，教师要克服提问的任意性和主观性，认真分析问题与学生的关系，选择好提问的对象。要选择好提问的对象，一般应做到以下四点。

(一)因材施问

不同类型、不同水平的问题，可选择具有与之相应的知识基础、技能水平的学生来回答。所提问的问题比较容易，就选择学习能力较弱的学生回答；问题难度比较大，就选择学习能力较好的学生回答，使各类学生各得其所，既可保证提问的顺利进行，又可以扩大提问面，激发学习能力较弱的学生的学习热情，调动全体学生参与教学问答的积极性。

(二)分层提问

提问对象可以选择两个或两个以上一组的学生，组成一个梯队，先让成绩较差一些的学生回答，回答得好则已，回答不出或回答不全，再由学习较好的学生回答或做补充。这样既可避免出现僵化局面，使得课堂教学顺利进行，也可以使同学之间相互促进，获得平衡发展。

(三)特别提问

有的学生性格内向，不愿意回答教师的提问；有的学生胆小，不敢回答教师的提问。教师要适当安排他们回答一些问题，使其经受锻炼。

总之，选择好提问对象需要教师准确把握学生的个性特点、知识基础和技能水平等综合情况，这就要依靠教师平时对全班学生仔细观察和深入了解。

四、提问问题的结论分析

教师在课堂提问题之后，还必须对其结论进行认真分析，做到心中有数。特别是比较复杂的问题，其结论更要分析透彻，搞清来龙去脉。同时，要分析学生容易在哪里出现问题和容易出现什么样的问题。

(一)明确问题结论

只有认真、全面、透彻地分析问题结论，才能确保问题的科学性。在课堂提问中，有时会出现这种情况：教师提出了问题，叫了好多学生都回答不出，学生着急，教师也着急。这多半是教师仅凭经验设置问题，未认真分析结论所导致的。所以，要事先对问题的结论进行认真分析，方可避免这种现象的发生。

(二)恰如其分评价

学生回答了教师的提问之后，教师必须对学生的回答进行明确的评价，全部肯定或部分肯定，全部否定或部分否定，或补充学生的回答，或表扬其创造性思维，或进一步引导其新的思路。若是部分肯定学生的回答，还要指出其不足之所在，并加以补充；若是全部否定学生的回答，还要给出一个明确、全面的答案。

第四节
小学道德与法治教学板书设计

教学板书是教师根据教学要求，遵循教学直观性原则，通过精心构思，有计划地在黑板上书写醒目的文字或图表的一种创造性劳动。成功的板书设计既是课文内容恰到好处的体现，又是一种落实教学要求的艺术再创造。教学板书可以从动态和静态两个方面把握。动态的角度就是教师上课时在黑板上书写的文字、符号、图表等传递教学信息的一种言语活动方式；静态的角度就是教师在教学过程中为帮助学生理解掌握知识而利用黑板以简练的文字、符号、图表等呈现的教学信息总称。教学板书具有集中学生注意力、启发学生思维、展现内容结构、突出重点难点、提纲挈领、便于记忆以及升华教材等多种功能。板书设计主要有以下几种基本形式。①

一、用教学要点作板书

课文的教学要点在小学道德与法治课程的教学参考书中都有说明，教学参考书中"教学要点"一栏提供了板书的内容，有的课文可以直接用它来作为板书。有些课文的教学要点，内容较深或字句较长，不宜直接用于板书。教学时，可以把这些教学要点转化

---

① 张振芝主编：《小学思想品德课教学基本功与技能训练》，57 页，长春，东北师范大学出版社，1999。

成学生容易接受的几句话作板书。板书的每句话都表示一层意思，合起来就成了一个完整的道德观点。如四年级下册第一单元第 1 课"我们的好朋友"板书设计：

说说我的好朋友

有了朋友快乐多

交个朋友我能行

这样的板书，有认识有要求，学生能够理解，文字也较简练，易读易记。

二、用儿歌作板书

低年级学生识字不多，不宜用长句子作板书。但他们对儿歌特别感兴趣，针对学生的这一特点，我们可以把教学要点编成儿歌作板书，这样学生读来朗朗上口，很快就能记住。用作板书的儿歌，有的可以选自教材，有的可以从教学参考书中选用，有的则可自己编写。如教师在进行六年级下册第一单元第 2 课《学会宽容》一课，编写儿歌为：

遇事多想别人好，

宽容美德要发扬，

讲和谐，促友善，

团结友爱记心上。

这首儿歌虽然只有短短的四句，但讲清了遇事要为别人着想，在集体生活中要有谦让和宽容之心，学会原谅他人，以积极乐观情绪面对问题。

三、用图表作板书

用图表的形式作板书，是指通过括号、箭头等符号把教学要点的各个部分连接起来，用以揭示它们之间的内部联系，如因果关系、条件关系、递进关系等。这种形式可以帮助学生厘清思路，掌握要点，培养他们逻辑思维的能力。这种板书形式常见于小学高年级的课堂教学。

如四年级下册第三单元第 8 课《这些东西哪里来》的板书设计（见图 3-1）：

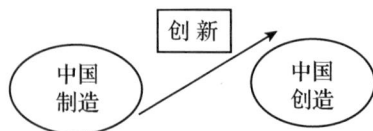

图 3-1 《这些东西哪里来》的板书设计

用图表作板书时，应注意逻辑结构的严密，做到简洁明了，学生能够看懂。要防止过多地使用括号、箭头等符号，增加图表的复杂性，给学生设置障碍，使其效果适得其反。

四、用名言作板书

英雄模范的豪言壮语，表达了他们崇高的思想境界，可以激励少年儿童学习，选择一两段或一两句紧扣教学要求的话作板书，能激励学生奋发向上。课文中有许多格言、谚语，寓意深刻，简短易记，用作板书也很受学生欢迎。如"一寸光阴一寸金，寸金难买寸光阴""少壮不努力，老大徒伤悲""锲而不舍，金石可镂""勤学心似镜，苦练手生灵""学如逆水行舟，不进则退"等。

【案例呈现 3-2】
六年级上册第一单元第 1 课《感受生活中的法律》板书设计

生活指南针，法律导我行

现实度量衡，法律辨是非

坚强保护盾，法律护权益

实践先锋营，普法我最行

概言之，小学道德与法治课板书设计的方法多种多样，除了上述几种板书设计方式，还有表格式、线索式等，究竟一节课采取什么样的板书设计，要根据教学内容的特点，从实际出发，恰当地选择运用。

第五节
小学道德与法治教学小结设计

教学小结是教师在一个教学内容结束或一节课教学任务终了时，有目的、有计划地归纳总结、重复强调、实践活动等，使学生对所学知识形成系统，并转化、升华而采取的教学环节。人们常说文章不仅要有"虎头"，而且要有"猪肚"和"豹尾"，一节课亦是如此，开头要引人入胜，结尾要耐人寻味。提高教学效率离不开小结设计，好的小结设计可以影响教学任务是否完成，直接影响着教学质量。

要发挥教学小结的作用，教师就要转变观念，重视课堂小结在课堂教学中的重要地位，让课堂小结成为学生展现自我的平台，以此培养学生的概括总结能力以及言语表达能力。为此，教师要在教学设计中为课堂小结这一环节预留充足的时间，还要设计多样化的课堂小结形式，以根据不同的教学内容，采用不同的小结方法，进而激发学生的学习兴趣，提升教学效果。

【探究与分享 3-3】

　　某教师在对四年级下册第二单元第 6 课《有多少浪费本可避免》进行教学小结时，送给学生一首小诗：浪费粮食现象多，日积月累大数额。轻视劳动不可取，破坏环境酿大祸。文明用餐享快乐，学会生活笑呵呵。希望同学们从今天起，避免餐桌上的浪费，养成节约粮食的好习惯，让我们一起节约资源，尊重劳动，保护环境，学会智慧地生活！

　　设计意图：通过总结提升，梳理本课所学内容，为下一课时的学习做铺垫。

　　请问该教师的教学小结采用了哪些方法？有何效果？

一、归纳点睛式

　　归纳点睛式即教师或师生对整节课所学主要内容加以归纳总结的小结方法。

　　这是一种常见的课堂小结方法，教师只需寥寥数语，提纲挈领地归纳所学知识即可。教师要用准确简练的语言，把整节课的主要内容加以总结、概括、归纳，给学生以系统、完整的印象，起到帮助学生整理思维、加深理解、巩固知识的作用。归纳者可以是学生，也可以是教师，还可以是师生一起。一般是围绕着本节课的教学目标进行总结，如果总结得当便能起到画龙点睛之效，不仅能使学生对本节课的教学内容有全面系统的了解，而且能使主要知识在学生头脑中留下清晰完整的印象。

【案例呈现 3-2】

　　四年级下册第一单元第三课《当冲突发生》小结：

　　通过今天的学习，我们知道了化解冲突的办法，归纳起来就是五点：一是控制情绪，保持冷静；二是交换意见，讲清道理；三是换位思考，理解他人；四是商议办法，和谐相处；五是请人调解，解决冲突。建议大家把这些法宝贴在自己的文具盒里，经常看一看。友谊珍贵，冲突来临时不逃避，冷静面对，积极主动去解决。慢慢地，我们就会成为解决冲突的高手，更好地和同学相处。①

二、分析比较式

分析比较式即教师比较分析不同教学内容并加以小结的小结方法。

教学不仅要"授人以鱼"，更要"授人以渔"。教学中要引导学生学会比较学习的方法，激发学生从知识的广度和深度加深理解，这样有助于提高学生的分析概括能力，也有利于调动学生的学习积极性和主动性，更有利于发展学生的智力和培养学生的思维能力。教师要将本节课所授的内容和其类似的课进行比较小结，抓住它们的相同点和不同点，使学生对本节课的教学内容和与其类似的内容得以区分，并加深学生对本节课所学内容的理解。

三、交流评价式

交流评价式即教师与学生对所学内容做进一步交流评价的小结方法。

课堂教学应该留给学生足够的时间和空间去思考和活动，要让学生有机会畅谈对所学知识的体验、感受和收获，有机会表达自己的困惑和喜悦，并提出建议和见解，应关注学生的感受和体验。这种小结是开放的，不仅关注学生的学习效果，而且关注学生学习的体验和感受，还关注学生核心素养。如某教师在进行四年级下册第四单元第 12 课"家乡的喜和忧"第三课时教学时进行了这样的小结：你们提出的建议非常棒。虽然有些建议可能现阶段还难以实现，但你们的主人翁意识，你们对家乡的责任感值得肯定，请大家把掌声送给自己，老师相信，以后你们一定能成为一名优秀的家乡建设者。[①] 这种交流式小结会让学生有成就感且印象深刻。

四、游戏活动式

游戏活动式即教师运用轻松、活泼、有趣的活动进行小结的小结方法。

这种课堂小结要根据学生年龄、心理等特点，寓教于乐，教师可以根据所学内容，通过做游戏、讲故事、听音乐、设计竞赛活动等轻松活泼、新颖有趣的活动，使学生的身心得到放松，浓厚的学习兴趣得到保持。如某教师在对四年级下册第二单元第 6 课"有多少浪费本可以避免"进行教学小结时，安排学生录制生活中的浪费现象和生活中的节约小妙招视频，通过这一活动设计让学生深入理解浪费的危害，学会勤俭节约以及养成节约粮食的好习惯。

---

① 朱启涛：《统编小学道德与法治教科书教学设计与指导》，316 页，上海，华东师范大学出版社，2022。

五、渗透式

渗透式即教师对教学内容做思想道德教育和法治教育思想的渗透与升华的小结方法。

小学道德与法治教学一定要把知识的掌握与学生品德教育与法治教育有意识地、恰当地联系起来，将有意识的教育寓于无意识的受教育之中，做到在知识教学中自然、适时、适量地渗透。如某教师在进行四年级下册第三单元第 8 课《这些东西哪里来》教学小结时说道：中国制造是基础，中国创造是目标，中国提出"中国制造 2025"其实就是指要用科技创新改变和提升中国制造。中华民族是具有非凡创造力的民族，只要我们大家共同努力，不断创新，将来一定能使我国从制造大国发展成为制造强国。让"中国创造"助我们早日实现伟大的复兴之梦。① 这种渗透思想教育的小结会触动学生内心，引发他们内心的自豪感，有助于学生把民族复兴之梦和个人成才梦有机结合起来。

小学道德与法治课程教学环节设计除了以上内容外，一线教师在教学实践中还进行了统整和创造，有许多创新性设计值得借鉴。

【阅读链接 3-2】

多年来，江苏省徐州市大马路小学提出了小学道德与法治"自主习得"五环节模式。教学中，他们强化了学生的学习体验，引导学生以"身"体之，以"心"悟之，激发学生主动体验和探究的兴趣，大胆尝试解决问题的方法，获得了真实的体验和个性化的感悟。

自主预习，初步感知。课前，引导学生"心"入生活，到真实生活中就即将学习的内容进行搜集整理资料、调查访问、观察记录、参与实践等活动，在体验的过程中获得初步感知，提前介入，进行热身，为课堂学习做好准备。

自主探索，激活体验。课中，教师找准学生的生长点，精选问题，展开探究，开启学生思维，撞击学生思维的兴奋点，激励学生对问题进行深入思考与探究，使学生对问题产生新的认识、体验与感悟。

自主交流，澄清价值。教师引导学生一起"共享学习"，进行知识与智慧的分享、思想和价值观的沟通、情感的共融，联系现实展开更深入的思考和讨论甚至辩论，在思辨中进行价值澄清，明理导行。

自主总结，内化信念。引导学生进行反思总结，在师生评价、生生评价的过程中强化认识，使知、情、意、行相统一，完成从知到信（内化信念）、从信到行

---

① 朱启涛：《统编小学道德与法治教科书教学设计与指导》，316 页，上海，华东师范大学出版社，2022。

（导之以行）的转化。

自主拓展，践行体验。课后，师生共同商议、设置相应拓展体验活动，进行社会实践，在广阔的社会生活中、在持续体验中实现自主发展。

本章小结

小学道德与法治教学是一个过程，教学环节设计是教学过程设计的有机组成部分，教学导入、教学情境、教学提问、教学板书以及教学小结设计的质量如何都会直接影响到教学实效，所以优化教学设计，就需要重视教学环节和教学方法的设计。

章后练习

某教师在进行二年级下册第三单元第 9 课《小水滴的诉说》教学设计时：先播放蓝猫洗澡浪费水的动画片段，请学生思考是不是就像蓝猫所说，地球上的水用也用不完。然后请学生说一说，日常生活中哪里要用到水，教师从日常生活、工业、农业等方面引导学生归纳。用说一说、演一演的形式，表现生活中突然停水的经历。分组交流课前家庭用水调查情况。然后围绕家庭生活、学校生活中浪费水的现象，交流生活中节约用水的金点子。最后，以图片、视频的形式，在云平台上传生活中节约用水的做法以及课前参观、访问、社区宣传的心得与收获。课后完成家庭节约用水记录表填写。

请从教学环节角度分析该教师的设计特色和亮点，并说明其设计理念。

拓展阅读

朱启涛：《统编小学道德与法治教科书教学设计与指导》，上海，华东师范大学出版社，2022。

第四章

小学道德与法治
教学评价设计

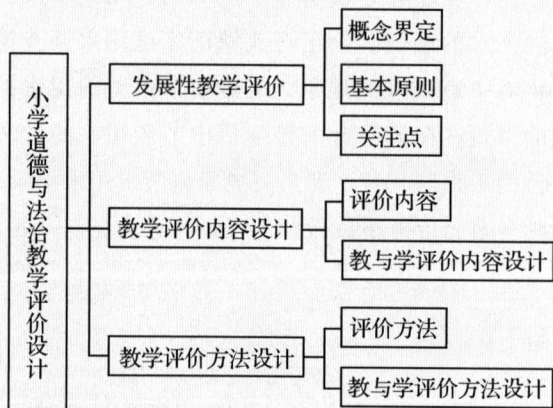

```
                                          ┌─ 概念界定
                        ┌─ 发展性教学评价 ─┼─ 基本原则
                        │                 └─ 关注点
小 │                    │
学 道 德 与 法 治 教 学 │ 教学评价内容设计 ─┬─ 评价内容
评 价 设 计             │                  └─ 教与学评价内容设计
                        │
                        └─ 教学评价方法设计 ─┬─ 评价方法
                                             └─ 教与学评价方法设计
```

　　本章重点是要了解小学道德与法治教学评价的界定，把握小学道德与法治教学评价的理念设计、内容设计以及方法设计等，逐步建立与素质教育一致的发展性评价体系，促使学生更好地学习这门课程。

　　道德与法治课程具有政治性、思想性和综合性、实践性，旨在培养具有良好道德品质和行为习惯、愿意探索和热爱生活的儿童。小学道德与法治教学评价是在系统收集、分析、整理相关信息和资料的基础上，根据一定的标准，运用一定的方法和手段，对小学道德与法治教学进行价值判断的活动。可见，教学评价具有以下几个方面的要素：系统信息、评价内容、评价方法手段和价值判断。教学评价应体现发展性、客观性、全面性和可行性要求，发挥教学评价在培养学生核心素养和行为习惯中的积极作用。

第一节
小学道德与法治发展性教学评价

　　发展性评价是 20 世纪 80 年代以后发展起来的一种关于教育评价的新理念。它是指依据一定的教育目标和发展的价值观，通过系统地收集评价信息和分析，对评价对象的核心素养进行价值判断，旨在促进评价对象不断认识自我、发展自我，实现综合发展目标的评价。

一、小学道德与法治发展性教学评价的概念界定

　　长期以来，我国小学道德与法治教学评价中或多或少存在着功利化倾向，忽视了评价的发展性功能。《基础教育课程改革纲要（试行）》明确指出，评价改革要以"改变课程评价过分强调甄别和选拔的功能，发挥评价促进学生发展、教师提高和改进教学实践的功能"为目的，要建立促进学生、教师、课程不断发展的评价体系。

【阅读链接 4-1】
综合运用多种评价方式，促进知行合一
　　道德与法治课程评价要围绕发展学生核心素养，发挥评价的引导作用，改进结果评价，强化过程评价，探索增值评价。结果评价要全面关注知识、情感和行为的发展，关注学生在学校、家庭和社会生活中的日常品行表现。过程评价要更加关注发挥评价的激励和改进功能。增值评价要关注学生思想品行的发展和进步，

注重对学生的激励。坚持学生自我评价、教师评价、同伴评价、家长评价和社区评价相结合，借助信息技术探索和优化纸笔测试、学生成长记录袋、日常行为表现记录卡等定性和定量多种评价方式，提升道德与法治课程评价的科学性、专业性和客观性。

目前，小学道德与法治教学评价多是教师对学生进行评价，其评价方式是按学生成绩给出评价结果，较少关注学生平时表现、学习情况及各种能力的培养，因此，现有的教学评价机制无法对学生进行全面的评价，无法反映学生的学习情况，教师在课堂授课过程中缺乏明确的目标，学生也缺乏学习动力，不能很好地促进学生的全面发展。[①]

为此，小学道德与法治课程需要建立适应核心素养综合发展状况的发展性评价体系。

(一)发展性教学评价的由来

发展性教学评价制度是20世纪80年代初期，最先由英国开放大学教育学院纳托尔和克里夫特等人倡导的。他们的研究最初是想解决教师评价制度中存在的"重教学效果核定，轻教师职业发展""评价者与评价对象缺乏双向交流"等主要问题，后来这项研究引起业界的高度关注，逐渐由原来的发展性教师评价迅速覆盖到学生学业、课堂教学、学校发展等多个领域。

(二)发展性教学评价的特点

所谓发展性教学评价就是在以人为本的思想指导下，关注学生发展、教师素质提高和教学实践改进的一种形成性教学评价。发展性教学评价超越传统单一的评价方式，以多元发展的眼光看待学生，具有导向功能、激励功能、调控功能等，是核心素养培育的指向标。

发展性教学评价具有如下特点：

1. 素养目标的导向性。发展性教学评价是基于一定的培养目标，并在实施中制定明确、具体的阶段性发展目标；发展性学生评价的根本目的是促进学生达到核心素养目标，而不仅仅是知识与技能，以及各项检查和评比。

2. 评价整体的客观性。评价全程的客观性体现在评价主体多样性，既有教师主体，也有学生主体、家长主体、社区主体等；评价内容既有认知、情感，也有行为、价值观念、学习态度、课堂学习等阶段目标达成；评价方法手段适切性，既有纸笔测试也

---

① 王晓婷：《小学道德与法治课堂教学中提升学生核心素养策略》，载《小学教育》，2018(9)。

有观察、访谈、作业、档案袋等评价方法；评价过程的形成性，既有结果评价，也有过程评价和增值评价。

3. 评价结果的价值性。评价结果的价值性体现在通过及时有效的评价反馈促进教师更多关注学生真实发生的进步，同时促进教师反思并改进教学方式，使教师更好地服务于学生的学习，同时发挥评价结果对教学指导作用。

总之，发展性教学评价要求比较高，为了发挥评价对教学的促进作用，不但要求评价结果可信度强、内容全面，还要求评价信息获取手段效率高、表达形式清晰，有利于师生发现学习中存在的问题，促进师生共同发展和成长。

(三)小学道德与法治发展性教学评价的内涵

鉴于以上分析，我们认为小学道德与法治发展性教学评价是基于核心素养和教师专业发展目标，发挥多元主体尤其是师生主体的自我评价作用，关注评价对象的差异性，注重评价者与被评价者的互动交流，采用多种适切的评价方法和手段进行的评价，是一种以促进师生共同发展为目的的，适应基础教育课程改革深度发展需要的教学评价。

二、小学道德与法治教学评价的基本原则

评价主要涉及价值观念、学习态度、过程表现、学业成就等多方面，贯穿道德与法治课程学习的全过程和教学的各个环节，发挥以评促教、以评促学、以评育人的功能。根据《义务教育道德与法治课程标准(2022年版)》，教学评价坚持以下基本原则：

1. 坚持素养导向

围绕课程目标，依据课程的内容要求、学业要求和学业质量标准，进行全面、综合的评价，要注重从学生理想信念、爱国情怀、担当精神、品德修养、法治观念、日常品行表现等方面加以考查，引导学生践行社会主义核心价值观，弘扬社会主义先进文化、革命文化和中华优秀传统文化。

【案例呈现 4-1】
四年级下册第四单元第 12 课《家乡的喜和忧》教师点评

激趣交流：同学们，通过刚刚的"猜老照片"活动，老师发现很多同学都想去探寻家乡的变化，领略家乡的发展。那么你对家乡发展的哪些方面感兴趣，最想了解"家乡发展建设"中的哪些变化呢？

生1：我想知道我们家原来住的房子是怎样的。

生2：我想了解现在生活与以前生活有何不同。

点评1：看来你们很想了解家庭生活发生了哪些变化。

生3：我很想听听爷爷奶奶说说他们那会儿上学的事情。

点评2：看来你对家乡的教育问题很感兴趣。

生4：我想看看以前的菜市场和商店是怎样的。

生5：我想知道以前人们晚上或周末都干什么，有哪些休闲方式。

点评3：家乡在生活服务方面肯定有很多变化，看来家乡的发展激发了大家的兴趣。大家都想探究一下……

上述教师的点评注意培养学生对家庭、对家乡的深厚情感和家国情怀，同时激发学生为建设美好家乡做贡献的责任意识和担当精神，体现了核心素养对教学的导向作用。

2. 坚持以评促学

倡导以评价促进学习的理念，关注学生真实发生的进步，捕捉、欣赏、尊重学生有创意的、独特的表现，并予以鼓励，不断加深学生的知行体验，引导学生发现自己的潜能，合理运用评价结果改进学习，知行合一。

3. 坚持以评促教

对学生的过程评价和学习结果进行反馈，促进教师反思并改进教学方式，使教能够更好地服务于学，努力实现"教—学—评"一致性。

4. 重视表现性评价

围绕学生道德与法治课程学习实践性、体验性等特点，注重观察、记录学生在学习、实践、创作等活动中的典型行为和态度特征，运用成果展示、观点交流等形式，对学生的学习情况进行质性分析，同时兼顾其他评价方式的应用。注重引导学生对自己的学习历程进行写实记录，丰富评价内容，提高评价的全面性、准确性。

【案例呈现 4-2】
四年级下册第四单元第 12 课《家乡的喜和忧》教师点评①

师：同学们，通过这次调查活动，你对家乡的发展有什么感受？周围的人们又是怎样看待家乡的发展的？请你和同桌交流交流，并选择一个词来概括一下大家的看法，然后把这个词语记录在你的便利贴上吧！

同桌交流，教师相机巡视指导。

全班交流。

生1：我选择"满意"这个词语，我在调查采访中发现很多人都表示他们很满意

---

① 朱启涛：《统编小学道德与法治教科书教学设计与指导》，310 页，上海，华东师范大学出版社，2021。

现在的生活。

点评 1：好！那你把"满意"贴到爱心墙上。

生 2：我选择"幸福"，我觉得现在的生活环境这么好，真是太幸福了。

生 3：我选择"便捷"。

生 4：我选择"舒适"。

教师根据学生的回答相机引导学生把便利贴贴到爱心墙上，并板书"满意、幸福、便捷、舒适"。

点评 2：同学们说得太好了，你们选择的关键词都非常准确，反映了在党的改革开放政策指导下我们的家乡——南京正在发生着巨大变化，我们为家乡的发展而感到自豪和骄傲。

从上述案例中可以发现，教师利用学生的观点交流、书写便利贴并把它贴到爱心墙上的做法，自然而然地对学生学习情况进行质性分析和引导，是表现性评价的具体体现。

5. 坚持多主体评价

充分发挥学校、教师、学生、家长等不同评价主体或角色的作用，形成多方共同激励的机制，从各个渠道，采取多种方式全面观察和收集学生在各种场景中的日常品行表现，各评价主体之间要充分沟通交流，形成育人合力，增强学生学习的动力和信心。

三、小学道德与法治课程发展性评价的关注点

根据评价发展的特点和时代的要求，结合我国小学道德与法治教学评价中存在的问题，建立发展性评价体系重点应关注以下几点。[①]

(一)评价旨在促进发展

发展性评价要求淡化原有的甄别与选拔功能，关注学生、教师、学校的发展需要，突出评价的激励与调控的功能，激发学生、教师、学校和课程的内在发展动力，促进其不断进步。对学生而言，要促进学生全面发展、全体发展和生动活泼地发展；对教学而言，以促进师生共同发展为目的，让师生的生命价值在课堂教学中得以体现，使课堂充满生命的活力；对学校而言，要可持续发展，形成具有自己独特风格的办学特色；对课程而言，要促进课程的不断完善，充分发挥德育课程的特有价值。

---

① 胡田庚：《中学思想政治教学设计与案例研究》，211 页，北京，科学出版社，2012。

(二)评价内容综合化

教师不能只关注考试成绩和课程知识的掌握情况,而更要关注知识以外的学生综合素养的发展。教师尤其要把对学生思想品德(政治)素质的评价放在突出位置,全面、客观地记录和描述学生思想政治素质的发展状况,注重考查学生的行为,特别关注其核心素养方面的表现,以及其在日常生活中的思想道德表现和行为习惯等,评价内容丰富、综合性强。

(三)评价标准分层化

评价对象是多种多样的,不同的对象有不同的个性特点,有不同的现实基础和需求。发展性评价承认评价对象的差异性,强调要充分考虑评价对象的个性特征、环境背景、发展基础以及具体条件等客观因素,通过共同协商,设计出不同层次的发展目标,以利于评价对象充分发挥和展示自身的优势,促进其在原有水平上不断提高,展现不同对象发展的独特性。

(四)评价方式多样化

要改变以往过于注重量化评价的做法,注意将量化评价方法与质性评价方法相结合。小学道德与法治教学需要借助表现性评价和质性评价。开展综合性评价,努力丰富教学评价方法,如成长记录袋、学习日记、情景测验、行为观察等,追求科学性、实效性和可操作性。此外,要倡导形成性评价与终结性评价相结合,以形成性评价为主的评价方式;相对评价、绝对评价与个体内差异评价相结合,以个体内差异评价为主的评价方式等。

(五)评价主体多元化

以往的评价大多是以教师为主,自上而下进行,被评价者被排除在评价主体之外,评价主体单一化。发展性评价要求被评价者成为评价主体中的一员,增强评价主体间的互动,建立学生、教师、家长、社区等共同参与、交互作用的评价制度,以多渠道的反馈信息促进被评价者的发展。

(六)关注发展过程

教师要改变以往过分关注评价结果、忽视评价过程的做法,将形成性评价与终结性评价有机地结合起来,使学生、教师、学校和课程的发展过程成为评价的有机组成部分;而终结性的评价结果随着改进计划的确定亦成为下一次评价的起点,进入被评价者发展的进程之中。

【探究与分享 4-1】

老师，请看看我的闪光点①

老师，今天我拿到了《学生评价手册》，看到您对我的评价，我觉得非常难过，您是这样写的：原本你可以学得很好，你的好动，使你处处落后于班级同学，老师希望你在暑假中好好反省……

老师，您为什么说我处处落后于班级同学呢？虽然我有时上课爱做小动作，作业做得慢，我有许多缺点，但是，我身上还是有些闪光点的，您没有发现吗？

我竖笛吹得很好，那是我的一个闪光点。老师您一定不会忘记我的笛声吧？刚开始学笛子的一年里，我的水平很糟糕，但我每天一有空就练，终于有一天，美妙的音乐从笛孔中飘了出来。我成功啦！我不但会吹老师教过的曲子，也会吹老师没有教过的曲子，同学们惊讶地问我："你怎么会吹这么多曲子？"我说："因为我多练，所以就熟能生巧了。"我现在的水平在班级中是数一数二的，我从一只"丑小鸭"变成了一只"小天鹅"。

老师，您一定还记得我写的小诗《我的妈妈》吧？

我的妈妈是老师，学生一批又一批。

那是有一次，您要我们写一篇《龙年畅想》的作文，我写了这首小诗交给您。因为我的妈妈是老师，她常常把没批完的作业和考卷带到家里，批到很晚才睡觉，我觉得妈妈很辛苦，希望她和我们一样"减负"，我就写了这首小诗。您读它后，在班级里表扬了我，还叫全班每人都写一首《龙年小诗》。自此班级里涌起写诗的热潮。您把写得好的诗贴在墙上，我的诗被贴在开头，您不知道，我心里有多么自豪啊！

我还会朗诵，您让我主持过主题班会；我的双手也很灵巧，我会剪窗花、折飞机、做"糖纸人"……

老师，这些好的地方都是我用功练出来的。您能不说我"处处落后于班级同学"了吗？我一定要多加努力，改正缺点，做一个优秀的学生。

◆案例反映了我们基础教育教学评价中什么样的弊病？

◆材料中所反映的问题给我们哪些方面的教学评价启示？

---

① 胡田庚：《中学思想政治教学设计与案例研究》，209—210 页，北京，科学出版社，2012。

第二节
小学道德与法治教学评价内容设计

　　小学道德与法治的教学评价内容设计要摒弃把学生的学业成绩作为评价学生最主要甚至唯一指标的做法，要丰富评价内容，全面评价学生，注重对学生核心素养的综合考查。

一、小学道德与法治的评价内容

　　教学评价强调评价的激励和导向功能，发挥评价促进教师发展、学生发展、教学发展的功能，教学评价的设计也应该服从和服务于此。小学道德与法治教学评价涉及教学目标、课程内容、教学过程、教学方法、教学手段、教学效果、教学模式、教师的教学质量和学生的学习水平等方面的内容。评价要关注学生创新精神和实践能力的发展以及良好的心理素质、学习兴趣、情感体验等；要尊重个体差异，注重对个体发展独特性的认可，给予积极评价，发挥学生多方面的潜能，帮助学生悦纳自己，更加自信；要以自评为基础，应用先进的方法，不仅考查学生"认识"或"概念"等认知层面，同时注意对"表现"等行为层面的考查，如行为观察、情景测验。①

　　《义务教育道德与法治课程标准（2022年版）》规定教学评价内容为"要对学生核心素养的综合发展状况进行评价，兼顾学生学习态度、参与学习活动的程度以及对课程内容的理解应用水平；要着重评价学生在日常生活与学习中表现出的思想政治素养、道德品行、法治观念，以及在真实情境与任务中运用所学知识分析问题、解决问题时所表现出的核心素养发展综合水平"。

　　可以从以下几方面来解读评价内容：第一，学生核心素养的综合发展。关注学生核心素养是本次课程标准修订的亮点之一。小学道德与法治要培养的核心素养主要包括政治认同、道德修养、法治观念、健全人格和责任意识，无论教师的教还是学生的学都必须紧紧围绕核心素养，这也是评价的最重要的内容。第二，学生学习态度等基本学习情况。将这些内容纳入新课标、新课堂的教学评价内容中，体现了小学道德与法治关注学生思想品德和行为习惯养成，是一门育德的课程，体现本课程性质。第三，

---

　　① 聚师网教师资格考试研究院：《教师资格考试辅导教材　教育教学知识与能力》，360页，北京，中国财富出版社，2019。

学生在日常生活与学习中的表现。这是本次新课标在教学评价内容中新增加的点，体现小学道德与法治课程学习的课内外与校内外有机结合，改变了以往教学评价内容局限于校内尤其是课堂内的知识性评价，把评价视野延展至学生日常生活，彰显了知行合一的生活教育理念。

二、小学道德与法治教与学评价内容设计

教与学评价内容主要包括对教师教学工作的评价和对学生学习结果的评价。从教师教学工作的评价看，既要评价教师的教学修养、教学技能，又要评价教学活动的各个环节，特别是课堂教学质量，因为学生的学习效果更多的是由课堂教学质量决定的。从学生学习结果的评价看，既要评价知识、技能和智力等认识领域，又要评价态度、习惯、兴趣、意志、品德及个性形成等情感领域。[①]

(一)小学道德与法治教师教学评价内容设计

小学道德与法治课堂是达成学生核心素养培养目标的主渠道。从教与学的双边关系上看，教师的教始终决定着学生的学，教师把理念的确立作为起始行动的根本，把目标的设定作为教学行动的出发点，从内容、方法、程序等教学活动因素的设计与展开，无不制约着学生学的成效。所以，虽然我们在课堂教学评价的最终视点是学生的学，但审察的视角还是侧重于教师的教。特别是日常校本教研中的评课，从教师"教"的角度研讨与优化，是最易于操作，也是最能见成效的。

可见，小学道德与法治教师课堂教学评价尽管主要考查教师在这节课中的教学理念、教学内容、教学方法、教学设计等方面，但学生是学习主体，要把关注学生在课堂教学中的表现作为课堂教学评价的主要内容，包括师生互动、自主学习、同伴合作中的行为表现、参与热情、情感体验和探究、思考的过程等，即关注学生是怎么学的。通过了解学生在课堂上的行为表现，评价课堂教学的成败。既关注教师的行为，也关注教师如何促进学生学习的行为。

(二)小学道德与法治学生学习评价内容设计

《义务教育道德与法治课程标准(2022年版)》规定："教师应面向全体学生进行评价，评价内容包括学生在学习过程中的道德品行、价值观念、学习态度、课堂学习阶段目标的达成情况等方面。通过观察、提问、交流、记录等方式，了解学生在合作探究、交流展示以及实践反思等过程中的学习进程、行为表现，分析、把握学生的价值观念、学习态度、学习体验、学习困难，给予必要的指导。"

---

① 熊生贵、刘诗珍、伍维红主编：《教师如何评好课》，13页，天津，天津教育出版社，2009。

【探究与分享 4-2】

　　　　优质课评比是教师专业发展中不可忽略的教研活动，但近年来，优质课往往饱受争议。不少人对优质课提出了种种异议。有人认为：优质课中的教师就是演员而已，假得不能再假，一节课需要多人帮，多试教，甚至重点部分还要别人一句一句地指导，平时上课不可能这样上，因为准备一节公开课的时间，平时怎么挤都不可能挤出来的。也有人认为：经历过优质课评比的教师经过打磨会学到更多东西的……

　　　　◆为什么优质课会饱受争议？你认为优质课应该优在哪里？
　　　　◆你认为评价一堂课质量优劣的标准应该有哪些？

　　衡量和评价一堂课，首先必须有衡量和评价的标准。长期以来，我国在评课上过多关注教师的教学行为及其所带来的结果，而忽略学生在课堂上的表现。事实上，教学的根本目的在于促进学生的发展，教师教学活动是否有效，取决于学生是否有效地学习。因此，要把学生学习活动表现以及经过学习活动后得到的结果作为评价课堂教学优劣与否、成功与否的主要标准。

　　一般来说，可从以下几方面来评价教师的教学活动。

　　第一，学习目标。要求学习目标依据课程标准、教材和学生实际制订，体现核心素养目标，做到全面、具体、恰当。

　　第二，教学内容。教学内容要系统完整，知识点、重点、难点、思想点、理论与实际结合点等把握准确。

　　第三，教学过程。要求教学思路清晰，教学结构紧凑，过渡自然，环环相扣；教学紧紧围绕教学目标展开，突出重点，突破难点；尊重学生的主体地位，营造宽松、民主的课堂教学氛围，师生关系融洽；精心设计教学活动，调动学生积极思考，引导学生参与教学；各项教学技能运用恰当；时间分配合理；等等。

　　第四，教学方法和手段。要求教学方法选用恰当，教学手段运用得体；教学方法与手段紧密地围绕目标，为实现目标服务；激发学生的学习兴趣，启发和引导学生进行自主、合作、探究式学习。

　　第五，教师素质。要求具有先进的教育教学理念，体现基础教育改革的新要求；专业知识扎实，文化底蕴深厚；教学基本功过硬，语言准确清晰简洁，板书工整美观，教态自然大方；有较强的教学组织能力，富有教学机智，应变能力强；等等。

　　而评价学生的学习主要从以下几方面来实施。

　　第一，学习热情。要求学生精力集中，情绪饱满、学习兴趣高，学习积极性和主动性强。

　　第二，活动表现。要求学生思维积极，讨论热烈，发言踊跃，通过各种方式积极参与教学，体验学习过程。

第三，学习效果。要求核心素养目标达成，认知、情感和行为表现都有提升与发展，学生在原有基础上都有不同程度的提高。

评价学生道德与法治课程学习效果的基本标准无疑是学习目标，基本的衡量标准就是看其预期目标是否达到、在多大程度上达到。因此，设计切实可行的学习目标是衡量小学道德与法治学习目标达成度的重要保障。

小学道德与法治学习评价要突出评价重点，关注学生核心素养目标的达成，这也是学习评价的标准。小学道德与法治要培养的核心素养包括政治认同、道德修养、法治观念、健全人格、责任意识。学习评价的根本任务和核心目标是培养学生的核心素养，关注学生思想品德和思想政治素质培养过程。因此，教师要把对学生核心素养评价尤其是道德修养和法治素养的评价放在突出位置，这是本课程的内在要求和重要特征。

对学生核心素养评价，要注意以下两点：第一，要全面、客观反映学生核心素养的发展状况。如果一叶障目，只见树木，不见森林，或者"想当然"，评价就不能真实地反映学生状况，就不能促进学生发展，也有失公正、公平。第二，要注重考查学生的行为，特别关注其道德修养和法治素养方面的表现。学生核心素养如何，不仅看其写得如何，说得如何，而且要看其做得如何。[1] 某教师在进行六年级上册第四单元第8课《我们受特殊保护》特殊关爱、助我成长内容时，设计"通过'知识擂台'"，谈一谈：我国有哪些保护未成年人的法律？"和"说一说：当我们受到校园欺凌时，应该怎么办？"两个教学评价任务，不仅关注学生对法律知识的学习，而且重点关注学生尊法、学法、守法和用法的意识培养，起到较好的评价效果。

第三节
小学道德与法治教学评价方法设计

评价方法是依据一定的评价标准，通过系统地收集信息，在标准与信息比较的基础上做出价值判断的方法。教学评价作为一种价值判断活动，是教师最常用的教学手段之一。在教学评价中，教师运用多种方法对学生的学习表现、学习结果、学习方法、学习习惯等做出判断，对学生的学习发挥导向、鼓励、批评、纠正、改进等作用。在日常教学中，对于学生表现的精彩之处，教师通过语言、面部表情、眼神等随时给予

---

① 胡田庚：《中学思想政治教学设计与案例研究》，214—215页，北京，科学出版社，2012。

评价，传达对学生的感情和期望。①

一、小学道德与法治教学评价方法

依据《义务教育道德与法治课程标准(2022年版)》规定："教师要综合运用观察、访谈、作业、纸笔测试等方法全面获取和掌握学生核心素养发展的相关信息，加强纸笔测试与观察、谈话等方式的结合，关注不同情境中学生日常品行表现，避免仅凭考试分数判断学生水平的传统单一评价方式。要根据评价情况及时分析原因，调整教学方式。"

(一)观察

观察应着重关注学生课堂学习、小组合作、劳动和社会实践中的表现；多视角、全面地观察，获取真实信息，为客观地对学生进行评价提供参考。

(二)访谈

访谈包括与学生、其他任课教师、家长谈话交流。要增强针对性，重视学生道德修养、法治观念、规则意识、行为习惯等方面的进步。发挥评价的价值引领作用，尊重学生的人格，保护学生的隐私。

(三)作业

作业是学习评价的重要手段，作业内容要结合学生生活，创新作业方式，采用开放性、情境性、体验式等形式多样、难度适宜、数量适当的作业。注重设计带有团队合作性质的、项目任务性质的作业，以掌握学生的学业达成情况，及时评价、反馈、指导学生学习。

(四)纸笔测试

要根据学业水平要求科学设计试题，灵活设计多种题型，注重考查学生运用知识分析和解决实际问题的能力，发挥其在诊断学情教情、改进教学、评价教学质量等方面的功能；纸笔测试要注重增加综合性、开放性、应用型、探究型试题比例，不出偏题怪题，减少记忆性试题，防止试题难度过大。

---

① 孙希敏、刘玉信、宋海峰：《小班化背景下"四学一体"课堂教学模式的架构》，72页，中国国际广播出版社，2020。

二、小学道德与法治教与学评价方法

(一)小学道德与法治教师教学评价方法

课堂听课法是课堂教学评价最常用、最基本的方法。它一般由以下几个步骤组成。[1]

1. 听课和记录

评价人员应该在上课前进入教室，坐在教室里面听课。课一开始，评价人员就已经进入记录状态，将教师和学生的语言、行为、活动转换的时间记录下来。记录的内容必须根据评价重点有所侧重和选择。应重点记录教师的导入语、过渡语、教师提问、教师独特见解、教师对学生回答问题或完成情况的反馈、学生独特见解、学生的典型错误、学生听课时的表现等，通过记录的这些内容可以分析教师的教学设计、教学方法和教学效果。

2. 整理听课记录

整理听课记录的任务主要有两个：一是理清课堂教学的结构和思路；二是把重要的细节补充完整。

3. 课堂教学评价

(1)一种是以定性描述为主。评价人员主要从教学目标、教学内容、教学方法和手段、教学结构、学生参与、学习效果、作业设计等几方面阐明这节课的得失，既要有观点，又要有依据，要体现这节课的"质"。为了突出重点，一般不做面面俱到的评价，而是选择比较有意义的、有典型性的方面进行点评。作为随堂听课交流评价，无论是着眼于整体，还是着眼于片段，基本上是围绕以下两个方面进行。第一，课堂教学的特点和闪光点。第二，教学中存在的问题，以及一些建设性的意见与合理性的建议。据此，随堂听课交流评价设计一般可以从这两个基本方面展开。

(2)一种是用指标体系的方法。确立课堂教学评价的评价指标没有固定的模式，可以从不同的角度、按不同的标准进行设计。一般可以考虑从以下三种角度进行设计。[2]

①按课堂教学的基本要素进行设计。课堂教学由教学目标、教学内容、教学方法和教学过程等要素构成，课堂教学评价也可以从这些基本要素分别进行，评价指标也可以按这些基本要素来进行划分。这样设计的教学评价量表结构清晰，脉络分明，能够比较全面地反映课堂教学的情况，对课堂教学进行比较系统全面的评价。

②按比较关注的重点问题或方面进行设计。例如，把教学评价的基本指标确定为教学目标、重点难点处理、教学媒体和方法运用、教师素养、教学效果等。这样设计

---

① 金娣、王钢编著：《教育评价与测量》，296页，北京，教育科学出版社，2007。

② 胡田庚：《中学思想政治教学设计与案例研究》，220—221页，北京，科学出版社，2012。

的教学评价指标是以评价中的一些核心或者重点问题为基础，体现出评价指标体系的设计者对课堂教学某些方面的重点关注。

③按照课堂教学中的具体行为进行设计。课堂教学是师生共同活动的过程，因此，课堂教学评价指标也可以按照教师的行为和学生的行为两个基本指标去展开。一般来说，在教师行为方面，强调要不断激发和引导学生的学习需要，营造和谐、民主、活跃的课堂教学气氛，注重学生的差异，激发学生的思考和参与热情，给学生提供更多思考和参与的时间和空间等；在学生行为方面，强调要能够积极主动地参与到教学中去，能提出学习和研究的问题，师生间有多向交流，有自己的收获与体验，等等。如在三年级上册第一单元第 3 课《做学习的主人》一课教学中，某教师以课堂观察记录表作为教学评价辅助工具，要求小学生自主记录自己在《做学习的主人》一课的课堂学习表现，客观点评自己的学习行为。这就可以让学生时刻警醒自己，通过自己回答问题的次数、课堂提问表现、合作讨论心得等多个层面分析自己的探究表现。[①]

在使用指标体系评价时，也需要"质"的评价描述。

【案例呈现 4-3】

小学道德与法治课堂教学评价表

一级指标	二级指标	三级指标
教师教学行为（50 分）	教学思想（10 分）	1. 体现"以立德树人为根本任务，发挥课程的思想引领作用"等课程基本理念。 2. 面向全体，尊重差异，注重学生体验、感悟和自主建构过程。
	教学目标（10 分）	3. 教学目标明确具体，体现了国家统编教材的新要求，符合学生认知水平及生活实际。 4. 目标设计旨在培养学生核心素养及提升学生道德认识能力。
	教学内容（10 分）	5. 以学生生活为基础，科学合理开发利用教育资源。 6. 紧密结合新时代教育内容，体现课程特点，对学生进行理想信念、家国情怀等方面的思想教育。 7. 符合学生的年龄、心理特点，易于接受，信息量大，引领性强。
	过程与方法（15 分）	8. 教学环节设计科学合理，层次清楚，目的性强。教学时间分配恰当，课堂结构完整。 9. 活动设计体现生活性、趣味性、开放性。 10. 积极创设情境，引导学生在活动中自主探究、合作交流、充分体验和感悟，丰富和发展学生的社会生活经验。 11. 恰当运用教学手段，适时、适度、高效发挥多媒体作用。 12. 师生关系民主平等，关注学生需求及有效学习状态。

---

① 张剑：《基于对话教学下小学道德与法治的教学评价改革》，载《华夏教师》，2019(36)。

一级指标	二级指标	三级指标
教师教学行为（50分）	教师素质（5分）	13. 专业基本功扎实，板书设计合理，字体规范；教具、电教设备操作熟练。 14. 有较强的组织调控能力。能正确、灵活地处理课堂上生成性的问题。 15. 教师仪表大方，教态亲切自然，语言具有感染力和亲和力，评价准确。
学生的状态（50分）	参与状态（10分）	16. 全体学生主动参与，勤于动手，乐于动脑，深入探究，不同层次的学生都有收获，潜能得到开发，个性得到张扬。
	交往状态（10分）	17. 课堂气氛和谐活跃，师生、生生主动交流，互相促进，共同发展。
	思维状态（10分）	18. 学生思维活跃，且有创造性；敢于质疑问难，见解有新意。
	学生达成状态（20分）	19. 社会生活能力得到提高，获得了积极的情感体验。 20. 教学目标达成度高，每个学生都在原有基础上有不同程度的提高。

（二）视频评价法

近年来由于现代信息技术的广泛使用，视频录制技术越来越多地运用到课堂教学评价中。视频分析一般包括以下四个步骤：

1. 把视频内容转化为文字

这是一项最基本的工作，看似琐碎，但这项工作却有利于对视频的进一步分析。

2. 分析课堂教学结构

根据视频和文字描述，把课堂教学过程划分为几个有机环节，对每一个环节的教学活动进行概括性描述，同时记录下各个环节的开始时间和持续时间。

3. 制作课堂记录表

课堂记录表包括课堂教学活动的过程和主要内容，可以让人一目了然地了解课堂教学的基本过程。表格可以分为三列，第一列记录课堂教学环节和每一个环节的开始时间、结束时间；第二列是学生活动描述，记录活动的行为类别以及是全班学习还是个别学习或小组学习，标注个别学习和小组学习时间；第三列是教师活动描述，以及重要的板书等，概括教师的教学行为，教师提出的问题及要求等。

4. 定量与定性相结合

视频可以反复观察，因此能够对视频进行更为细致的分析。运用视频分析技术的一个好处在于可以对课堂教学的时间分配和活动频次做定量分析，对有些指标可以进行定性分析。

(三)教师学生调查法

教师和学生调查一般不单独使用，而是作为课堂观察或视频评价的补充。教师和学生调查一般采用问卷调查的方法，列出问题清单，由教师或学生根据他们对课堂教学过程的主观印象来回答。教师自评内容包括教学过程中有没有创新，是否注重学法指导等；学生问卷内容可以包括对自己掌握情况的反馈、对教师教学行为的评价、对教师教学行为的建议等。

【案例呈现 4-4】

课堂教学调查表

为了改进教学，提高教学质量并取得客观评价，请你根据任课老师的教学和你自己的学习情况认真回答以下问题。

问题	答案
1. 老师的讲解你都能听懂，完全明白吗？ 2. 老师所讲的内容对你有启发性吗？ 3. 老师的讲课有趣吗？ 4. 上课时老师让你参加了一些有趣的活动吗？ 5. 上课时老师让学生去解决一些比较复杂的问题吗？ 6. 在课堂上，你和其他同学认真讨论、交流过意见吗？ 7. 有没有从其他同学观点中受到启发？ 8. 你能独立完成老师布置的作业吗？你能说出这节课内容与生活的联系吗？ 9. 你喜欢这位老师这样给你们上课吗？	

(四)教师自我评价反思法

自我反思是教师专业成长的阶梯，评价是促进教师进行自我反思的一个重要手段。教师的自我评价有助于教师自我反思和专业发展进步。教师自我评价中要反思的内容很多，反思的重点内容包括：

1. 反思成果之处

作为教师，每一堂课总有自己满意的地方，如教学过程中达到预先设计目的的做法；课堂教学中教师应对突发事件的能力；教学基本理论运用的体会；教法改革与创新之处；学生学习的热情和积极反馈；等等。无论是哪一方面的收获，课后都应该及时反思，并进行总结、归纳、提升并形成一些带有规律性的东西，供以后教学时参考，以不断改进和完善教学。

【案例呈现 4-5】

某教师基于二年级上册第四单元"我们生活的地方"和三年级下册第二单元"我在这里长大"主题教学体会：

在"视频导入，激发学生兴趣"环节，我播放苏州城市宣传片《美丽苏州》，形象直观地介绍了苏州，引发学生想起家乡，直奔主题，激发其学习兴趣；在"逛博览会，体验物产丰富"环节，让学生课上反馈课前小调查，引导学生分享自己家乡物产丰富的自豪感，同时引导学生在小组活动中积极与他人对话；在"游苏州馆，热爱苏州物产"环节，我采用讲故事、看视频、品美食等方式，让学生感受家乡物产丰富、人情味浓厚，了解家乡物产对家乡发展的贡献，激发身为苏州人的自豪与骄傲；"拓展作业，苏州物产宣传"则是一个课外实践活动，为学生创设了课外实践平台，引导学生由教材、课堂走向广阔的生活，从而实现与生活、与自我对话。

2. 反思失误之处

作为教师，除了反思自己的教学成功之处外，还要审视自己课堂教学的失误之处。任何一节课，都不可能十全十美，如教材处理不当，对教学中偶发事件估计不足，对某个问题的阐述失之偏颇，或者对某个问题力不从心。对这些问题的反思、回顾和梳理，并做出深刻反思、探究和剖析，使之成为教学的借鉴，能为以后更好地教学提供解决问题的办法和教学新思路。

3. 反思疑惑之处

教师在教学中会遇到这样的情况：自己精心准备的内容得不到好评，而自认为讲得一般的内容却得到了好评；自己明明已经讲得很清楚了，可学生依然不明白，甚至落实不到位；等等。这种教学预期与实际效果产生的偏差就是疑惑之处。教师应该把这种疑惑记录下来，细细琢磨，找出问题所在，使得教学效果与预期更为一致。

4. 反思困难之处

学生在学习过程中会遇到很多困难，也必然会提出各种问题，有些是个别的、有些是普遍的，也有些是教师意想不到的，有的问题可能一时难以解答，教师就应及时记录下来并及时反思，以便在今后教学中对症下药。这样做有助于丰富自己的教学经验，同时有助于加深自己对教材的理解。

【阅读链接 4-2】

教学反思之"三思"①

哈贝马斯认为，教育者的"思"有三种：一是"技术之思"，二是"实践之思"，三是"解放之思"。"技术之思"基于教育技术层面的思考，主要是教育者考察自己是否遵循了既定的教育教学方法、规范以及能否有效地实现既定的目标，并审视课堂教学情境中种种技能与技术的有效性，探究教学主体目的适应性和教学策略的合理性。"实践之思"是教育者探寻自身教育观念所依据的理论及知识体系，并对自己的教学实践活动进行思考。"解放之思"是教育者根据自身所持有的标准衡量整个教育及所处的环境，提出批判性的意见，并对教育生活对学生的价值进行思考。

三、小学道德与法治学生学习评价方法设计

小学道德与法治学生学习评价要注重形成性评价和表现性评价，学生的思想品德和思想政治素质的状况如何，核心素养形成情况是需要在一定的学习过程中表现的。

（一）形成性评价方法设计

小学道德与法治教学不能只关注学习结果，更要关注学生学习和成长的过程，关注在这一过程中的学生核心素养目标达成。形成性评价能够更客观地记录和反映学生平时的学习状况和思想品德、思想政治素质的形成发展过程，更多地关注学生的发展差异及发展中的不同需求和特点，从而进行有针对性的指导。一般来说，有以下几种常用方法：

1. 观察法

观察法主要是教师在教学活动和环节中，有目的、有意识地观察学生对所学知识的理解、掌握和运用情况，观察学生在日常学习、生活中所表现出来的情感、态度、能力和行为，并记录下来，作为对学生进行引导和评价的依据。运用观察法时要注意以下两点：

首先，要明确观察的目的和内容：第一，学生的行为活动。包括言语、表情、姿态、动作等。第二，学生行为活动的情境。学生的行为活动往往与当时的情境有很大的关系，有些活动恰好是在特定的情境下才会发生，因此要注意对情境的观察。第三，

---

① 侯莉敏：《新视界幼儿园管理 卷1 人本视域下的幼儿园教师专业发展》，49页，北京少年儿童出版社，2013。

学生行为活动的频率和持续期。也就是学生一定行为活动重复出现的时间、频率、延续时间等。

其次，要设计观察记录的方法。一般最佳的记录方法是边观察边记录，这样能够及时地把观察到的内容详尽地记录下来。为了保证记录结果的客观、准确，可以在观察记录的同时，用录音机或摄像机加以记录，以备日后查证或补充文字记录的不足。

2. 教学评价语

教学评价语就是教师在与学生进行充分交流的基础上，用描述性的语言将学生在思想品德和思想政治某一方面的表现，如态度、能力和行为等写成评语。描述性评语作为一种评价，适用于写在学生的笔记本、作业本及日常的大小检测卷、练习卷上，与常规的批改相伴随。

如："生活中有阳光，也有黑暗，有和风细雨，也有惊涛骇浪；人有顺境也有逆境，有成功也有失败。不管怎样，生活是美好的，有良好性格的人能以正确的态度去看待社会上的任何事。老师更希望你能以积极的态度和乐观的心态去笑对人生，做一个真正的阳光少年。"[1]

【阅读链接 4-3】

如何使用教学评价语？[2]

语出"近"人：评价语要贴近学生生活与学习。如某教师在进行二年级下册第二单元第 5 课《健康游戏我常玩》教学中，对专心致志倾听活动规则的学生用："你答得这么快，肯定是你刚才把老师说的规则听得很仔细"；对勤于思考的学生用："难怪你答得这么准，老师刚看你思考得很认真呢？"

语出"进"人：评价语要进入学生的活动。某教师在二年级上册第二单元第 7 课《我是班级值日生》教学导入时说："老师今天看了咱们班的卫生区，打扫得特别干净，最热烈的掌声送给可爱的值日生们。"

语出"警"人：评价语要"警惕"学生思想上和行为上的不良倾向。针对学生"辱骂同学""找借口""推卸责任"的表现，要及时在评价语中予以纠正。

语出"感"人：评价语要触及学生情感。如学生有情绪时，要在了解学生产生情绪的原因的基础上，用共情的评价语："老师也有情绪低落的时候，但一般通过寻求帮助之后，心情就会好很多，你愿意让老师来帮助你吗？"

3. 谈话法

谈话法就是教师通过与学生各种形式的对话，获得学生道德修养和法治素养发展

---

① 胡田庚：《中学思想政治教学设计与案例研究》，226 页，北京，科学出版社，2012。
② 储昭纯：《浅谈小学道德与法治教学评价语对学生习惯的培养》，载《安徽教育科研》，2019(16)。

状况的信息，据此对学生进行引导和评价。谈话法是最经济、最直接的一种评价方法。

【探究与分享 4-3】

四块糖的故事①

当年陶行知任育才学校的校长时，有一天他看到一位男生欲用砖头砸同学，就将其制止，并责令其到校长室。等陶行知回到办公室，见男生已在等他。陶行知掏出一块糖递给他：“这是奖励你的，因你比我按时来了。”接着又掏出一块糖给男生：“这也是奖给你的，我不让你打人，你立刻住手了，说明很尊重我。”男生将信将疑地接过糖果。陶行知又说：“据了解，你打同学是因为他欺负女生，说明你有正义感。”陶先生遂掏出第三块糖给他。这时男生哭了：“校长，我错了，同学再不对，我也不能采取这种方式。”陶先生又拿出第四块糖说：“你已认错，再奖你一块，我的糖分完了，我们的谈话也该结束了。”

◆分析上述故事，交流探讨教师与犯错学生进行谈话的方法和技巧。

4. 随机评价

随机评价是教师通过口头语言对学生的学习情况、日常思想品德和思想政治表现等随时进行鼓励和引导的一种评价。随机评价可以及时对学生予以引导和帮助，使学生随时随地了解自己发展中的优点和不足，不断完善自身。

【探究与分享 4-4】

两组随机评价

第一组

“没想好不要急于发言。”

“不对！坐下吧。”

“我就知道你不会答，你上课为什么不听讲。”

“这么简单的问题你都不会，没见过你这样笨的学生”……

第二组

“你读得很正确，若声音再响一点点就更好了。”

“对他的回答，大家有没有不同的观点或更好的方法。”

“现在，让我们一起来看看该怎样回答这个问题。”

“你提的问题很好，说明你动脑筋了。”

◆比较上述两组随机评价，分析它们之间的区别。

---

① 肖芙、王林发编著：《情感教育的体验与引导》，140 页，北京，教育科学出版社，2013。

◆通过上述两组随机评价的比较分析，你认为随机评价要注意哪些方面的问题？

教师教学中常用随机评价法，在运用随机评价时需要注意以下几点。

首先，要赏识学生。随机评价尽量多展现学生的长处，关注学生的优点，激发和引导学生积极进取的精神，培养学生自尊自信、勇于参与、乐于思考等良好心理品质。要尽量少用"不对""错了"等否定性的语言，杜绝"你真笨"等有损于学生自尊和人格的字眼。例如，上述两组随机评价，前一组是以否定的方式和语气进行的，充斥着教师对学生的批评和斥责，会伤害学生的自尊心和自信心，不利于学生发展；后一组是以肯定和激励的方式进行的，有利于调动学生的学习热情，使其更积极主动地学习和发展。

其次，要准确得体。随机评价所使用的语言既要凸显对学生的赏识，也要注意准确而得体。要根据不同的学生、不同的表现，从不同的角度做出有针对性的评价和引导，对学生的优点和长处给予充分肯定，对存在的问题也给予提醒或纠正。不能不加区别，无原则地都是"很好""非常好"等。

最后，机智巧妙。技巧性、艺术性的随机评价语具有更强的吸引力和影响力，能够更好地引起学生的注意。因此，随机评价不仅要因人而异、因时而异、因课而异、因发生的情况而异，而且要尽可能充满智慧和情趣，使评价信息的传导风趣而高雅。

5. 成长记录袋

成长记录袋就是建立学生成长的记录袋，它汇集能够展示学生学习和进步情况的各种资料，记录学生在本课程学习中的各种表现，主要是进步和成就。资料由学生和教师共同决定选择或提交，记录以学生的自我记录为主，教师、同学、家长共同参与，学生以评价对象和评价者的双重身份参与评价过程。要发挥成长记录预期的评价作用，需要有良好的设计。一般来说，成长记录的设计和创建要做好以下几方面工作。

首先，要明确成长记录的目的。所有评价活动都要从明确目的开始，成长记录也不例外。目的不同，对成长记录设计和创建的要求也不同。归结起来，设计和创建成长记录的目的主要有以下三种：第一，展示成果。学生将其最好的或最喜爱的作品装入展示性成长记录袋。第二，反映学生进步。用于这种目的的成长记录不仅收集学生不同时期的作品，而且收集观察和测试的结果、家长信息，以及一切描述学生成长的过程性的东西。第二，评价工具。成长记录袋作为评价工具，可以为学生学业成绩评定提供依据，作为学生升级与否的参考等。

其次，要确定成长记录所收集的材料。包括收集材料的类型、时间、次数等，都要取决于成长记录袋的目的。某教师要求学生以"成长记录袋"记录自己整个学期的学习变化，全面整合学科考试、课堂观察记录表、学生创新行为成果等多个资料，切实将过程性评价与结果性评价整合起来进行评价。

再次，要明确学生在成长记录中的作用。学生既是成长记录评价的对象，又是评价的主体，学生的积极参与是成长记录成功与否的关键因素之一。例如，学生可以选择将什么作品装入成长记录袋中，学生可以在教师的指导下，组织有家长参加的成长记录展示活动等。

最后，要制订评价结果交流的计划。成长记录评价的结果也要通过一定形式向学生、家长进行反馈。如可以采用宣传橱窗、家长函、报刊消息等方式进行反馈交流。[①]

(二)表现性评价方法设计

1. 表现性评价的含义及特点

表现性评价是指通过创设真实、恰当的模拟情境，引导学生利用现有知识发现、分析、解决新问题，以检验其对知识、技能的掌握程度及道德素养水平。它有三个关键要素：其一，是在真实的情境中进行的。这里的"真实"是指教师要创设贴近生活、贴近实际的评价情境，激发学生参与热情。其二，是学生自主自觉的学习过程。教师在教学中不是主导者，而是学习的促进者，因此，要充分尊重学生主体地位，引导学生发现、建构知识。其三，表现性评价需要科学、全面、可操作性的评价指标。小学道德与法治表现性评价不仅关注学生对知识的掌握情况，而且关注学生体验、发现、感悟等过程，有利于促进学生主动、全面、和谐、可持续地发展。

2. 表现性评价的设计要求

首先，要聚焦核心目标，也叫"大概念"，即聚焦单元或课程中的大观念、核心概念或技能。综合考虑教材的每一册主题和单元主题，根据课时目标，来确定每一课时的"大概念"。

其次，设计表现性任务。根据目标、角色、对象、情境、表现或产品、标准来完成表现性任务设计。某教师在进行一年级上册第四单元第 13 课《健康过冬天》教学时，根据"爱运动""会保健""能坚持"的教学目标，结合学生年龄特点，设计了"我是小校医"这一表现性任务。目标：接待健康咨询，设计冬季健康生活指导单；角色：小校医；对象：冬季爱生病的小明；情境：学生面临两大挑战：(1)为小明分析出易生病的原因；(2)科学有依据地开具健康生活指导单；表现或产品：冬季健康生活指导单；标准：评价量规在真实的、复杂的、开放式的任务情境中，评估学生目标的达成度。

最后，落实核心素养的表现性评分规则。开发制订评分规则是表现性评价过程中的一个重要环节。可以采取"六步法"进行设计：(1)选择以前有代表性的学生作品或预估学生表现为样例；(2)把选出的样例分类，并说明分类依据；(3)把分类依据提炼成

---

① 张剑：《基于对话教学下小学道德与法治的教学评价改革》，载《华夏教师》，2019(36)。

重要指标；(4)对每个评估指标定义；(5)找出学生表现来举例说明每个指标的得分点；(6)不断完善。经过梳理形成针对表现性任务的评价量规。[1]

【案例呈现 4-6】

　　某教师在进行二年级上册第三单元第 10 课《我们不乱扔》的教学时，开展了垃圾问题的生活小调查，进行了"我怎样？该怎样？能怎样？"的指导。教师通过行为记录和数据分析，确定良好习惯养成出现困难的原因，优化指导策略。通过教师点拨，学生总结出了解决这些问题的方法。为了强化学生的行为，教师进行了历时一个月的"丢垃圾"行为评价和统计，随着时间的推移和地点的转变，采取不同的对策。比如，课前教师开展取用吸管行为讨论、操练，纠正学生的错误行为习惯；课后，通过值日生帮助提醒，同伴观察、评价，逐渐培养学生的好习惯；一周后，对做得好的学生鼓励表扬，并鼓励他们引导家庭成员、身边同学、社区成员形成良好风气；对于未做到的学生进行匿名调查，有针对性地进行教育，不断地反馈与鼓励。通过近一个月的行为追踪，学生完成了从只有少数人有好习惯到只有几人还未养成好习惯的巨大转变。在此案例中，教师遵循"一个好习惯的养成需要 21 天持续强化"的规律，通过垃圾问题的生活小调查、丢弃行为的评价和统计，将课堂、生活中各种碎片化问题进行链接和跟踪，设计出"问题发现—自我反思—行为改进—行为强化"的文明素养养成的跟踪线。[2]

本章小结

　　小学道德与法治教学评价是指向核心素养的，促进学生全面发展的发展性教学评价体系，评价理念、评价内容与评价方法的设计也必须服务于此，只有这样才能更好地发挥教学评价的导向、激励和反馈功能，更好地发挥小学道德与法治的课程育人价值。

章后练习

　　结合小学道德与法治教材某一教学主题设计一个表现性评价的任务群。

---

[1]　林青：《核心素养视域下小学道德与法治学科表现性评价的思考与探索》，载《新课程》，2021(43)。

[2]　王玉兰：《小学道德与法治学科促进知行一致的表现性评价》，载《上海课程教学研究》，2020(7)。

延伸阅读

1. 王少非主编：《课堂评价》，上海，华东师范大学出版社，2013。

2. 吴晓婷：《在表现性评价中培养学生的爱国情怀——以小学道德与法治"欢欢喜喜庆国庆"一课为例》，载《中小学课堂教学研究》，2020(6)。

3. 李颖、唐小芳：《小学〈道德与法治〉学科关键能力的建构与表现性评价的探索》，载《求学·教学教研版》，2019(8)。

在线学习资源

中国大学慕课《有效教学》第三章第二节 教学评价设计

https：//www.icourse163.org/course/YNNU－1002245013？from＝searchPage

实践创新篇

案例 1 "体验即生长"教学主张的凝练之路①

王银娣 江苏省特级教师 徐州市大马路小学

习近平总书记在学校思想政治理论课教师座谈会上特别强调了教师的重要作用：办好思想政治理论课关键在教师，关键在发挥教师的积极性、主动性、创造性。教师的思维要新，以创新理念拓展教学方法与模式，营造宽松愉悦、充满活力的教学场景和氛围，给学生深刻的学习体验。

为推进新时代思政课改革，教育部等五部门于 2019 年 9 月印发《关于加强新时代中小学思想政治理论课教师队伍建设的意见》，强调："积极推进案例式、探究式、体验式、互动式等教学"，为小学道德与法治教师推进教学方式改革提供了指导。新课程改革倡导体验教学，把学生体验作为一种学习的过程和方式，通过体验让学生经历学习的过程和知识形成的过程，并丰富自己的情感与经验，学会主动学习。

《义务教育道德与法治课程标准(2022 年版)》提出要积极探索议题式、体验式、项目式等多种教学方法，引导学生参与体验，促进感悟与建构。要采取热点分析、角色扮演、情境体验、模拟活动等方式，引导学生开展自主探究与合作探究，让学生认识社会。

W 老师从 2012 年开始"体验式德育"的实践探索。体验式德育，是以尊重生命个性为前提，以体验活动为载体，让学生在学习活动中不断体悟道德情感，认同道德标准，内化道德信念，衍生道德行为，实现促进学生个性发展与道德成长的德育。近年来，W 老师有 5 个市级体验式课题成功结题，其中 3 项获得市级优秀课题，主持江苏省首批品格提升工程项目"'全景式自主体验'德育范式的构建与实施"，2019 年 1 月成功结项，并被评为"优秀项目"。2022 年 3 月，W 老师主持的江苏省"十三五"规划课题"小学道德与法治教学中促进学生积极情感体验的实践研究"成功结题。

体验不仅以身体之，而且要以心悟之。"体验"就是要求参与者自己去行动、去感受，通过体验来认识事物，强调学生的参与、活动、实践、探究、经历等。"体验"是人的生存方式，也是人追求生命意义的方式。"生长"从人的生物性意义上来看，就是

---

① 本案例系江苏省教育科学"十四五"规划课题"红色基因涵育青少年学生成长的校本化实践探索研究"(课题编号：D/2021/02/726)阶段性研究成果。

生命体在自然状态下，经历自我发育，逐步走向成熟的过程，具有个体性、自主性和生成性的特点。"体验即生长"就是以学生对生活的丰富体验为载体，帮助学生增加经验、获得知识、形成能力、提高素质、涵养德行，实现人的生长，尤其是促进人的精神生长。用"生长"来定义教育，不仅因为人具有生物性的特征，而且也代表着一种教育观念的改变，意在培养具体的、完整的、有生命力的个体。

一、缘由：现有的小学道德与法治教学方式是否需要改进？

为了解小学道德与法治课堂教学中教师采用的教学方式，W 老师在 X 市区走访了部分学生，反馈如下：

道德与法治是由语文、数学老师代教的，上课的时候，把书上的内容读给我们听，或者让同学读。

老师给我们讲书上的内容，会让我们谈一谈感受。

老师偶尔会在课上组织活动，感觉挺好玩的。

通过学生的表述，我们可以看出当前小学道德与法治教学中存在着一些问题。首先，忽略了学生的主体地位，部分教师在教学过程中还是以教师为中心，没有真正考虑到学生的兴趣爱好、认知规律、发展需求，教学实践未能真正从学情出发，课堂教学无法让学生产生情感共鸣。其次，教学方法机械，因为缺乏专业师资的原因或对道德与法治重视程度不够，部分教师依然在采用灌输式教学，照本宣科，缺乏吸引力。这种教学方式，导致学生缺少真切体验，没有思考空间，再加上教师在教学中缺乏激情，学生缺乏学习的兴趣、动力，难以把认知转化为行为，从而导致知与行脱节。最后，教学活动以显性引导为主，缺乏深层次的道德体验。部分教师对教材的理解片面、浅显，想当然地组织各种各样的体验活动，浪费了学生大量的时间，缺乏体验的深刻性。

其实，这些问题反映出对"人"的生命成长与主动发展规律的忽视。道德与法治课程的核心是促进学生核心素养的形成。它的形成源于学生自身对生活的认识、体验和感悟，是自主生成、自主内化、自主建构的过程。学生的生命成长需要在活动中体验，获得个体的独特感受，从而形成认识、指导行为、涵养德行，使知、情、意、行在核心素养形成过程中成为和谐的整体，促进学生生命的发展，呈现生命的精彩，提升生命的质量。这样看来，道德教育是否有效，并不在于它的引导者下了多少功夫，而在于道德教育是否与体验者发生了实际的情感关联，体验者是否受到了感动，产生了实际道德体验。为此，在道德与法治教学中，W 老师提出了"体验即生长"的教学主张。

W 老师从教多年，一直担任小学道德与法治教师和班主任工作，是 J 省首批网络名师工作室小学道德与法治领衔人，曾获 J 省道德与法治评优课一等奖，一直致力于小学道德与法治的教学研究，多篇小学道德与法治教学论文在核心期刊发表。在教学中，W老师结合"体验式"教学的课题研究，根据小学生的年龄及心理特点，积极创设情境，组织活动，引导学生进行学习体验，帮助学生获得真切体会与感受，获得转识成智的原动力。

二、探索：小学道德与法治"体验式"教学如何设计？

2018—2019年，W老师曾三次执教三年级下册第三单元第9课《生活离不开规则》一课。这一课的教学意在引导学生了解班级和学校中的有关规则，并感受集体生活中规则的作用，认识到规则之于生活以及保障每个人自由的重要意义，初步形成规则意识。在游戏和模拟情境中，体验遵守规则的必要性，并自觉养成遵守规则的良好习惯，培养修正自我、约束自我的能力。

在三次教学中，W老师尝试用不同的方法创设情境，通过活动体验、辩论明理、新闻评析、案例赏析，小组讨论等活动，引导学生认识到生活中那些原本不该发生的，危害人们生命健康的事，部分是由于有人没有遵守规则所导致的结果。从而深省规则的力量，树立心中有规则的意识，并努力在生活中遵守规则。

每次执教之后，W老师都根据学生和听课教师的反馈及时进行调整，在实践中不断改进。

（一）"案例赏析"加"辩论体验"，感知规则的重要性

2018年10月24日，W老师参与"X市名师公益课堂"的公开录像课征集活动，在D小学五年级X班第　次执教《心中有规则》一课，采用经典案例赏析中的间接体验法，组织学生直接参与辩论，提升道德认识。

【教学片段1】

1. 经典案例导入——感受规则的力量

2008年汶川地震时，有一所"史上最牛的学校"——四川省绵阳市桑枣中学。当时的校长叶志平被称为"史上最牛的校长"。汶川地震伤亡惨重，很多人丧生，很多人受伤。地震发生时，桑枣中学2300多名师生从不同的教学楼有序撤离到操场，以班级为单位组织站好，用时1分36秒。全校师生无一人伤亡，创造了8.0级地震"零伤亡"的奇迹。所以，这所学校被称为"史上最牛的学校"，叶校长被称为"史上最牛的校长"。这一奇迹是如何创造的呢？（出示桑枣中学逃生演练图片）

《中小学幼儿园安全管理办法》中规定学校每学期至少进行一次紧急疏散演习，对桑枣中学的做法，你有什么感受？

师生交流。

教师总结：桑枣中学每学期都要组织紧急疏散演习，这就是遵守规则，在演习中，学生按要求有序撤离，这也是遵守规则。关键时候，遵守规则，挽救了2300多人的生命！这就是规则的力量！

2. 辩论明理：探究规则和自由的关系

你知道生活中有哪些规则？它们对我们有哪些具体要求？

这样一列举，生活中的规则还真不少。看来，我们生活中的方方面面都有规则。

有人说："制定那么多规则干什么？处处都要被规则管。吃要被管，玩要被管，买东西要被管，走路也要被管……真是一点自由也没有！"

同学们，你们怎么看待规则和自由的关系？规则是限制自由？还是规则不限制自由？

现场辩论。接下来，我们来进行一场"小小辩论会"，采用自由辩论的形式，正反双方轮流发言。每方时间3分钟。先从正方开始。

…………

教师小结：其实，正反方的观点并不矛盾。规则制定出来，必然会限制我们的一些自由。它像是一个框，对我们每个人都有约束。但也正是因为有了规则的约束，所以，我们每个人才要规范自己的行为，不去任意妄为，不侵犯别人的权利，不影响别人的自由。所以，规则虽然限制了自由，但是更保障了我们每个人的自由。

W老师的设计意图：

桑枣中学在汶川地震中零伤亡是遵守规则的典型案例，通过向学生介绍这一奇迹以及创造奇迹的原因，让学生感受到遵守规则带来的好处，激发遵守规则的意识。在学生交流了自己了解到的生活中的规则之后，抛出问题——"规则是限制自由？还是规则不限制自由？"引导学生展开辩论，在辩论体验中逐渐明晰规则的价值。

学生评价：

桑枣中学在汶川地震中零伤亡的案例让我很震撼，遵守规则的确能给我们带来好处。在辩论中，同学们积极性很高，畅所欲言，在大家的唇枪舌剑中，我也明白了要辩证地看待规则的作用。

听课教师反馈：

这节课的教学效果还是不错的，通过学生的表达发现他们认识到了遵守规则的好处，通过辩论，对规则有正确的认识，但是，无论是"赏析案例"的间接体验，还是直接的"辩论"体验，感觉还是灌输成分多了一些，学生虽对规则有正确的认识，但是还是停留在认知层面，难以形成指导行为的原动力，容易造成知与行脱节。

课后，W老师也进行了反思，通过这节课的教学，学生获得更多的是理智的判断，而非真切的体验，难以触动其内心。如何才能引发学生真切的感受，做到知行合一呢？带着这一问题，W老师进行了第二次尝试。

(二)"新闻链接"加"模拟逃生",引发真切体验

2018 年 11 月 19 日,W 老师参加了 X 市特级教师后备班的研讨活动,在 T 小学五年级 X 班执教了《心中有规则》一课。在第一次执教的 4 天后,发生了重庆市万州区公交车坠江事件,这一事件牵动了无数人的心,同时也引发了关于如何遵守规则的全民大讨论。W 老师敏锐地把握了这一教育契机,在课堂上呈现了这一热点事件,并组织学生开展了一场"火场逃生"的模拟体验活动。

【教学片段 2】

1. 链接社会热点,体会不遵守规则的危害

2018 年 10 月 28 日,重庆市万州区一辆 22 路公交车坠入江中,车上 15 人全部殒命。那么,坠江之前,车内到底发生了什么呢?我们来看一段车内黑匣子记录的视频。

播放视频。

这辆公交车为什么会坠江?

学生交流感受。

同学们想过没有,为什么有人非要不遵守规则呢?

自私、侥幸心理……

过渡:那我们如何做到心中有规则呢?

2. 亲历体验:体会遵守规则的重要性

接下来,我们来进行一个模拟体验——"火场逃生",亲身体会一下遵守规则的重要性。

首先,明确实验要求。请小组长拿出体验用品,一只瓶子代表一幢房子,彩球代表屋里的人。现在房子发生了严重的火灾,还有 5 秒就要倒塌了,只有在 5 秒内逃出来的人才有可能生存。

小组内部商议 1 分钟逃生规则。

情境模拟体验。(全组成员逃生成功,一起起立欢呼:"我们安全了!")

教师小结:看到同学们都安全了,老师特别开心。虽然我们现在做的只是一个小小的模拟体验,但是,同学们想一想:如果真的发生了火灾,你真的身处火海,能够安全地从火海中逃生,那么你们现在拥有的是最宝贵的生命呀!

学生谈体验感受。

教师小结:遵守规则才有秩序,遵守规则才能安全。关键时刻,遵守规则更可以挽救生命,遵守规则真是太重要了。

W 老师的设计意图:

重庆市万州区公交车坠江事件伤亡惨重,通过对这一事件的了解,学生在惋惜之余认识到不遵守规则会带来严重后果,强化遵守规则的意识。"火场逃生"模拟体验,

引导学生在"小组制定规则—按规则逃生—成功脱险"中真切地感受到遵守规则所带来的好处。

学生评价：

老师给我们播放了重庆市万州区公交车坠江前黑匣子录下的视频，我们了解到这一事件竟是乘客刘某错过目的地站要求停车，在遭受拒绝后与司机争吵互殴所造成的。因为乘客刘某不遵守乘车规则，15个鲜活的生命逝去了，不遵守规则的后果太严重了。如果大家都能像"火场逃生"体验活动中那样遵守规则，那么就能保证自己和别人的安全。

听课教师反馈：

播放"重庆市万州区公交车坠江事件"视频，学生通过观看获得深刻印象。这个事件诱因虽小，伤亡却如此惨重，给学生带来了深深的震撼。又因为这是真实的事件，所以比较能激发起学生探究问题的热情，通过观察学生课上的表现，可以看出教学效果很好。

课后，W老师进行了反思，"动之以情"才能"导之以行"，重庆市万州区公交车坠江事件虽然让学生觉得震撼，但在"导行"的效果上还是差了一些。且"火场逃生"模拟体验也相对简单了一些，难以触动学生内心。如何才能真正做到"动之以情""导之以行"呢？带着这一问题，笔者进行了第三次尝试。

(三)"亲历体验"加"新闻链接"，触动学生心灵

2019年6月，W老师参加了X市德育录像课的评比，在M小学五年级X班执教了《心中有规则》这一课。这一次，笔者放弃了"火场逃生"模拟体验，而是创设真实的情境，让学生在探究中体验，并充实了重庆市万州区公交车坠江事件内容，以故事来触动学生的内心。

【教学片段3】

1. 活动体验，感知遵守规则的必要性

同学们，老师给大家带来一个神奇好玩的东西，在这个箱子里，想不想看看？（生：想。）但是，老师只能给你们看30秒的时间。（R同学计时）来，开始看吧。（学生蜂拥而至。）

看清楚了吗？（生：没有。）为什么看不清楚呢？（拥挤、看不到……）采访最前面的同学，你刚才看到了吗？为什么没看到？

如何才能在30秒内让大家都看到呢？谁有好主意？

学生谈论：制定观看规则：一组一组，排队看，看一眼快速离开。

第二次观看体验。

交流：这一次看清楚了吗？为什么这一次能看清楚？

生：因为制定了观看规则，而且大家遵守了规则。

师小结：有了观看规则，大家才能在30秒内看完。

2. 链接新闻，了解不遵守规则的危害

2018年10月28日，重庆市万州区一辆22路公交车坠入江中，车上15人全部殒命。那么，坠江之前，车内到底发生了什么呢？我们来看一段车内黑匣子记录的视频。

播放视频。

请问这辆公交车为什么会坠江？

按站下车，是我们坐公交车的规则，而乘客刘某因自己坐过了站却强行要求司机为她一个人停车，司机不答应，便打骂司机，司机在保护自己的过程中方向盘失控，导致公交车坠入江中。这一切悲剧的源头是乘客刘某没有遵守规则，刘某错过了一站，可全车人却错过了后半生！

救援队副队长周小波的父亲也在这辆车上，周队长的父亲76岁，是一名退休教师，出事的时候，老人家还有半站路、2分钟就到站了。

周队长参与过无数次救援，这一次，他打捞出了自己父亲的遗体，他说："我多么希望我父亲还是好好的，还能微笑着和我说话，叮嘱我注意安全。"

在打捞的过程中，一名潜水员打捞出一个3岁孩子的遗体，潜水员当场失声痛哭，说："孩子，水下太冷，我带你回家……"

同学们，了解了这些，你想说什么？

学生交流。（这位乘客贪图自己的方便，却违反乘坐公交车的规则，结果害人又害己。）

教师小结：不遵守规则会导致人与人之间发生矛盾，遵守规则才能让人与人之间的相处更加和谐，才能让我们更加幸福地生活。（板书：和谐、幸福）

通过这节课的学习，你打算以后如何遵守规则？

学生交流。

教师总结：无论是在生死存亡的关头，还是在日常生活中，我们都要遵守相应规则。规则就像是个无形的框，表面上看起来束缚了我们，限制了我们的自由。但换个角度想一想，正因为有了这个框，我们的学习生活才更有序、更安全，这个框为我们营造的是和谐的氛围，让我们生活得更加幸福。这个框也是一份爱的保障啊！这个框可以是矩形，还可以是什么形状——（板画：爱心）。我们国家制定了《小学生行为规范》《中小学生守则》，这些都是国家给我们的一份爱的保障；我们D小学制定了《学生生命成长指导手册》，这是学校给学生的一份爱的保障；我们班级还有大家共同商议制定的规则，这是同学们给彼此的爱的保障！

心中有规则是给自己的一份爱的保障，同时，也希望同学们把这份爱心传递下去，主动劝阻不遵守规则的行为，也给他人一份爱的保障。

W老师的设计意图：

"看盒子里的东西"这一体验活动安排在课始，激发学生探究的欲望，让学生在体验中真切感受到遵守规则的必要性。重庆市万州区公交车坠江事件伤亡惨重，而周队长打捞父亲遗体和潜水员打捞出一个 3 岁孩子遗体的故事更是让人忍不住落泪，通过故事讲述深深地触动学生内心，在对逝去生命惋惜的同时坚定遵守规则的信念。

学生评价：

老师拿着盒子进教室的时候，我们就被盒子吸引了，当老师说盒子里有个神奇好玩的东西时，我们都迫不及待地想"一看究竟"，大家都太好奇了，挤作一团，结果都没看到。当老师让我们想办法在 30 秒之内看完时，我们积极想办法，讨论很热烈，制定了规则，并在规定时间内大家都看到了。其实，能看到的东西并不是多有趣，关键是这个教学环节很有趣，让我们发自内心地认识到：有规则，很必要。

周队长打捞起自己父亲的遗体，3 岁的孩子再也不能蹦蹦跳跳地回家，当老师说到周队长和潜水员的话时，我的眼泪再也忍不住了，一下子流了下来，我听到周围很多同学在抽泣，这一条条鲜活的生命就这样逝去了，他们的亲人该有多么悲痛，想到这里我就更难受了。我们以后无论什么时候都要遵守规则，不要让这样的悲剧再发生了。

听课教师反馈：

"看盒子里的东西"这一体验活动虽用时不多，但却能激发学生进行真实的探究、体验的兴趣，学生在这一体验过程中情绪高涨，真切感受到遵守规则的必要性，不知不觉中，遵守规则的种子在学生心中悄悄萌发。

乘客抢夺方向盘事件是因缺乏规则意识引起的，老师及时捕捉到事件的因果联系，以此为教育契机，及时对学生进行引导。在学生观看了重庆市万州区 22 路公交车坠入江中的视频之后。老师引导学生展开交流：这起导致 15 人殒命的公交车坠江事件是怎么发生的？带领学生进行了聚焦、回溯，并且进行了相关资料的补充。了解到这些信息，很多学生眼眶里蓄满了泪水，有的学生甚至轻轻抽泣起来。周队长亲人离世的悲痛深深地感染了学生，让他们对这起事件进行了深入反思：如果人人遵守规则，就不会有这样的悲剧发生。

真体验引发真探究，"看盒子里的东西"这一体验活动很"走心"，学生在亲历中深化对规则的认知，树立规则意识。感人的故事触动心灵，让学生设身处地地去体验他人的不幸，感受和理解他人情感，从而在解读中引发对悲剧根源的反思，在提高道德判断能力的同时，强化了学生遵守规则的信念，学生能真正做到品格上自重、心灵上自省、思想上自警、行为上自律，实现知行合一。

三、展望："体验式"教学如何真正激发学生内生力？

在道德与法治课程教学中，W 老师依据教学目标、联系学生生活实际创设了教育情境，并根据学情调整学生体验的内容、方式，调动学生参与的积极性，让学生获得更丰富的体验，在体验中发现世界、认识世界、感悟为人处世的道理。在获得体验的基础上，学生掌握知识、发展思维、提高解决问题的能力，发展了个性、情感、意志、态度、品格等。可见，有效的体验活动能使学生在知识学习与社会参与、问题探究等方面彼此渗透，有效地促进了学生品德养成与自身发展。

在践行"体验即生长"教学主张的过程中，笔者也逐渐明晰——体验的目的是唤起学生最本真的情感，动之以情，才能导之以行。为此，在小学道德与法治教学中，应以满足学生的身心需要为基本目标，将积极情感体验作为学生积极人格特质形成的突破口，引发其积极的道德行为，提高道德判断和行为选择的能力，为学生主动适应社会、积极参与社会打下良好的基础，创造学生成长的无限可能。

同时，W 老师也清醒地认识到影响"体验式"教学成效的两个因素。一是在体验教学活动设计中，教师的教学机智很重要。若教师缺乏教学机智，设计出的体验活动未必适切，不能及时发掘其内在"冲突"，难以呈现精彩的"道德生长点"。二是如何以评价促进"体验式"教学成效？体验活动能否唤起学生的情感体验，引起学生的强烈共鸣？学生在体验活动中的道德品质和行为规范是否得到提升？学生能否用体验中的感悟去指导自己的道德行为或是修正之前的不良行为？该如何对"体验式"教学进行评价？如何做到评价的客观与全面？如果采用多元评价方式，如何协调好学生、家长、教师三者之间的关系？这些问题都需要 W 老师持续深入地探讨。

"体验即生长"是 W 老师教学主张的凝练和概括。它超越纯粹的书本知识的传递和接受，以体验活动作为教和学的基本形式，指导学生在活动中真实体验生活、主动参与生活、创新创造生活。在这一教学主张指导下，学生的学习和生活都将成为体验的源泉与场景，学生由过去认知的被动客体变成现在主动体验的认知主体，在主动探索、实践、思考和运用的过程中实现了自主成长。当然，如何在学生心中播下良好品德的种子，使其落地生根、发芽、开花和结果，W 老师一直在探寻的路上。

案例思考题

1. 在小学道德与法治课堂教学中，你是否采用过体验式教学？阅读本案例之后，你是如何理解通过体验式教学激发学生内生力的？

2. 简述你对本案例中第一次"案例赏析"加"辩论体验"教学设计的看法。

3. 简述你对本案例中第二次"新闻链接"加"模拟逃生"教学设计的看法。

4. 简述你对本案例中第三次"亲历体验"加"新闻链接"教学设计的看法。

5. 本案例中，三次体验式教学设计给你带来哪些启示？

案例2　小学道德与法治课堂学习共同体的构建路向①

宋梅　江苏省特级教师　徐州市太行路小学

　　中共中央办公厅、国务院办公厅印发《关于深化新时代学校思想政治理论课改革创新的若干意见》指出，面对新形势、新任务和新挑战，课堂教学效果还需提升，要坚持问题导向和目标导向相结合，注重推动道德与法治课建设的内涵式发展，全面提升学生的思想政治理论素养，实现知、情、意、行的统一，这为小学道德与法治课堂改革创新提供了指导。小学道德与法治具有活动性、综合性、实践性等特征，构建"协作、互动、共生、共享"的课堂学习共同体，形成合作探究的学习模式，提升教学实效性已成为Y小学道德与法治课教师教研的重点。

　　学习共同体是由学习者和助学者共同组成的关系网络和学习型团体，团体中成员在共同愿景的引领下，于平等、民主、共享氛围中，彼此间相互对话、交流、协商、互助、合作，在获得个体与团体共同发展的过程中，形成强烈的精神归属感。课堂学习共同体由学习者、助学者、共同愿景、课程资源、学习情境等要素构成，是一个具有生命特质的学习生态系统，具有生命性、过程性、情境性、交互共生性等特征。学习科学是一个研究教和学的跨学科领域的学科。学习科学的目标旨在更好地理解产生最有效学习的过程，让人们更深入、更有效地进行学习。学习科学认为，学生带着信念、理解和前概念走进课堂，在原有知识上建构、提取和应用，在元认知实践中实现从学校向日常生活的迁移；教师需要探究学生的已有经验，基于元认知和情境进行教学。

　　小学道德与法治是国家必修课程。该课程根据社会发展需要和儿童身心发展特点，旨在引导儿童形成良好的道德品质与法治意识。课程以生活为载体，以体验为桥梁，通过辨析、反思达到能力培养，通过实践感悟促目标的有效达成。课程内容依据与儿童生活的紧密程度，由近及远地安排了个人、家庭、学校、社会、国家、世界六大生活领域，课程具有政治性、思想性、综合性和实践性等特征。构建学习科学视域下小学道德与法治课堂学习共同体，就是要增强道德与法治课程的实效性，构建"协作、互

---

　　①　本案例系江苏省教育科学"十三五"规划课题"学习科学视域下小学道德与法治课堂学习共同体构建研究"（课题编号：B—b/2020/02/205)阶段性研究成果。

动、共生、共享"的课堂学习环境，采用真实的、情境化的、基于问题解决的教学活动，构建"基于问题—架构任务—协同探究—倾听互学—生活迁移"的课堂教学结构，促进学生更有效、更深入地学习，创新小学道德与法治教学范式。

Y 小学是一所百年老校，学校先后被评为中华优秀文化艺术传承学校、省德育先进学校、少先队全国红旗大队、省优秀家长学校、中美千校携手项目学校、江苏省国际交流先进学校。学校贯彻国家教育方针，积极推进小学德育课堂教学改革。2013 年学校申报并立项了 M 市教育科学研究所课题《品德与生活(社会)课程资源开发的研究》，对小学品德与生活(社会)课程资源开发进行了实践探索。2014 年学校申报并立项 M 市教学研究课题《"学进去，讲出来"教学方式在小学品德与生活(社会)教学中的实验研究》，对小学品德与生活(社会)课堂教学方式进行探索。2017 年学校申报并立项了 N 省教学研究课题《场域视野下学生社会参与能力培养研究》，探寻了小学道德与法治课堂培养学生社会参与能力的具身策略。2018 年学校申报并立项了 N 省品格提升工程《协同·共育·行动：场域视野下儿童品格提升的实践探索》，探寻了场域视野下提升儿童品格的路径策略。基于以上思考和研究基础，Y 小学道德与法治课核心团队于 2020 年 1 月申报并立项了 N 省教育科学"十三五"规划 2019 年度普教重点自筹课题《学习科学视域下小学道德与法治课堂学习共同体构建研究》，课题组核心团队对学习科学视域下小学道德与法治课堂学习共同体的构建路向进行了深入探索。

一、困惑：是否需要构建小学道德与法治课堂学习共同体？

为了了解小学道德与法治课堂学习共同体的构建情况，Y 学校道德与法治核心团队在 M 市市区调查了部分教师，具体调查内容和教师们的反馈如下：

(一)问题设计

1. 您了解过学习共同体吗？
2. 您有在课堂教学中构建过学习共同体吗？
3. 您认为具有学习共同体的课堂对教师有什么要求？
4. 您认为课堂学习共同体与"小组合作学习"一样吗？
5. 您认为在小学道德与法治课程教学中构建学习共同体有哪些益处？

(二)反馈情况

通过分析教师所调查的内容，可以看出教师对于学习共同体的概念理解有些欠缺。他们强调了学校的教学现状，在各学科压力负担下，道德与法治课程教学的时间十分有限。同时，在学校、社会、家长等不恰当的引导下，很多学生不太重视道德与法治课的学习。因此，目前在小学道德与法治课程教学中，几乎没有构建学习共同体。他们认为，要在小学道德与法治教学中构建学习共同体，教师需要转变理念，同时需要更多挖掘教材资源，精心设计教学内容，通过活动、情境等方式，培养学生对道德与法治课学习的认同，促进合作学习。此外，很多教师认为课堂学习共同体和小组合作学习应该归为一类，对课堂学习的生态、课堂变革的本质、学习共同体课堂的真谛还不能够深入理解。不过，在教师们了解到学习共同体的相关内容后，都比较认同学习共同体的理念，认为它符合立德树人根本任务的要求，是时代发展的必然要求。

(三)问题提炼

1. 教师对课堂学习共同体的价值认识存在误区。
2. 课堂学习共同体的构建不够科学。
3. 教师构建课堂学习共同体的能力需要提升。

二、探索：小学道德与法治课堂学习共同体如何构建？

学习共同体之于小学道德与法治教学十分重要，构建"协作、互动、共生、共享"的课堂学习共同体，形成合作探究的学习模式，能有效提升课堂教学的实效性。基于对学习科学视域下小学道德与法治课堂学习共同体构建路径的探索，课题组 S 老师以五年级下册第三单元第 10 课《夺取抗日战争和人民解放战争的胜利》一课对教学内容进行了两轮教学设计与实施。

(一)第一轮教学实践及反思

1. 教学目标

(1)激发学生强烈的爱国主义情感，懂得国家兴亡直接关系到每个人的前途和命运。

(2)引导学生关注国家的前途与命运，为了强国、为了振兴中华民族而努力奋斗、勤奋学习。

(3)初步了解抗日战争的经过和抗日战争中的典型事件和典型人物，通过自主学习，提高查阅和整合资料的能力，分析和解决问题的能力，合作探究的能力。

2. 设计理念

传统的教学模式过于注重教师的讲解而忽视了学生自身的学习过程，在新课程标准的理念指导下，学生在课堂上的主体性地位越来越受到重视。通过在课堂上采用学习共同体的教学模式，促进学生对知识的思考和运用，从而增强他们的社会实践能力。

3.教学过程

活动一：课前先学，翻转课堂

师：今天我们来学习《夺取抗日战争和人民解放战争的胜利》一课。课前，围绕"抗日战争的背景事件""抗日战争中的典型战役""抗日战争中的英雄人物"三个主题，同学们进行了自主先学。你们围绕选题展示的主题学习成果，让老师学到了很多。请同学们在挑战模式中相互学习、相互点评。

教学反思：发布创课挑战，探索课堂翻转。课前，围绕"抗日战争的背景事件""抗日战争中的典型战役""抗日战争中的英雄人物"三个主题，教师发布了创课挑战，鼓励学生自己创作学习内容。随后通过相互点评、主题讨论等方式，激发学生的竞争意识、创作热情和学习积极性。学生创课的优秀作品，成为吸引他们有效学习的"亮点"。课上，教师指名被点赞较多的 Z 同学来介绍自己的创课，鼓励学生乐于探索、勇于表达。

活动二：聚合资源，全班交流

第一，围绕课前选题，学生在小组内讨论学习，明确汇报任务。

第二，围绕背景事件，学生分享自己的创课，教师相机点评，适时引导。

(1)学生介绍课前制作的卢沟桥事变相关创课，教师点评。

(2)教师补充《南京！南京！》电影片段，启发学生说出感受。

(3)教师总结并板书：背景事件　危难时刻。

第三，围绕典型战役，学生分享自己的创课，教师相机点评，适时引导。

(1)学生介绍地道战。

(2)学生介绍台儿庄战役。

(3)学生介绍平型关大捷，教师相机引导，启发学生观察敌我双方在武器方面的差别。

(4)学生介绍地雷战，教师适时点拨、引导。

(5)教师启发学生说感受，总结并板书：典型战役　中国力量。

第四，围绕英雄人物，哪些小组来分享自己的创课？教师相机点评，适时引导。

(1)学生介绍杨靖宇、宁死不屈的马老太太、八女投江等抗日英雄的创课。

(2)教师相机点拨，并启发其他同学补充、交流。

(3)教师总结并板书：英雄人物　英雄精神。

教学反思：聚合优质资源，优化创新教育方式。通过创课，学生能用自己的语言向大家展示课前自主学习的成果。学生开动脑筋，用自己的小手做出与众不同的创课，有的利用思维导图、有的利用抖音视频、有的利用图片和文字，总之，以兴趣为出发点，创新教学形式。互联式学习，架起老师、学生乃至家长互动的平台，帮助学生立体式学习，充分调动和发挥学生自我教育的主动性和积极性，协调学校、家庭各方面的力量，增强了学生的实践动手能力。

活动三：分析答题，追问思辨

第一，1945年8月15日，日本无条件投降，这场民族解放战争，我们要永远铭记。每年12月13日，是国家公祭日，时刻提醒我们勿忘国耻，振兴中华。

第二，此刻，我们来完成一个选择，请各位同学选择其中一种观点，并阐述自己选择的理由。

A. 日本"明治维新"后，悍然挑起了"中日甲午战争"，使中国人民蒙受耻辱。几十年后的侵华战争，日本军国主义又犯下滔天罪行。中日友谊被破坏殆尽。前事不忘，后事之师。因此，我们应该不忘国耻，与日本老死不相往来。

B. 中日两国是一衣带水的重要邻邦，日本的经济、科技、文化等都较发达，回顾战争是为了保卫和平，牢记历史并不是要延续仇恨。和平友好是大势所趋、民心所向。中国"一带一路"会为中日关系的发展带来新机遇。

第三，真理不辩不明，我们现在分开来坐，全班分为两组，交流自己的观点，然后每组推选3位代表主题发言。

第四，学生发言，教师总结。

第五，如果再次选择，同学会怎样选择呢？我们来第二次答题。

第六，以史为鉴，开创未来。我们在不能忘却的纪念中发愤图强，砥砺前行！

教学反思：在本课巩固阶段，教师设置追问思辨环节，通过分析第一次答题情况，教师发现真理不辩不明，通过现场分组辩论，学生渐渐统一了认识，理解"回顾战争是为了保卫和平，牢记历史并不是要延续仇恨"的道理。教师发布练习挑战，对学生答题数据进行分析，从而评价学生的学习情况、预测未来的学习表现、查找潜在问题，相应调整后续教学。

M市小学道德与法治教研员教师和课题组核心成员参与了课例研讨，在评课阶段，大家认为本轮教学实践中主要存在三个方面的问题：学习共同体的目标定位不准确、合作学习的时间安排不足、合作学习的分组不科学。

教研员Z老师：在教学中，教师能够围绕本课任务，借助多媒体教学手段，组织学生以学习小组的形式，通过合作交流，分享知识，从而达到提升核心素养的学习目标。但是在本课学习过程中，课堂学习共同体的共同愿景定位还不够准确，目前还停留在道德认知层面，小组合作更多停留在共享课前自主学习的内容上。

课题组核心成员A老师：本节课教学中，有多处小组合作学习，课堂上学生之间不能做到发言均衡，有的每次都能代表小组发言，而有的却一直游离于小组合作学习的边缘，中等生、学困生几乎没有机会表达观点。组内的关系比较复杂，组间的关系是竞争关系，平等对话无从谈起。

课题组核心成员B老师：这节课上，教师依然是主要言说者，教师一直带着学生围绕教材上的知识点进行学习。课堂上的讲授时间超过20分钟，学生在课堂上没有充足时间来进行合作学习，教师在课堂上提出问题后让学生进行小组合作探究，几分钟后就喊停，随后让学生立即回答。教师在课堂上无法给予学生足够合作学习时间，直接导致了教学效率无法提高。

第一轮的教学实践反思让 S 老师认识到加强共同体相关理论学习的重要性。于是 S 老师带领课题组成员阅读了《学习科学新近十年进展、反思与实践革新——访国际学习科学知名学者基思·索耶教授》《课堂学习共同体的意蕴及其建构》等相关论文，同时阅读了《人是如何学习的》([美]约翰·D. 布兰思福特)、《追求理解的教学设计》([美]格兰特·威金斯，[美]杰伊·麦克泰格)、《理解力培养与课程设计》([美]麦金斯，[美]麦克森)、《学习的本质》([法]安德烈·焦尔当)、《共同体与社会》([德]斐迪南·滕尼斯)等相关研究专著。在理论学习中，课题组成员渐渐明晰了思路。后来，S 老师和课题组成员进行了第二轮教学设计。

(二)第二轮教学实践及反思

1. 问题驱动，设定目标愿景，明确核心大概念

本课的目标愿景是通过学习，学生可以了解抗日战争及人民解放战争的基本史实，感知抗日战争时期国家的悲痛记忆，感悟中华民族奋勇抗争的精神，领悟中国人民在抗日战争和人民解放战争中体现的革命精神，学生能用恰当的方式缅怀英烈，树立奋发图强建设祖国的宏伟志向。

如果只是围绕教材中的知识点让学生学习，容易限制学生的思维和视角。因此，围绕"革命精神"这一核心大概念，课前 S 老师设计了"从甲午战争到卢沟桥事变，为什么日本对中国的侵略持续不断?""抗日战争中的哪些典型战役和英雄人物给你留下深刻印象?""你认为解放战争取得胜利的原因是什么?"三个驱动性问题，提纲挈领地引导学生思考和探究。学生自主选择其中一个感兴趣的问题，组成项目小组，收集资料并开展合作学习。基于项目的学习使学习不再局限于教材和教室，教师和学生通过项目联结为一体。

教学反思：在小学道德与法治课程教学中，很多教师往往忽视问题解决，更多是在课堂上传授系统的、现成的知识点。而学生，则是被动接受、记忆这些知识点。问题解决是学习的重要方式。教师应该深度理解教学内容，借助问题设计，切入教学重点。大概念是学科的核心概念，可以帮助学生将各个知识点联系起来，有助于知识和技能的整合。因此，构建课堂学习共同体，教师首先应该从细碎零散的知识点中抽离出来，全面分析和掌握教材，对教学内容进行创造性重构，确定教学目标，根据与大概念的关系确定问题设计的内容。另外，挑战性问题的难易度，需要充分考虑学生的年龄特点、心理认知结构、已有知识积累等。问题太难或太容易，都会影响学生学习的积极性。设置稍有一点难度的问题，能够刺激学生去挑战自我，激发学生的发展潜

力，实现真正的合作学习，主动构建新知识。

2. 逆向设计，明确评估依据，设计表现性任务

在确定好目标愿景之后，S 老师使用逆向设计法，确定评估依据，设计表现性任务。

第一，表现性任务。

请你和你的小组同学一起创建一个抗日战争纪念馆，用图片、视频、音乐等形式，描述抗日战争的爆发及过程，包括九一八事变、南京大屠杀、台儿庄战役等典型事件和内容。

想象一下，假如你是一位上了年纪的共产党员，你经历了解放战争，目睹了西柏坡这个小山村曾经发生的故事，那么，现在需要你为晚辈讲讲西柏坡对你产生影响的故事，可以口述或者写出来。

第二，其他证据。

对每个基本问题给予口头或书面反馈。

在给定情境下，能应用相关知识点分析。

教学反思：传统的道德与法治课往往采用正向思维的方式来设计教学，在目标设计好后直接考虑教学，按照教材的逻辑顺序，一步一步讲解，学生不能积极主动地参与到学习中来。逆向设计打破以往教学设计习惯，根据课程需要和学生学习水平，将教学目标转化为学生可以理解、感兴趣的学习情境和学习体验，确定表现性任务，明确评估依据。学生自主思考，协同互助，全身心地投入，解决高层次问题，从而深度学习。在教学设计中，通过创造性方法来使学生达到内容标准的要求，通过建立抗日战争微型纪念馆和导游讲解的真实项目任务，评估学生对抗日战争、解放战争的起因、经过、影响的理解。学生要达到以上要求就要从相关史料中提取信息，通过阅读深入了解革命先烈的故事，了解中国共产党的历史和光荣传统，从现实走进历史，再从历史回到现实，最后落脚于立志传承。

3. 共生共享，建构程序模型，开展高品质学习

弄清了什么是关注大概念的预期结果，也讨论了对学习预期结果的恰当评估，然后就要设计学习活动。如何让教学设计兼具吸引力和有效性，S 老师和课题组的老师开展了多次教学研讨，从教师和学生的角度去思考学生课内、课外的投入情况，哪些内容有利于有效的学习，最后渐渐有了清晰的认识——基于真实和明确的挑战、有真实世界中知识应用、有更多的沉浸体验、多元化的学习环境与资源、彼此平等的师生关系、公平共赢的学习机会等，这些都是高品质学习的特点。于此，S 老师建构了"基于问题→架构任务→协同探究→倾听互学→生活迁移"的教学结构，保障每一位学生的高品质学习。下面以《夺取抗日战争和人民解放战争的胜利》第一课时课堂实录为例。

一是基于问题。

课前教师给学生布置了三个驱动性问题："从甲午战争到卢沟桥事变，为什么日本对中国的侵略持续不断？""抗日战争中的哪些典型战役和英雄人物给你留下深刻的印象？""你认为解放战争取得胜利的原因是什么？"引导学生自主阅读教材、查阅资料等。

二是架构任务。

一上课，教师首先明确学习规则与方法：调整座位，让学生选择与好朋友坐在一起，以自己最舒适的方式坐好，与同伴握手，轻声细语交流，用 A4 纸和彩笔为自己写一个清晰的姓名牌，立在桌子上；认真倾听和思考，当同伴发表观点时，转向同伴，认真倾听，不插话，当对方表达完毕，再有礼貌地进行回应或者质疑；疑难问题四人研讨，轻声细语，每个人轮流发言，既不独享话语权，也不要沉默不语，在同伴阐述观点的时候认真倾听、用心思考、随时记录；公开发表阶段，发言的伙伴尽量面向所有人，倾听的伙伴尽量转向发言的伙伴，用心倾听、用心体会，伙伴发言完毕，随时可以举手发表自己的看法或者提问。

之后，教师给学生下发学习单，明确学习任务。

《夺取抗日战争和人民解放战争的胜利》学习单

请你和你的小组同学一起创建一个抗日战争纪念馆，用图片、视频、音乐等形式，描述抗日战争的爆发及过程，包括九一八事变、南京大屠杀、台儿庄战役等典型事件和内容。

我认为纪念馆里要展现的内容：

_____

我的依据：

_____

经过倾听，我的新思考：

_____

三是协同探究。

在明确学习任务之后，教师和学生一起围绕问题链与教材文本充分对话，学生深入探究教材中九一八事变的史实、南京大屠杀的有关内容、抗日战争中的典型战役、抗日英烈故事、全民抗战故事、"自力更生、艰苦奋斗"的延安精神、抗日战争胜利纪念日等教材内容。学生安静阅读"勿忘国耻""众志成城""中流砥柱"三个部分，有不明白的地方先自己思考，也可以低声与同伴探究，自己能够解决的问题，一定要自己想办法解决。

教学反思：教师没有牵着学生往前走，而是让学生走在前面，学生用心体会。教师的作用发生了重要的变化，在传统的课堂上，教师是知识的传授者，几乎是知识的唯一来源，也是课堂的绝对掌控者。在学习共同体的课堂上，教师从"教的专家"转向

"学的专家"，协同学习的关系形成了巨大的"学习场"，这种平等协作的关系很大程度上解放了学生的学习力，促进学生进行高品质的学习。相互包容、彼此欣赏、乐于分享、共同探讨的精神状态和课堂让每一个学生都能够最大限度地发挥自己的聪明才智，尽自己最大的可能去探索。

四是倾听互学。

经过自学和求助同伴之后，教师和学生一起冲刺具有挑战性的学习单，围绕"创建一个抗日战争纪念馆"的表现性任务，学生在小组内、班级内"相互听""相互学"。教师关注学生真正的状态，并将学生的观点串联起来，在学生遇到困难、停滞不前或者出现错误的时候，教师能够通过串联和反刍，让学生的思考更加深入。

教学反思：真正的学习是"从未知走向已知"的过程，是学生通过自主思考及与同伴平等对话达成的，只有用心去倾听别人，才能实现真正的学习。倾听是一种与自己的独立思考同等重要的学习，是通过与他人的对话，来打破自身的"思维天花板"，从而完善和修订自己已有认知的学习。

五是生活迁移。

教师组织学生交流讨论，启发学生理解国家设立公祭日的意义，思考"我国为什么要设立中国人民抗日战争胜利纪念日"，让学生永远铭记这段历史，缅怀革命先烈，传承伟大的抗战精神。同时也让学生树立发奋学习，为实现中华民族伟大复兴中国梦而奋斗的志向。

教学反思：学习是原有经验的迁移，学生的迁移能力是学习成效的一个重要标志。

三、讨论：构建小学道德与法治课堂学习共同体的价值意义有哪些？

在第二轮教学之后，S老师与课题组核心成员和学生代表进行了座谈，请他们分别谈谈本节课的体会和收获。

A老师：通过这节课的教学，我认为S老师构建了一个很好的学习共同体，课堂给我的感受是努力保障每一个学生的高品质学习。

B老师：这节课教学有别于传统道德与法治课堂，启发一线教师要在实践中成长，要锤炼自己的实践力、提高自己的研究力，从而促进小学道德与法治教学改革不断创新和发展。

C老师：这节课给我最大的感受是整个教学过程中，师生、生生平等对话，互相倾听，重构温暖润泽共生的教育生态。

A生：我虽然不是小组里最棒的，但是我有表达的机会，同学们耐心倾听我讲述，我讲了抗日英雄杨靖宇烈士的故事，我觉得我自己的发言变得越来越好。

B生：这节课我一直在耐心倾听，所以在我汇报学习单的时候，我觉得自己讲得比较精彩，其实我是踩着别人的脚印走上去的，因为我是最后一个发言的。

C 生：这节课 S 老师没有滔滔不绝地讲解，而是和我们一起平等学习，我觉得这样特别好，让我学到很多知识，也懂得了很多道理。

从学习科学的视角来构建课堂学习共同体，关注学生高品质学习，这不仅是一种课堂教学方法的变革，而且还是一种通过改变课堂，改变学生学习方式，促进教师专业成长和学校内涵发展的重要方式。对儿童成长的共同关心让社会中的每一个人都成为学习者，都成为倾听者，从而使整个教育生态和课堂环境发生变化。建构学习共同体的课堂让每一个学生都得到尊重，都能进行高品质学习。学生在平等、共生、关爱的环境中成长，为他们学会尊重他人、温暖他人、倾听他人、回应他人奠定基础。学习共同体改变了原有的课堂教学生态，学生们每天都在与自己对话、与他人对话、与世界对话，只有这样的课堂教学生态才能培养出优秀的学习者。但是不是每一节道德与法治课都要建构学习共同体，开展协作学习，什么样的教学内容适合学习共同体进行高品质学习，这些问题还需要进一步探讨。

案例思考题

1. 你认为构建课堂学习共同体对提高道德与法治课程教学实效性有哪些意义？
2. 简述你对本案例中学习科学视域下课堂学习共同体构建路径的理解。
3. 本案例中，S 老师的教学设计给你带来了哪些启示？

案例 3　小学道德与法治
激发学生道德认同的策略研究

华琳智　中小学高级教师　苏州工业园区星湾学校

　　小学道德与法治课程承载着社会主义核心价值观、中华优秀传统文化教育。习近平总书记说的"用高尚的人格感染学生，用真理的力量感召学生，用深厚的理论功底赢得学生"为我们一线道德与法治课程教师指明了方向。小学道德与法治注重道德认同，党和国家高度重视学生德智体美劳全面发展，德育排在"五育"并举中的第一位，这充分说明道德教育意义重大，须加强道德认同教育。

　　一是顺应新时代发展的需要。教育的出发点和根本任务就是"立德树人"。小学道德与法治是推动"立德树人"的"关键课程"，而一线教师则是这一"关键课程"的"关键主体"。道德与法治对强化学生的社会主义核心价值观、培育民族自觉意识和树立民族自信、形成正确的世界观、价值观、人生观有着重要的作用。习近平总书记于 2019 年 3 月 18 日主持召开全国学校思想政治理论课教师座谈会并发表重要讲话，要求全国思政课教师牢记"三为""六要""八统一"，践行思政理论课教师的新使命。2019 年 9 月，教育部等五部门联合印发《关于加强新时代中小学思想政治理论课教师队伍建设若干意见的通知》，明确要求"推进大中小学思政课教师队伍专业发展一体化建设"，为小学道德与法治课程的有力实施提供保障。因此，通过道德与法治课程，增强学生道德认同感，是自觉践行社会主义核心价值，顺应新时代发展要求的需要。

　　二是提升学生核心素养的需要。良好的道德、品格的培养是形成健全人格的重要根基，道德认同教育能助力学生健康成长，是儿童的自我发展和价值引领的迫切需要。随着社会的发展，大力加强社会主义核心价值观的教育，使学生具有良好的道德素质、创新精神和实践能力，树立积极向上的乐观生活态度，进而形成正确的世界观及较强的法律意识、法治观念，真正成为面向未来的中国特色社会主义建设的合格建设者和可靠接班人。而在学习中学生是学习的主体，教学过程需要注重学生的生活体验和经验重构，注重学生对情境的感受、活动的体悟、道德认同，这是提升学生核心素养的需要。

　　XW 学校是 S 州工业园区管委会直属的九年一贯制公办学校。自 2008 年创办至今，已拥有 151 个教学班、7200 名学生、454 名教职工的办学规模。学校现设玲珑湾、槟榔路两个校区，总建筑面积达 86845 平方米。十四年来，XW 学校坚持依法治校、规范办学、以德为先，质量立校、文化兴校、科研强校，获得了国家、省、市几十项荣誉。学校先后获得 J 省教育工作先进集体、J 省教育科研先进集体、J 省教师发展示范基地校、J 省体育项目传统学校、J 省和谐校园、J 省艺术教育特色学校、J 省优秀少先队、J 省平安校园、J 省科技特色学校等几十项荣誉。

XW 学校小学道德与法治教研组由 J 省特级教师、正高级教师 Q 校长领衔，由 S 州市级学科带头人 H 老师牵头，组内有 1 名区学科带头人，1 名区教学能手，3 名区教坛新秀。道德与法治教研组学习风气浓厚，教师经常利用教研时间进行理论学习和课例研究。他们坚持以立德树人为己任，注重核心素养的落地生根，尝试多种策略方法培育学生热爱家乡的道德认同感。

一、困惑：热爱家乡、激发道德认同的策略是否需要改进？

目前学校面向全国招聘教师。教师、学生都来自五湖四海。在一次教研组活动中，组内教师谈到现在班级里的学生不会说苏州话，关于如何让"新苏州人"更好地了解苏州，一位老师说："德风沁润、全员育人，学生入学起步阶段，就要注重热爱家乡的教育，要让这样的认同感深入人心。"笔者听后深有感触，德育工作，不仅仅是班主任的工作。热爱家乡教育，也不只是班主任通过上晨会、班会就能够解决的，一线道德与法治课程教师应该有作为，体现课程育人、综合育人理念。

究竟一线教师对热爱家乡教育的认知怎样，学校热爱家乡教育做得如何？为了了解这些情况，XW 学校的 H 老师在苏州市 Y 区就道德与法治教材中的"热爱家乡"这一主题教育实施情况开展调查，受调查小学道德与法治课程教师有三种类型：一是参加教学时间不足 5 年的中小学二级教师，二是工作 10 年左右的中小学一级教师，三是工作 15 年左右的市、区学科带头人、骨干教师。三类教师的反馈如下：

A 老师：小学道德与法治教材中直接关系到热爱家乡教育的内容集中在二年级上册第四单元"我们生活的地方"和三年级下册第二单元"我在这里长大"。这些内容很简单，课堂上让学生读一读、记一记就可以触发学生的思想情感了。

B 老师：教材内容比较详细，有利于学生学习，我们要依托教材，关注家乡本地产业的传统和特点，引导学生初步了解家乡物产与自然环境、经济特点、人们生活之间的关系，激发学生喜爱家乡物产、热爱家乡的情感。

C 老师：一线教师聚焦"热爱家乡"主题，弘扬社会主义核心价值观，通过了解家乡的山和水、家乡的物产、可爱的家乡人，引导学生发现家乡自然环境的独特与富饶，从而在潜移默化中接受家乡传统文化的熏陶，产生对家乡的认同感。

从上述访谈中，H 老师发现一线教师对热爱家乡教育的价值虽有所认识，但教育方式仍以讲授式、问答式教学为主，对生活化德育有一定认识，但大多停留在理论层面，实际操作层面思考不足。当下，社会环境复杂，文化观念多元，互联网技术特别是社交媒体的迅猛发展，给学校教育带来了挑战。2020年，苏州市Y区教育局确立了"适合教育创新年"的年度发展规划，用适切方式加强对中小学生热爱家乡的教育引导，让学生逐渐体会自然的奇妙、世界的精彩、社会的变迁。H老师希望通过其教学研究引导"新苏州人"感受到家乡物产凝结着自然的恩赐与家乡人的智慧，是自然与人的结合，其背后蕴藏着独特的乡土文化。了解家乡的主要物产是"热爱家乡"的重要内容，能在发现家乡自然环境独特与富饶中产生对家乡的自豪感。

H老师是一位工作十六年的骨干教师，曾获J省教育厅小学道德与法治基本功大赛一等奖、J省小学道德与法治优质课竞赛一等奖，具备一定的教学技能，H老师善于引领道德与法治教师团队一起开展教学研究，有多篇道德与法治教研论文在省级期刊发表，被评为"S市学科带头人""S市青年教师双十佳"。作为XW学校道德与法治学科的带头人，H老师在对小学道德与法治二年级上册研究中发现："我们生活的地方"这一单元基本上都是热爱家乡教育的内容，可以以《家乡物产养育我》一课对学生加强热爱家乡的教育。

为全面了解小学道德与法治课程教师对"我们生活的地方"单元中热爱家乡教育的想法，H老师成立了一个研究小组。该小组由工作1年的A老师，参加工作6年取得区比赛课获一等奖的B老师以及参加工作12年的华东六省优质课一等奖获得者C老师组成。该小组以二年级上册第四单元第14课《家乡物产养育我》第一课时内容进行教学，开展了系列教研活动。

研讨问题1："我们生活的地方"单元涵盖哪些热爱家乡的教育内容？

A老师："我们生活的地方"单元教学中要让学生感受家乡的美，引导学生关注家乡生活，在生活中欣赏家乡的美，激发内心真实的热爱之情。进一步了解家乡有哪些特产，感受家乡物产的丰富。了解家乡本地产业的传统和特点，初步了解家乡物产与自然环境、经济特点、人们生活的关系，培养学生热爱家乡的感情，感受家乡人的勤劳与智慧，激发学生对家乡物产的热爱与珍惜。

B老师："我们生活的地方"单元教学在对学生进行热爱家乡教育还要注意如下两点。从知识范围看，教材呈现出随学生生活范围不断拓展的同心圆式的内容特点。如学校环境、学校周边环境、本地区（区、县、市等）环境、我国的地理位置、领土面积、海陆疆域、行政区划等简单地理概况，以及世界大洲、大洋的位置、相应的国家和地区的地理知识等。从知识深度看，从"了解家乡的风景名胜、主要物产等有关知识"到"了解本地区的自然环境和经济特点及其与人们生活的关系"；再到"了解我国不同地区自然环境的差异，知道并理解这些差异对人们的生产和生活方式的影响"。要求学生从认识相对简单的地理现象，到比较、联系和分析彼此之间的相互关系，学生收集提炼信息的能力要求逐渐提升。

C 老师："我们生活的地方"单元教学可以从引导学生了解家乡山水、物产的过程中感受到家乡独特的地理环境带来的大自然的恩赐，感受到勤劳的家乡人在利用自然资源时所展现出来的创新与智慧，由此产生对家乡的自豪感。家乡物产背后常隐藏着一个个民间传说，它们与地方特色相结合，一些普通事物被赋予了瑰丽的想象，有趣的故事便被创造出来。这些故事中，有的展现了家乡的一段历史；有的寄托着人们对美好生活的向往；有的展现了家乡人美好的品质；有的则描绘了当地独特的风土人情……这样的故事代代相传，使人们对家乡充满了认同感和归属感。引导学生合作探究，回归生活的道德教育旨在培养具有一定的道德信念，并能按照道德信念去行动，能够践行道德生活的人；在教育内容上，应从现实生活中选取道德教育的内容；在道德教育的方式上，让儿童去积极参与、体验和践行。

最后，三位教师都认为"我们生活的地方"单元主体内容是热爱家乡教育，教材内容的编写体现了直观性与参与性，根据二年级学生的特点，图文并茂，适当的留白也能有助于学生更好地理解本单元内容，激发学生喜爱家乡物产、热爱家乡的情感。

研讨问题 2：教师在教学中应采用什么方式对学生加强热爱家乡教育？

经过研讨，大家一致认为"我们生活的地方"单元对于加强学生热爱家乡教育具有重要作用。但如何用好教材加强学生热爱家乡教育？三位教师展开了讨论。

A 老师：学生联想到物产，大多集中在美食上，如何让学生知道家乡物产的特点与自然环境、当地经济发展有关，这是一个难点。因此，围绕"我的家乡产什么"主题要求学生提前做调查。

B 老师："家乡产什么"不仅仅停留在"物"的层面，由于二年级的学生对家乡熟悉的物产还缺少主动发现美的能力，要激发学生喜爱家乡物产、热爱家乡的情感，教师要注重引导和讲授。

C 老师：要让学生真正了解苏州物产，一定要由课堂走向生活、走向社会。课堂不拘泥于课内，还需要前延和后展。用实践作业的形式，让学生介绍苏州物产，主动探究，了解更多苏州的物产。

二、探索：热爱家乡的道德认同如何有效培育？

经过商量，三位教师决定以"我们生活的地方"第四单元第 14 课《家乡物产养育我》第一课时为教学内容，选择不同教学方式来设计这节课。安排三位教师执教二年级，而且特意安排三个平行班级进行教学，方便对教学效果进行比较。

(一)A 老师：依照课本，引导讲授(见图 3-1)

活动一：观察地图，导入新课

1. 同学们，今天我们来看一幅中国地图。这个和你们以前看过的地图一样吗？

2. 对，细心的同学已经发现了，这个地图上标注了中国不同地方的特产，这是特产地图，有了这张地图，我们就可以吃遍全国各地的美食啦。

活动二：观察图片，介绍物产

1. 我的家乡产什么？家乡的物产多又多，让我们一起去发现吧！

仔细观察图片，你发现了哪些特产？对，有手工艺品等。还有好吃好看的糖人，让人直流口水。

2. 马头琴也是一种特殊的物品，这里面还有一个传说呢？(讲授书本上的小故事)

3. 家乡的物产可真丰富啊！请同学们把自己带过来的家乡特产拿出来介绍一下吧！现在让我们一起制作家乡物产调查表，把家乡的物产调查清楚。想想看：我们在餐桌上、商场里都发现过哪些家乡物产？

4. 各地都会举办一些家乡物产博览来推广介绍家乡，一起去看看有什么特色产品吧。

①天津的狗不理包子为"天津三绝"之首，这是中华老字号。刚出笼的包子，鲜而不腻，清香适口，属我国第三批国家级非物质文化遗产。

②无锡惠山泥人，是江苏无锡传统工艺美术品，手捏泥人，构思巧妙，做工精细。2006 年入选第一批国家非物质文化遗产名录。

③阳澄湖大闸蟹，体大膘肥，青壳白肚，金爪黄毛，肉质膏腻。

5. 播放视频：舌尖上的中国。

6. 家乡物产博览会上还有一些手工艺品，你是否知道一些手工艺品是怎么做成的？它们有何用途？博览会上你最喜欢的是什么？为什么？

活动三：品尝物产，小结提升

1. 最后，我们有个最重要的活动，那就是分享美味的家乡特产！开吃吧！

2. 教师小结：家乡物产多又多，我们要热爱家乡，热爱家乡物产。

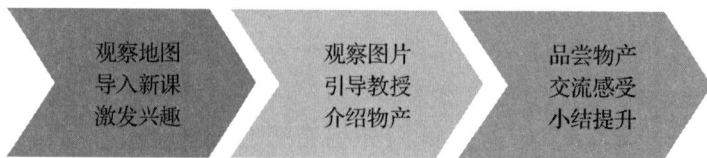

图 3-1　"依照课本，引导讲授"教学模型

A 老师教学反思：

低年级教材内容比较少，书本出现的插图为物产博览会，还有马头琴的传说，因此

我按教材给出的内容，和学生一起看图、交流，还一起品尝了美食。通过本节课的教学，学生能对家乡物产有初步了解，知道苏州的特产大闸蟹和采芝斋糖果等，热爱家乡的情感得到加强。不过，课堂教学仍存在一些问题，例如，没有让学生做课前调查，导致学生课上举手不积极，参与度不高。我想，这和我对教材、对学生的把握不准确有关。

XW学校道德与法治教师听完课后普遍认为：

A老师执教的是低年级的课，低年级课堂我们所追求的是"有趣和有效"。但此教学设计没有课前调查，没能充分调动学生学习积极性，缺乏学生能力提升和价值引领。A老师只教完书本知识，对于所拓展内容，不是由学生自己调查得出的，而是教师直接出示的，而教材仅仅是教学的范例不是全部。如何活用教材，如何和学生的生活相联系，切实提高学生热爱家乡的情感？带着这些问题，B老师与C老师进行了如下尝试。

(二)B老师：补充资料，对话交流(见图3-2)

活动一：知识竞赛，激发兴趣

1. 上堂课我们学习了怎样调查家乡物产，老师在班级群里看到很多小朋友在各地方调查的照片，请看(照片)，同学们还认真填了有关物产的表格，看看我们对家乡物产有没有新的了解？现在我们就来动手动脑认物产吧！出示题目。

2. 小结：看来同学们的调查收获真不少啊！

活动二：博览会上话物产

1. 今天，我们在班级里召开一个博览会，请观察书本上的插图，讨论一下：书上提到了哪些物产？

2. 小组讨论，分组介绍。

(1)大家来猜猜这是什么民族的衣服？教师出示准备好的图片。

学生交流：这分别是汉族的、藏族的、维吾尔族的、苗族的、满族的。

教师小结：你们怎么一看就知道呀？哦，家乡服装已经成为我们家乡的特色名片了，你们一定还有很多想说的吧？到这里贴上你的物产卡吧！

(2)老师带了一个美食百宝袋，现在就邀请台下小朋友摸一摸、尝一尝吧！

学生抽一个小食品品尝，老师和她(他)互动交流。

教师小结：苏州好吃的可不止这些呢，我们来看看吧！(播放视频《姑苏小食客》)同学们看得忍不住流口水了！快去贴物产卡吧！

(3)出示学校橱窗布置的桃花坞木刻年画的照片，还有苏州皮老虎玩具。

师：接下来谁来介绍呢？看看这是什么？

生：简单描述看到的年画内容，上台玩一玩纸老虎。

教师小结：家乡物产多又多，这些小玩意真有趣。贴物产卡！

3. 同学们刚刚交流了家乡好看的，好吃的，好玩的物产，你的家乡有什么特产呢？看谁的介绍最吸引人？现在请大家带着物产，开始交换吧！

4. 老师想采访一对交换成功的同学。

（1）你为什么最喜欢枸杞啊？

生：营养丰富，你呢？竹编工艺精巧。

师：恭喜你们，交换成功！物产卡贴上黑板！

（2）你再来讲讲，还有同学的家乡物产背后有动人故事吗？（太湖银鱼和西施有关、碧螺春和碧螺姑娘有关……）

师：恭喜你们，交换成功！

小结：同学们带来的家乡物产真丰富啊！（板贴）既有自然风物，又有工艺品，如丝绸、刺绣等。

活动三：息息相关爱物产

1. 人们常说："靠山吃山，靠水吃水"，为什么这样说呢？请看插图。

生：我们喝着家乡的水、吃着家乡的鱼米长大。

师：你说到大家心坎里了，当家乡的山水滋养我们的身体时，我们心中满是感恩！我们来看一个视频。（播放《眷村的味道》）

看了后你有什么想说的？悠悠岁月，挡不住思念，千山万水，隔不断亲情。这就是家乡物产带来的味道。

2. 家乡物产不仅凝聚了情感，（板贴）它们在生活中的作用还有哪些呢？

生：使人民富裕，经济发展。

师：我们再来看视频《苹果脱贫致富》，你看后是什么心情？是啊！当家乡物产成了发展动力时，我们为之骄傲！

家乡物产与我们生活息息相关，真是惹人爱啊！（板贴）

教师总结提升：小朋友们，短短的物产之旅结束了。这节课上，我们不仅对家乡物产多了一份了解，而且增添了一份自豪。家乡的物产养育了我们，就让我们怀着感恩之心，珍爱它们，宣传它们，让更多的人了解我们的家乡物产，了解我们的家乡！下面是活动设计图。

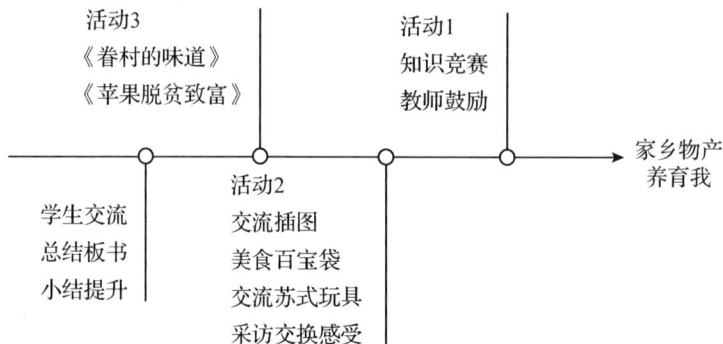

图 3-2 "补充资料，对话交流"教学模型

B 老师教学反思：

我在设计教学时除了利用书上的图片、资料以外，更多的时间和精力都用在引导学生交流我搜集的有关物产的资料上了。而且教材中的内容我也选择性地用了一部分，剩下的内容学生完全可以通过自主阅读掌握。二年级的学生，我没有放手让他们提前准备很多素材，所以课堂交流讨论几乎是被老师带着节奏前行，但与他们的实际生活还是没有多大的联系，由"扶"到"放"，提升学生自主学习探索的能力，将是下一步要努力的方向。

XW 学校的道德与法治老师在集体评课时出现了两种声音：

一部分教师认为这样的课就是我们的常态课，便于实操，老师做好资料收集准备，相机补充。学生也通过课前自己收集资料开阔了眼界，同时也锻炼提高了学生收集、处理信息的能力，这在导入环节时就得到了很好体现。另外一部分教师认为学生虽然只是二年级，但教师应该关注学生课前调查、课后拓展情况，让学生全程参与到活动体验的过程中来，以便更深入地学习。学生体会热爱物产、热爱家乡的情感是难点，通过丰富的直观形象材料、视频，激发学生情感，启发他们思考，这是 B 老师做得较好的地方。但我们的课堂，要着眼核心素养目标的落地，要体现道德与法治的生活性、综合性、实践性，如何解决这些问题呢？为此，结合前两位老师的教学经验，带着问题，C 老师进行了第三次教学实践。

(三)C 老师：小组合作，探究学习(见图 3-3)

C 老师运用"小组合作，探究学习"教学方法，结合 XW 教育集团正在推行的"课程统整"模式，尝试进行"学科间统整"教学。

课前：

1. 明确探究方向和要求将学生分成六组，如下：

第一组 苏帮菜：松鼠鳜鱼、响油鳝糊、酱汁肉、羊糕等

第二组 水乡美食：大闸蟹、鸡头米、太湖野生莲蓬等

第三组 特色小吃：糖粥、梅花糕、采芝斋糖果等

第四组 姑苏传说：即物产背后有一个故事，比如莼鲈之思、青团子、碧螺春等

第五组 手艺苏州：苏灯、苏州玉雕、宋锦等

第六组 苏州名品：绣娘丝绸、檀香扇、桃花坞年画等

2. 每组一个小主题，一起来探究苏州特色物产。完成物产介绍卡片(见图 3-3)。

要求：

(1)要写清物产的名字，简单写上该物产的特点。不会写的字用拼音。

(2)物产的图可以贴、可以画、也可以打印照片。

(3)请务必记得写姓名，我们要做苏州物产展示墙。

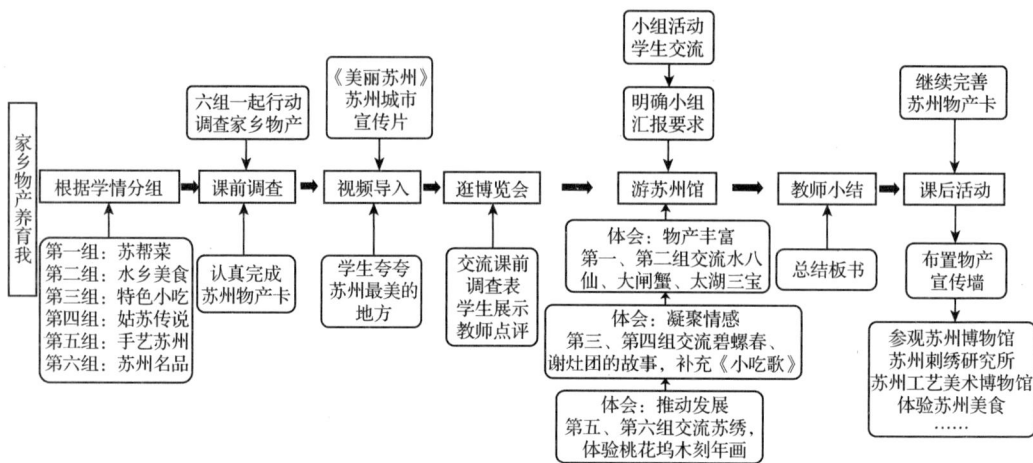

图 3-3 "小组合作，探究学习"教学模型

课上：

活动一：视频导入，激发学生兴趣

1. 同学们，让我们先来欣赏一段城市宣传片——《美丽苏州》。

2. 夸一夸苏州最美地方有哪些，交流《美丽苏州》视频中看到的、自己眼里的美丽苏州。

活动二：逛博览会，体验丰富物产

1. 看，苏州物产博览会开幕啦，这位是我们博览会的小向导苏苏（出示苏苏卡通图）。

2. 家乡的物产多又多！课前我们完成了"我的家乡产什么"的小调查。苏苏想请大家上台展示你的调查成果！

①投影出示学生的课前调查表。

②学生同桌间交流后，上台展示。

总结：大家课前调查可真用心啊，这里也饱含着浓浓的乡土文化啊！

活动三：游苏州馆，热爱苏州物产

1. 苏苏："家乡"是我们生活的地方！苏州物产丰富，是个鱼米之乡。作为 2020 年物产博览会主办地的场馆，参观苏州馆是我们活动的重点内容，请随我走进苏州馆。

2. 苏州馆给我们 XW 学校的学生也提供了一个展台，你想成为小小介绍员吗？出示介绍要求：说清楚"博览会上，我最喜欢的是……因为……"

学生小组活动，组内交流，推选代表。

(一)分享丰富物产

我们先请第一、第二组的成员上台介绍。

水八仙

1. 学生上台具体介绍苏州物产水八仙。（可介绍水八仙的种类、特色等）

2. 谢谢同学们，"春季荸荠夏时藕，秋末慈姑冬芹菜，三到十月茭白鲜，水生四季有蔬菜"，就是苏州鱼米之乡水生物产的真实写照。

阳澄湖大闸蟹

1. 同学们，瞧，这是什么？——阳澄湖大闸蟹。

2. 每逢金风送爽、菊花盛开之时，正是大闸蟹上市的旺季。蘸点醋咬一口，哇，人间美味啊。

太湖三宝

1. 你听，远远传来什么音乐（播放《太湖美》）？

2. 水边芦苇青，水底鱼虾肥。苏州地处太湖之滨，有丰厚的美食资源，银鱼、梅鲚和白虾并称为"太湖三宝"。

总结：我们家乡有这么多丰富的物产，不由得感到生活在苏州，真是太有福气了。

(二)凝聚乡土情感

有请第三、第四组上台介绍。

碧螺春

1. 明前碧螺春清香扑鼻，请观察叶片。

2. 学生介绍碧螺春的故事。

谢灶团

1. 在苏州有这样的习俗：三月青团子，四月十四神仙糕，五月炒肉馅团子，六月二十四谢灶团……

2. 出示谢灶团的图片，学生介绍：大家看，谢灶团外面是糯米粉，里面是红豆沙。吃到嘴里，软滑甜香，冰凉爽口，入口即化，最适合夏季食用。

3. 苏州有自己的节令美食，美食包含着我们对生活的热爱。我们一起来唱唱这首《姑苏小吃名堂多》。

总结：家乡的物产不仅丰富，而且承载着人们浓浓的情感。

(三)推动家乡发展

第五、第六组上台介绍。

苏绣

1. 你们所介绍的这么美丽的苏绣，它是我们苏州传统手工艺品。（出示《岁月如歌》）它出自我们苏州绣娘姚建萍之手，是习近平主席送给英国女王的礼物。看了优秀的苏绣作品，你有什么感受？

2. 是的，多么自豪啊。我们的优秀物产已走出苏州，走向世界了，不仅带来了知名度，而且推动了家乡发展。

过渡：家乡物产需要手艺去传承，也需要我们去保护、宣传。

小组活动：体验桃花坞木刻年画

1. 同学们，这是我们苏州大名鼎鼎的桃花坞木刻年画，观察一下，你有什么发现？（出示桃花坞木刻年画，感受其图形精美、色彩丰富）

2. 今天课上，我们也能动手体验呢。（请央美版画专业的段炼老师指导，学生分组体验单色版画，拓印后装在相框里上台展示，师生相机点评。）

3. 亲手制作的年画可以美化我们的教室。希望同学们关注民间艺术，做苏州桃花坞木刻年画的欣赏者、学习者、保护者、继承者和宣传者。

三、课后拓展，苏州物产宣传

苏州物产多又多，课后采用小组合作的方式，制作"苏州物产卡"（见图 3-4）。用画一画、贴一贴、写一写多种方式，介绍你所喜欢的苏州特产，做成卡片展出，让更多的人爱上苏州！

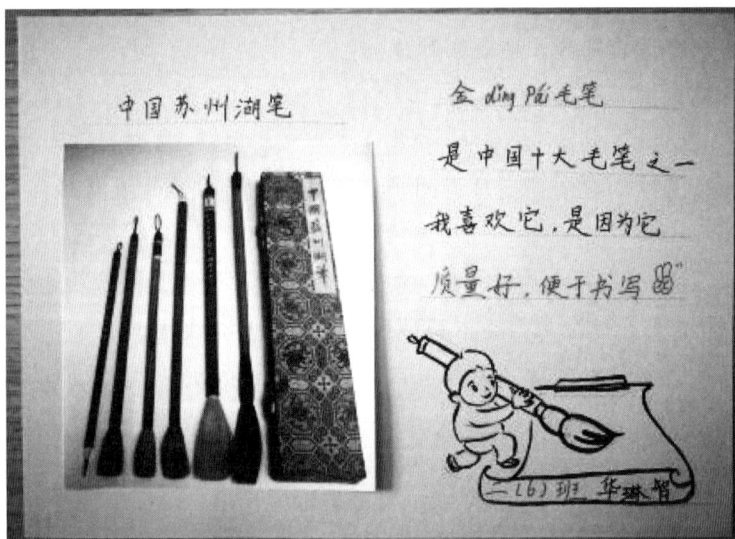

图 3-4　物产卡范例

C 老师教学反思：

二年级学生具有一定的知识积累、学习观察以及动手能力。课前先进行"我的家乡产什么"的小调查，通过观察、了解，以学生已有认知为起点展开教学，提高实效。对于学生来说，家乡的物产往往是一个具体的物象。教师带领学生发掘生活细节，引导学生体验生活，加强与生活的联系。课堂上，教师要充分利用教材范例，增强学生情感体验，引领学生走进更广阔的生活世界。

XW 学校的道德与法治教师课后讨论：

本课例能有效突破重难点，课前调查、课上探究、课后延伸相互促进，博览会上展出各地的特色产品，学生跟随家长在展会上发现家乡的物产，并举行家乡物产博览会。这一活动让学生感受到家乡物产的丰富，通过现实情景的捕捉和再创造，激发学生热爱家乡物产的情感。尤其是课前调查引起了学生足够的重视。课前调查明确了调查目的、调查方法和调查要求。教师在课堂上反馈课前小调查，引导学生感受自己家乡物产的丰富，起到了激发学生热爱生活，喜爱家乡物产的情感。

四、讨论：引导讲授、对话交流和探究学习的效果有何不同？

A、B、C 三位老师都从自身教学理念和经验出发对《家乡物产养育我》第一课时进行了个性化设计。应该说 A 老师以教材为本，以谈话看图为主，这样的课堂缺少参与度。B 老师课前自己收集了很多素材，且让学生查阅了和苏州物产相关的资料，课堂上也引导学生进行了交流讨论，但老师依然是课堂的主导，没有充分体现学生的主体地位。A、B 两位老师的教学方式基本反映了目前道德与法治课的普遍处理方式，尽管老师们有意识地避免机械操练式教学，但这种查找资料、老师提问、学生讨论问答的教学，对提升学生热爱家乡的情感成效甚微。C 老师运用合作探究的方式，尤其是"逛物产博览会"成为本课亮点。一步步层层深入，引导学生通过不同途径，从不同角度，引导学生发现家乡物产的丰富性，符合儿童的学习规律。一般来说，学生所想到的物产，大多集中在美食上，为了让学生感知家乡物产的丰富，并且分析家乡物产与自然环境、当地经济发展的关系，在逛苏州馆时，教师就把教学重点放在美食和手工艺品上，教师还通过苏绣这一苏州物产，介绍苏绣"岁月如歌"被习近平主席作为国礼赠送给英国女王的故事。同时结合 XW 校本课程，体验单色版画，并与桃花坞木刻年画进行比较，感受桃花坞木刻年画图形精美、色彩丰富的特点，让学生逐步加深对家乡物产的喜爱之情，了解到家乡物产对家乡发展的推动作用，激发身为苏州人的认同感和自豪感。

为进一步验证实际教学效果，三位老师分别从所任教的班级中随机选了 7 位学生参加座谈，请他们谈谈本节课的学习收获，节选部分学生体会：

A：A老师介绍了家乡都有哪些好吃的、好玩的、有名的物产，但有些只是让我们观察图片，印象不太深刻。

B：我印象最深的就是B老师带来了采芝斋糖果请我们尝一尝。苏式糖果真的很好吃。

C：B老师让我们班课前收集了有关"家乡物产"的资料，我觉得比书上的内容丰富多了。不过老师课上是以她自己收集的资料为主，没有让我们介绍找到的材料。

D：我们的家乡不仅山美、水美、人美，而且还有丰富的物产资源，今天物产博览会的介绍很精彩。

E：我是特色小吃组的，课前我还特意走访了平江路潘玉麟糖粥店，品尝了糖粥，和店主聊聊。爸爸妈妈很支持我们的课前调查，课后，还会带我去参观苏州博物馆呢。

F：这节道德与法治课比较有趣，课前分组让大家从各个方面一起找资料做调查，课上汇报很精彩，我学到了不少知识。最开心的是，我课前做的物产卡，课后美化升级了一下，现在变成物产介绍墙的一部分，可以向更多人宣传我们苏州的物产了。

G：我们在课堂上介绍苏州碧螺春的传说时，发现同学都听得特别认真。原来碧螺春的得名还和碧螺姑娘有关。我觉得我们组准备充分，老师表扬了我们，同学也觉得我们很厉害。

通过对学生的访谈，笔者了解到学生对课堂教学的期待是"走心""有参与度""认同"。智慧的教学，适合的教育，尤其是活动型综合课程——小学道德与法治课程的实施可以以教科书为主要课程资源，贯穿学段与学科，将学习内容与学生的需求发展紧密结合，多设计培养学生学习能力与兴趣、促进学生核心素养发展的教学方案。我们还可以和美术老师、劳技老师合作，比如将版画专业教师请进课堂，带给我们更专业的指导。学科间课程统整需要表达自身诉求、主动探究与学习，将知识与经验运用到学习与生活之中，更加助力于"走心"道德与法治课堂的构建。

案例思考题

1. 小学道德与法治教材中热爱家乡的教育内容是怎样编排的？如果你来执教热爱家乡这部分内容，那么你会选择什么资源，运用何种方式来进行教育？

2. 简述你对本案例中A老师"依照课本，引导讲授"热爱家乡教育方式的理解。

3. 简述你对本案例中B老师"补充资料，对话交流"热爱家乡教育方式的理解。

4. 简述你对本案例中C老师"小组合作，探究学习"热爱家乡教育方式的理解。

5. 本案例中，A、B、C三位老师热爱家乡教育的教学设计给你带来哪些启示？

案例 4　小学道德与法治爱国主义教育项目化学习

宗海玲　中小学高级教师　徐州市经十路小学

2019 年 11 月，中共中央、国务院印发了《新时代爱国主义教育实施纲要》(以下简称《纲要》)。《纲要》指出："爱国主义是中华民族的民族心、民族魂，是中华民族最重要的精神财富。""爱国主义是中华儿女最自然、最朴素的情感。要坚持从娃娃抓起，着眼固本培元、凝心铸魂，突出思想内涵，强化思想引领，做到润物无声，把基本要求和具体实际结合起来。"同时，《纲要》还指出要培养社会主义的建设者和接班人，首先要培养学生的爱国情怀，充分发挥课堂教学的主渠道作用。教育部 2017 年 8 月发布的《中小学德育工作指南》中也明确指出："小学中高年级要教育和引导学生热爱祖国、热爱人民，了解光荣革命传统；要加强中国历史特别是近现代史教育、革命文化教育、引导学生深入了解中国革命史、中国共产党党史、继承革命传统，传承红色基因。"

2019 年 8 月，中共中央办公厅、国务院办公厅在印发《关于深化新时代学校思想政治理论课改革创新的若干意见》中指出，思政课改革创新的目的与要求是育人为本，立德铸魂。对于如何推动思想政治理论课改革创新，习近平总书记在 2019 年 3 月 18 日全国思想政治理论课教师座谈会讲话中特别提出，思想政治理论课要坚持"八个相统一"：坚持政治性和学理性相统一；坚持价值性和知识性相统一；坚持建设性和批判性相统一；坚持理论性和实践性相统一；坚持统一性和多样性相统一；坚持主导性和主体性相统一；坚持灌输性和启发性相统一；坚持显性教育和隐性教育相统一。习近平总书记的重要讲话精神为小学道德与法治爱国主义教育指明了方向也提出了更高要求。为推进新时代思政课改革，教育部等五部门在 2019 年 10 月印发的《关于加强新时代中小学思想政治理论课教师队伍建设的意见》中强调："积极推进案例式、探究式、体验式、互动式等教学。"《义务教育道德与法治课程标准(2022 年版)》明确规定政治认同、道德修养、法治观念、健全人格、责任意识是小学道德与法治学科核心素养。这些都为小学道德与法治教师进行爱国主义教育方式的改革实践提供了方向性的指导。

S 学校是 F 教育集团下辖的一所新成立的分校。F 教育集团是 J 省实验学校、X 市名校，学校连续十年荣获 X 市教育发展性评估综合奖、教学质量优秀奖、教学管理奖，多项省级课题结题，目前学校正在以项目化学习为抓手，进行一项省前瞻性教学改革实验项目。S 学校办学 5 年来取得了不俗的成绩，顺利通过了 J 省基础教育现代化标准学校验收，被评为 J 省 STEM 项目试点学校样本校、J 省科学教育示范校、X 市依法治校示范校、X 市学讲计划先进校等荣誉。S 学校省特色文化建设工程项目顺利结题，校园环境建设突出，接待数百所学校的同行前来参观学习。目前正在申报一项品格提升工程项目。S 学校道德与法治组由 1 名市级青年名教师 Z 老师牵头，教研组由 2 名高级教师，5 名一级教师，2 名二级教师组成。道德与法治组学习风气浓厚，经常利用教研时间进行理论学习和课例研究。他们坚持以立德树人为己任，注重学生核心素养培育，尝试以项目来加强学生的爱国主义教育。

项目化学习是在对传统机械操练式教学的批判中产生的。对项目化学习的界定，阐述比较详细的是美国巴克教育研究所。项目化学习是指学生在一段时间内，通过研究并应对一个真实的、有吸引力的复杂的问题、课题或挑战，从而掌握重点知识和技能。项目化学习的主要方式是学生合作学习、自主探究，它培养学生批判性思维、问题解决能力、合作和自我管理等技能。项目化学习中，学生是课堂的真正主角。当对学生进行爱国主义教育时，恰当地运用项目化学习，可以促进学生爱国情感的生成与内化。

一、困惑：爱国主义教育方式是否需要改进？

2019 年 5 月，J 省团省委领导到 S 学校开展"三个时代战略性课题"的调研座谈会，参加座谈的是 X 市各县（市）区教师代表，笔者也有幸参加。在谈到爱国主义教育工作如何改进时，一位教师说，让学生反复朗读、背诵、进行机械式强化教学可以立竿见影。笔者听后感到震惊，在课程改革实施多年的今天，怎么还会有这样的论调呢？

一线教师对爱国主义教育的认知究竟怎样？学校爱国主义教育的实施效果如何？为了了解这些情况，S 学校 Z 老师在 X 市市区就道德与法治教材中的爱国主义教育实施情况对部分教师进行了调查，受调查的教师有三种类型：一是参加小学道德与法治教学工作时间不足 5 年的中小学二级教师，二是工作 10 年左右的中小学一级教师，三是工作 15 年左右的中小学高级教师。三类教师的反馈如下：

小学道德与法治教材中直接关系到爱国主义教育的内容集中在五年级上册第三单元"我们的国土我们的国家"和下册第三单元"百年追梦 复兴中华"。这些和历史有关的内容很简单，课堂上让学生读读就可以了。

教材内容比较详细，有利于学生学习，我们要依托教材，培养学生对民族英雄和革命前辈的敬仰，激发他们从小树立奋发有为的爱国志向。

爱国主义是中华民族的民族魂，教学中教师要予以重视。虽然爱国主义教育的内容在道德与法治教材中主要出现在两个单元里，但在平时的教学中都要有意识地培养学生的爱国意识，这对于我国的长治久安、繁荣富强都有着重要作用。

纵观小学道德与法治教材，由于学生的年龄特点，整套教材更倾向于培养学生行为习惯，生活习惯，爱国主义教育的内容虽然不多，但很重要。作为教育者，要予以充分的重视。教学中，教师不能就教材教教材，要挖掘身边的教育素材，比如我们 X 市是淮海战役的主战场，这里有各种纪念馆，有驻 X 市部队，这些都可以引导学生去主动关注和学习。

单纯读教材读资料的教学方法不太好，我们也搞过创新，但是实施起来难度太大了。比方说项目化教学法，它对教师的要求太高了。项目化学习是通过问题引发学生的思考和探索，它要求教师准确地把握项目核心知识并将其转化为驱动性问题。首先是核心知识的确定有一定的难度，把它转化为合适的驱动性问题更是难上加难。项目化学习的实施往往不是一节课所能解决的问题，学生在项目化学习中能得到切实的锻炼，爱国主义情怀能得到内化，但它往往牵扯过多的时间和精力，可能会影响到其他课程内容的学习，而且还会牵扯到家长是否支持等问题，怕是可操作性不强。

从上述访谈中，我们可以看出一线道德与法治教师对爱国主义教育的价值虽有所认识，但教育方式仍以机械操练、问答式教学为主，对生活化德育有一定认识，但大多停留在理论层面，面对实际操作有畏难情绪。当下，社会环境复杂，文化观念多元，互联网特别是社交媒体技术的迅猛发展，给爱国主义教育带来挑战。学生时常会受到来自四面八方各种思潮的冲击。如何用恰当的方式加强对学生的爱国主义教育，引导他们热爱祖国壮丽的河山、悠久的历史、灿烂的文化，了解中国革命史，继承革命传统，关心祖国的前途和命运，努力把爱国之心、报国之志转化为爱国行动，已然成为一线教师无法回避的重要议题。

Z 老师是一位工作二十多年的教师，曾获市小学基本功大赛一等奖，具备较强的教学技能。Z 老师善于教学研究，有多篇道德与法治教研论文在省级期刊发表。作为 S 学校道德与法治的学科带头人，Z 老师在对小学道德与法治教材五年级下册研究中发现："百年追梦 复兴中华"这一单元基本上都是爱国主义教育的内容，可以以《夺取抗日战争和人民解放战争的胜利》这一课来加强对学生的爱国主义教育。

为全面了解小学道德与法治教师对"百年追梦 复兴中华"单元中爱国主义教育的教学意见，Z 老师成立了一个研究小组。该小组由工作两年的 A 老师，参加工作十年取得区比赛课二等奖的 B 老师以及参加工作十五年的 X 市学科带头人 C 老师组成。该小组以第 10 课《夺取抗日战争和人民解放战争的胜利》第二部分"夺取人民解放战争的胜利"为课题，开展了系列教学研讨活动。

研讨问题 1："百年追梦 复兴中华"单元涵盖哪些爱国主义教育内容？落实哪些法治教育内容？

A 老师认为："百年追梦 复兴中华"单元教学中要让学生知道我国遭受过列强侵略

以及中华民族的抗争，敬仰民族英雄和革命先辈，树立奋发有为的爱国志向。知道中国共产党的成立，知道中华人民共和国成立和改革开放以来取得的巨大成就。知道中国人民解放军是保卫祖国、维护和平的重要力量。知道国家主权和我国行政区划。知道武装力量在维护国家主权和领土完整中的作用。

B老师认为："百年追梦 复兴中华"单元教学除上述内容外，还要引导学生整体把握中国近代为了实现中华民族伟大复兴的中国梦的奋斗历程，探究不同阶段、不同人物的不同追梦之路，学习先辈们不怕牺牲，敢于探索具有中国特色社会主义道路的方法，增强学生的爱国情怀。

C老师认为：利用"百年追梦 复兴中华"单元教学加强对学生进行爱国主义教育还要注意如下几点：一是培养学生收集、整理、分析历史信息的能力，二是利用图表等资料表述观点的能力，三是在收集资料、讨论分析中了解中国遭受外国列强欺凌的原因，懂得落后就要挨打的道理。

最后，三位教师都认为"百年追梦 复兴中华"单元主体内容就是爱国主义教育，教材的内容编写体现了直观性与参与性，根据五年级学生的特点，在文字编写基础上安排了大量的插图，这些插图不仅仅是一些图画，还有示意图和大量照片，这有助于学生更好地理解本单元内容，对于培养学生的爱国主义精神具有重要价值。

研讨问题2：教师在教学中应采用什么方式对学生加强爱国主义教育？

经过研讨，大家一致认为"百年追梦 复兴中华"单元对于加强学生的爱国主义教育具有重要的作用。但如何用好教材加强对学生的爱国主义教育？三位教师展开了讨论。

A老师认为：教材内容体现了文字和画面的有机融合，教材中各种精选的图画、照片、示意图、地图和表格等，已经清晰地阐述了学生所应知道的近代历史，教学中可以充分利用课本，依照课本顺序，让学生边读边议，从而对学生进行爱国主义教育。

B老师认为：道德与法治教材是开放性的。开放性势必要求教师和学生补充必要的内容，比如解放战争部分可补充解放区的土地改革、三大战役的有关内容等，通过学习丰富的历史知识来深化学生的爱国主义情感。

C老师认为：教材编写既然体现了新课程理念，那么在教学中我们就应该坚持新课改的理念，教学设计就要贯彻新课标要求，积极开展项目化学习，让学生在活动中加深对祖国的热爱，对英雄的敬仰，对今天生活的珍惜。

二、探索：爱国主义教育方式到底如何设计？

经过商量，三位教师决定以五年级下册第三单元第10课第二部分"夺取人民解放战争的胜利"为教学内容，选择不同教育方式来设计这节课。三位教师均执教五年级，特安排三个平行班级进行教学，以便对教学效果进行比较。

(一)A 老师：依照课本，边读边议(见图 4-1)

1. 导入新课

师：抗日战争结束后，饱受战争苦难的广大人民渴望和平。中国共产党力主和平建国，但是国民党于 1946 年 6 月向中国共产党领导的解放区发动进攻，挑起全面内战。中国共产党领导的中国人民解放军经过三年英勇奋战，迎来了最终胜利。

2. 了解西柏坡

师：西柏坡是河北省的一个小山村，但每年都会有很多人慕名前来参观，这是为什么呢？

学生阅读书中资料：西柏坡，河北省石家庄市的一个小山村。1948 年 5 月，毛泽东率领党中央移驻此地，在这里指挥了辽沈、淮海、平津三大战役，还召开了七届二中全会，为最后的大决战和中华人民共和国的成立奠定了坚实的基础。

3. 感受军民鱼水情

学生阅读书上内容：在革命战争年代，山东沂蒙人民拿出一切可以拿出来的东西给解放军，军民之间凝成超越血肉的亲情，铸就了水乳交融、生死与共的沂蒙精神。沂蒙六姐妹就是其中的代表，她们勇挑重担支援前线，发动全村男女老幼，不分昼夜为部队当向导、送弹药、运粮草、烙煎饼、洗军衣、做军鞋、护理伤病员，还为战士唱歌、做宣传，鼓舞士气，为战争胜利作出了突出贡献。

学生谈感受。

4. 思考：为什么说我们党面临的"赶考"远未结束

全班讨论。

5. 学生齐读书中人民英雄纪念碑上的碑文内容，谈谈自己读后的体会

三年以来，在人民解放战争和人民革命中牺牲的人民英雄们永垂不朽！

三十年以来，在人民解放战争和人民革命中牺牲的人民英雄们永垂不朽！

由此上溯到一千八百四十年，从那时起，为了反对内外敌人，争取民族独立和人民自由幸福，在历次斗争中牺牲的人民英雄们永垂不朽！

6. 师：百年屈辱，百年抗争，我们要永远铭记这段历史，更要记住这些人民英雄！他们靠的是一种信仰，为的是一个理想，孕育成了代代相传的革命精神。

7. 总结本节课所学内容

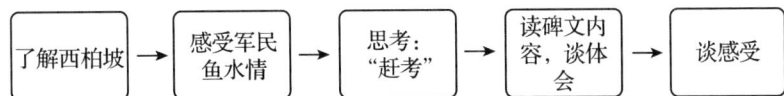

```
┌─────────┐   ┌─────────┐   ┌─────────┐   ┌─────────┐   ┌─────────┐
│了解西柏坡│ → │感受军民  │ → │思考：   │ → │读碑文内 │ → │谈感受   │
│         │   │鱼水情    │   │"赶考"   │   │容，谈体 │   │         │
│         │   │          │   │         │   │会       │   │         │
└─────────┘   └─────────┘   └─────────┘   └─────────┘   └─────────┘
```

图 4-1　"依照课本，边读边议"教学模型

A 教师教学反思：

我教学时依照教材，因为我感觉教材中的照片、问题等很清晰，逻辑性也比较强，适合学生学习。通过本节课的教学，学生能对这段历史有些许了解，知道"人民解放战争"，爱国主义情感得到培养。

不过，我也感觉课堂不够充实，学生好像"没吃饱"似的。我想，这和我对教材、对学情的把握不全面不准确有关吧！

S 学校的道德与法治老师听完课后普遍认为，A 老师的教学虽然有一定的效果，但教学设计没能调动学生学习的积极性，缺乏能力提升和价值引领。教师完全依照教材教学是不太合适的，因为教材编写不可能针对所有学生，以所有学生的社会生活为基础。新课标强调教材的使用必须和学生与社会联系起来，教材仅仅是教学的范例。那如何活用教材，如何和学生的生活相联系，切实提高学生的爱国主义情怀？带着这些问题，B 老师与 C 老师进行了如下尝试。

(二)B 老师：补充资料，小组合作(见图 4-2)

1. 活动一：三大战役

指定一学生读 74 页"西柏坡"资料。

学生小组内交流课前所搜集的有关"三大战役"资料，回答问题：

(1)辽沈战役应先打锦州还是先打长春？

(2)淮海战役中我军制定了怎样的作战方针？为什么要这样打？

(3)平津战役我军制定了怎样的作战方针？这样打的目的是什么？

(4)解放军为什么能用和平的方式解放北平呢？这种和平解放的方式有什么好处？

2. 活动二：军民鱼水情

指定一生读 74 页"沂蒙六姐妹"资料。

学生小组交流课前所搜集的人民支援解放军的资料，回答问题：

(1)这些资料中最令你感动的是什么？请给组员讲讲这个故事。

(2)听了这些真人真事，你有什么体会？为什么人民会支持中国共产党？

3. 活动三：纪念英雄

全班齐读 75 页的"人民英雄纪念碑碑文"。

学生小组交流课前所搜集的有关抗日战争和人民解放战争中的英雄故事。

了解了先烈的革命故事，你想说些什么？

4. 总结提升

你认为人民解放战争胜利的主要原因是什么？

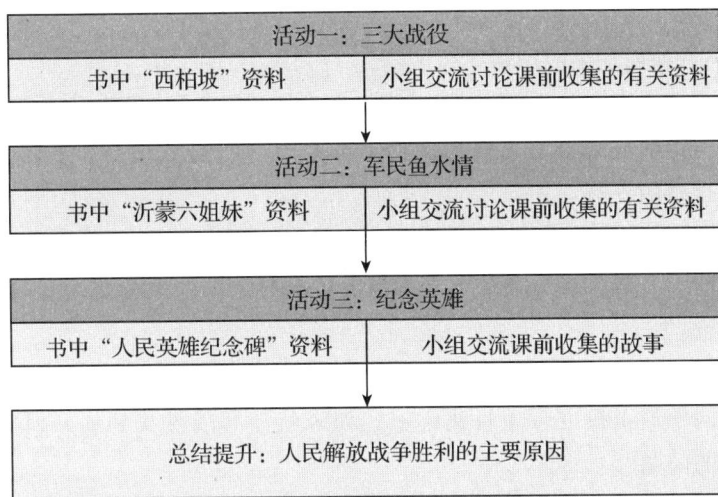

图 4-2　"补充资料，小组合作"教学模型

B 教师教学反思：

我在设计教学时除了利用书上的图片、资料外，更多的时间和精力用在引导学生交流课前搜集到的有关资料，作为对教材的补充。教材中的内容我也选择性地用了一部分，剩下的内容学生完全可以通过自主阅读掌握。教材关于解放战争的内容较少，有关"三大战役""人民支前""英雄故事"学生查找了大量的历史材料，通过课堂上的小组交流讨论、全班交流等环节，学生能较全面地了解解放战争，加深了学生对中国共产党的认识，增进了爱国情怀。但我感到学生的学习积极性还需要进一步调动。虽然他们课前搜集资料、课堂交流讨论很积极，但这些与他们的实际生活还是有较大距离。

S 学校的道德与法治教师在集体评课时出现了不同的声音，一部分教师认为这样的课实用又易操作，既利用了教材又补充了大量的资料，体现了"用教材教"而不是"教教材"的理念，而且补充的资料大多来自学生，学生通过搜集资料开阔了眼界，增进了爱国情感，提高了他们收集信息、处理信息的能力。另外一部分教师却认为这样的课着力点仍然是知识，核心素养目标的落地还是有问题的，没有体现道德与法治的实践性和生活性特点，那如何解决这些问题呢？项目组的 C 老师进行了如下实践。

(三)C 老师：项目化学习(见图 4-3)

C 老师运用新课标所提倡的项目化学习方法，结合 F 教育集团正在推行的项目化学习方法，引导学生设计驱动性问题，将学生分成不同学习小组，开展项目探究。

1. 课前

学生自读课本 74、75 页；教师带领学生参观 X 市"淮海战役烈士纪念馆(塔)"。

2．课堂

（1）回顾，谈谈前期学习所得。

师：通过自读课本和参观"淮海战役烈士纪念馆（塔）"，大家有什么感受？

生：我知道了解放战争的大概情况，觉得中国共产党是热爱和平的，解放战争的胜利离不开老百姓的支持。

生：参观"淮海战役烈士纪念馆（塔）"时，通过导游的讲解，我知道了淮海战役是解放战争时期的三大战役之一，是三大战役中以少胜多的经典战役，是持续时间最长，最为激烈的战役。

（2）讨论，生成驱动性问题。

师：目前同学们正在进行项目化学习，如果就淮海战役我们展开研究，那么你准备研究哪方面的问题？

学生讨论，教师引导学生提出驱动性问题：淮海战役中解放军是如何"以少胜多"的？

（3）分组，自愿选择活动小组。

师：围绕这一项目化学习主题，我们可以具体进行哪些研究呢？

经过讨论、归纳，列出以下五项内容，作为本次活动的子课题。

①战役进程研究　　②将领和英雄研究

③人民支前研究　　④双方装备研究

⑤周围同学对淮海战役了解程度的调查研究

学生根据自己的兴趣，自愿选择活动小组，推选小组长。

（4）制定项目研究方案。

每小组制定项目研究方案。方案主要由小组成员共同商讨、拟定。具体分解任务，使得每个组员都有事可做。教师对于有困难的小组进行帮助。

3．各项目组按活动计划进行实践活动两周。

以下是各组活动内容：

第一周

（1）战役进程项目组：查阅书籍和互联网，了解淮海战役的进程、结果，了解几个著名的战役；利用周末，在家长带领下到附近的其他战役遗址参观，寻找战争痕迹，探究淮海战役"以少胜多"的原因，如位于江苏省邳州市的淮海战役碾庄圩战役纪念馆。

（2）将领和英雄项目组：通过搜索网页、查阅书籍、观看影视作品，了解淮海战役中将领和英雄的事迹；通过采访原坦克二师师长、十二军副军长金正新少将以及其他参与淮海战役的老前辈，进一步走近英雄，感知淮海战役"以少胜多"的原因。

（3）人民支前项目组：通过仔细参观淮海战役纪念馆的二层"人民支前"部分，理解"淮海战役的胜利，是人民群众用小推车推出来的"；通过查阅资料进一步深入了解人民群众对人民解放军的无私援助，以及对战役胜利做出的巨大贡献，知道这是淮海战役"以少胜多"的一个重要原因；了解支前过程中涌现出来的可歌可泣的感人故事。

（4）双方装备项目组：通过淮海战役纪念馆中的展览介绍，了解国共双方的武器装备；通过书籍、网络等了解双方在装备上的差距，进而对这场实力悬殊的战役有更为清晰的认识；多种渠道搜集双方装备的图片和视频。

（5）问卷调查项目组：通过参观淮海战役纪念馆(塔)（见图 4-4、图 4-5）、查阅资料和咨询家长等，了解淮海战役的整体情况；针对 S 校中高年级学生制作调查问卷；发放问卷，回收问卷，分析问卷；提出方便广大学生和人民群众了解淮海战役的可行性建议。

第二周（图 4-3）

（1）战役进程项目组：展示战役进程图，简单介绍战役进程的三个阶段；重点介绍碾庄圩战役，展示参观碾庄战役的图片（见图 4-6），谈项目化学习后的感受，根据自己的研究分析"以少胜多"的原因。

（2）将领和英雄项目组：成员分别介绍自己研究的人物，有解放军的将领，也有国民党部队的将领；视频播放采访原坦克二师师长、十二军副军长金正新少将的剪辑（见图 4-7），谈采访感受；从将领角度分析淮海战役"以少胜多"的原因。

（3）人民支前项目组：出示陈毅的名言——"淮海战役的胜利，是人民群众用小车推出来的。"介绍小推车。出示并齐诵支前民谣："一条扁担两头弯，千里遥远来支前。一头挑的是白面，一头挑的是炮弹。白面送给同志吃，送上炮弹打坏蛋。"带扁担到教室，以装满书的书包充当支前物品，当堂体验挑扁担的不易。PPT 展示支前物品，介绍人民群众支援前线对淮海战役胜利做出的重要贡献，讲述支前英雄唐和恩的故事，观看有关电影剪辑片段。出示人民群众投入物资的种类及数量表格，谈谈对淮海战役"以少胜多"的研究所得。

（4）双方装备项目组：出示双方装备对比图，讲述国共双方在装备上的巨大差距，如解放军的"没良心炮"，国民党军的飞机坦克。PPT 展示有代表性的双方装备图。讲述和装备有关的小故事。

图 4-3   "项目化学习"教学模型

(5)问卷调查项目组：出示问卷内容，介绍如何制作、发放、回收并分析调查问卷，介绍问卷分析的结果，提出合理化建议。

(6)讨论：淮海战役中解放军"以少胜多"的原因是什么？

图 4-4　全班同学参观淮海战役纪念塔

图 4-5　双方装备项目组参观淮海战役纪念塔

图 4-6　战役进程项目组参观碾庄圩战斗纪念馆

图 4-7　将领和英雄项目组采访金正新少将

C 老师教学反思：

本次项目化学习以核心知识为统领，以驱动性问题为抓手，学生分为 5 个小组进行探究，通过查阅、参观、采访、问卷、分析等学习活动，学生在汇报课上所展现出来的状态是让人震惊的，他们不仅对淮海战役的过程有了比较清晰的了解，对英雄们身上的革命精神深刻认同，爱国情感得到升华，而且他们的合作能力、沟通能力、分析能力、创造性解决问题的能力都得到大幅提升。

虽然这一课比教学参考书上的要求多用了 1 课时，但学生得到的成长是让人欣慰的。学生虽然只深入学习了"淮海战役"这一点，其他内容为自学，但项目化学习激起了他们对解放战争研究的兴趣，这是最重要的。本次项目化学习并没有影响其他课程的学习，反而激发了学生的学习兴趣，提升了他们的学习信心，从而促进了其他课程的学习。家长们也都支持这样的学习，战役进程组的家长带着孩子驱车远赴百里之外参观碾庄圩战斗纪念馆；将领英雄组的家长带着孩子到部队干休所采访金正新少将。家长们纷纷表示，孩子在这样的活动中能学到书本上没有的知识和素养。

S 学校的道德与法治教师在课后讨论中认为，本次项目化学习注重学生核心素养的培养，符合新课程的理念。C 老师拉近了教学内容和学生生活的距离，驱动性问题的设计激起了学生的兴趣，调动了学生学习的积极性。教材中本课内容点多面广，C 老师以学生的社会生活为基础，在面上选点，在点上深入，利用发生在学生身边的历史"淮海战役"，让学生用自己的心灵去感受，用自己的方式去研究，学生通过采访战役亲历者、参观纪念馆等方式真正走进历史，体验了历史的真实感，深刻地感悟了革命精神，提升了爱国情怀。

三、讨论：项目化学习与问答式教学效果有何不同？

A、B、C 三位教师都从自身教学理念和经验出发，对"夺取人民解放战争的胜利"这节课进行了个性化设计。应该说 A 教师依托书本，阅读教材，让学生谈感受。B 教师课前让学生查阅了大量的资料，课堂上也引导学生进行了归纳分析，但由于这段历史距离学生生活较远，学生很难自发生成爱国情感。A、B 两位教师的教学方式基本反映了目前道德与法治教学现状，尽管教师们有意识地避免机械操练式教学，但这种查找资料、教师提问学生讨论回答的教学，对提升学生的爱国主义情感收效甚微。C 教师运用项目化学习的方式，通过创建真实的驱动性问题，用高阶学习引发学生主动学习与积极思维，项目化学习指向学生核心素养目标的落实，激发了学生的学习兴趣，在实践探究、小组探讨和班级汇报中，革命情怀和爱国情感得到培养，报国之志得到激发。

为进一步验证实际教学效果，三位教师分别从所任教的班级中随机选 5 位学生参加座谈，请他们谈谈本节课的收获，节选部分学生体会：

A 生：我感觉齐读"人民英雄纪念碑碑文"很有气势，也觉得这些牺牲的英雄很伟大。

B 生：山东沂蒙人民把一切都送给解放军的故事让我很感动，觉得他们也是英雄。不过，解放战争究竟怎么打的、过程怎样，我还不知道。

C 生：老师让我们班课前搜集了大量的有关"三大战役"的资料，我觉得比书上的内容丰富多了。不过老师课堂上提出的问题挺难，我们回答得不好。

D 生：先烈们的故事是挺让我感动的，但这些故事都是从书上、网络上看到的，不知道是否都是真实发生的。

E 生：我是战役进程项目组的，我们参观碾庄圩战斗纪念馆时，通过 3D 技术感受了战争的惨烈；我们还亲自推了小推车，它可不好推了，控制不住把儿就会把自己给带倒，可见老百姓给解放军送东西是多么不容易。

F 生：我是将领和英雄项目组的，我们在部队干休所采访了金正新爷爷，他参加了抗日战争和解放战争。金爷爷给我们讲了他受伤的经过，现在他的体内还留有弹片；他还给我们讲了他是怎样从死人堆里爬出来的，讲了他和战友的情义，讲了淮海战役纪念塔的由来和建设过程等，很多东西是书上、网络上都看不到的。我们也感到原来书上的那些故事都是真的，战争比电视上演得还要惨烈。

G生：我们在课堂上讨论解放军以少胜多的原因时，发言都特别积极，我觉得我们组准备充分，结果发现每个组都有说不完的话，大家都有理有据，让我印象深刻。我挺喜欢这样的道德与法治课，觉得自己有收获，得到了锻炼，学到了很多。

通过对学生的访谈，Z老师知道学生对课堂教学的评价尽管有些幼稚、片面，但从中还是能发现他们所期待的课堂模样。爱国主义教育是道德与法治课程中的重要组成部分，不能仅仅读读课本、问问答答就了事，更不能把这部分当作可有可无的，道德与法治教师要不断创新教育教学方法，结合学生实际，充分发挥学生的主体作用，将小学生的爱国主义教育落到实处。

小学道德与法治课程中爱国主义教育方式是选择"问答式教学"还是"项目化学习"，其背后是不同教育理念使然。S学校Z老师教研团队的三位老师，他们对爱国主义教育分别采用了"依照课本，边读边议""补充资料，小组合作""项目化学习"的教学设计，呈现了三种不同样态的爱国主义教育课。小学道德与法治爱国主义教育方式要不要改进？如何改进更有效？"问答式教学"与"项目化学习"哪一种方式更好？这些探讨一定程度上丰富了道德与法治课程教学理论，也提升了S学校道德与法治教师的教学能力和研究素养，当然研究并没有结束，一切才刚刚开始。就"问答式教学"与"项目化学习"来说，它们也并不截然对立，"项目化学习"也要用到问答。就本案例中的"项目化学习"来说，核心知识的确定和驱动性问题的设计也许还都不够准确。爱国主义教育中的项目化学习如何确定核心知识？如何寻找概念或能力？设计驱动性问题需要遵循哪些原则，有没有具体的策略？这些都值得我们进一步探讨。

案例思考题

1. 小学道德与法治爱国主义教育内容在教材中是怎样编排的？如果让你来执教爱国主义教育内容，那么你会选择什么内容，运用何种方式来进行教育？

2. 阅读本案例，简述你对本案例中A老师"依照课本，边读边议"爱国主义教育方式的理解。

3. 阅读本案例，简述你对本案例中B老师"补充资料，小组合作"爱国主义教育方式的理解。

4. 阅读本案例，简述你对本案例中C老师"项目化学习"爱国主义教育方式的理解。

5. 本案例中，A、B、C三位教师爱国主义教育的教学设计给你带来哪些启示？

案例 5　小学道德与法治"智慧德育"的实践探索

王小倩　江苏省特级教师　徐州市云龙小学

2019 年 8 月，中共中央办公厅、国务院办公厅印发《关于深化新时代学校思想政治理论课改革创新的若干意见》提出，思想政治理论课要"坚持守正和创新相统一，落实新时代思政课改革创新要求，不断增强思政课的思想性、理论性和亲和力、针对性"。要"坚持问题导向和目标导向相结合，注重推动思政课建设内涵式发展，全面提升学生思想政治理论素养，实现知、情、意、行的统一"。并指出"小学阶段重在启蒙道德情感，引导学生形成爱党、爱国、爱社会主义、爱人民、爱集体的情感，具有做社会主义建设者和接班人的美好愿望"。

教育部等五部门于 2019 年 10 月印发《关于加强新时代中小学思想政治理论课教师队伍建设的意见》，其中强调指出：完善中小学思政课教师教学改革激励机制。鼓励中小学思政课教师加强对学生成长规律和教学改革的研究，积极推进案例式、探究式、体验式、互动式等教学，树立教学改革标兵。

2020 年第 17 期《求是》杂志刊发了习近平总书记的重要文章《思政课是落实立德树人根本任务的关键课程》，文章强调：思政课是落实立德树人根本任务的关键课程。思维要新，学会用辩证唯物主义和历史唯物主义理论，创新课堂教学，给学生深刻的学习体验，引导学生树立正确的理想信念、学会正确的思维方法。2020 年 10 月，中共中央、国务院印发了《深化新时代教育评价改革总体方案》，其中明确提出：完善立德树人体制机制，扭转不科学的教育评价导向，坚决克服唯分数、唯升学、唯文凭、唯论文、唯帽子的顽瘴痼疾，提高教育治理能力和水平，加快推进教育现代化、建设教育强国、办好人民满意的教育，强调完善德育评价。《义务教育道德与法治课程标准（2022 年版）》明确规定："旨在提升学生思想政治素质、道德修养、法治素养和人格修养等，增强学生做中国人的志气、骨气、底气，为培养以实现中华民族伟大复兴为己任的有理想、有本领、有担当的时代新人打下牢固的思想根基。"

以上重要文件，明确了小学道德与法治课程在落实立德树人根本任务中的关键作用，强调了小学道德与法治教学改革创新的重要性与紧迫性，为小学道德与法治教师明确培养任务、提升个人素养、革新育人理念、实施教学改革，提供了纲领性和方向性的指导意见。

W 小学道德与法治名师工作室成立于 2015 年，2019 年被选为市级名师工作室、市劳模创新工作室。工作室致力于培养"政治思想坚定、教育情怀深厚、专业能力过硬"的优秀道德与法治教师，形成"特级教师挂帅＋领导行政推动＋教研人员协作＋骨干教师深植"的研训机制，近四年开展市级研训 50 余场，培训道德与法治骨干教师近万人。工作室积极帮扶薄弱校以及村小，积极带动周边小学道德与法治教师队伍建设，为 X 市道德与法治教师队伍建设做出较大贡献。W 小学道德与法治名师工作室由省特级教师牵头，工作室由 6 名高级教师、3 名一级教师、1 名二级教师组成，其中市级学科带头人 4 人，区级学科带头人 3 人，是一支政治素养过硬、研究能力超强的道德与法治骨干教师队伍。他们在"智慧德育"教学主张的引领下，扎根课堂教学，坚持教学改革，实现课程实施革新、学生道德情操深植、道德与法治教师队伍成长"三位一体"。

"智慧德育"是指教师用智慧的方式培育、发展学生道德智慧的德育范式。道德智慧在中国传统文化中是指人赖以安身立命的精神家园，是对善的哲学追问，是对人生之道，人际之和，人格理想，与人生哲学问题的思索与把握的能力。"智慧德育"培养教师和学生的实践智慧，生命智慧。"智慧德育"，传承了中国古代圣人贤哲，将求善求真，求德与修行融通为一体的传统价值观；呼应了义务教育道德与法治课程标准中，创新道德与法治教学方法，立德树人，以德启智，德智合一的育人思想；锻炼了小学道德与法治教师队伍，提升了小学道德与法治教师的教学智慧，打造了一支"政治强、情怀深、思维新、视野广、自律严、人格正"素质优良的新时代小学道德与法治教师队伍。

一、小学道德与法治课程因何倡导"智慧德育"？

随着新课改的深入，小学道德与法治课程的整体面貌有了新变化，但是，在表面"繁荣"的背后，教学效果还不理想，道德与法治的魅力与活力有待激发，因此，我们要用"智慧德育"理念引领道德与法治的教学改革，用智慧的方式组织道德与法治的教学，培养有教学智慧的道德与法治教师和有道德智慧的学生。

为了解当下小学道德与法治的教学实际情况，工作室的教师分别选取了市区百年老校、新建校、城郊薄弱校及村小的三至六年级班级，实地听了 50 余节道德与法治课，总结了当下小学道德与法治的共性问题：

A 老师认为：道德智慧的核心要素与"恰当地处理人与自然、人与社会、人与自己之间关系的综合意识与能力"是一致的。

B 老师：当下的小学道德与法治远离儿童的生活。小学道德与法治课堂的生活指的是儿童的生活，而非成人的生活，儿童虽然和成人共同生活在"同一片蓝天下"，但是用儿童的眼睛观察到的，用儿童的心灵感受到的，与成人不尽相同，儿童的生活世界与成人的生活世界也截然不同。小学道德与法治教师要深刻地理解这一点，在教学中要从儿童视角出发，以儿童生活为背景来设计教学。在本次听课中，还是感觉到大多数道德与法治课是成人文化背景、成人逻辑思维导向，课堂上教师"苦口婆心"，学生"心不在焉"，耗时低效。

C 老师：当下的小学道德与法治的讲解灌输教学方式急需转变。听了几个阶段的课，发现有部分教师不知道如何指导学生进行小学道德与法治课程学习，课堂上教师口若悬河地讲解，学生被动接受，学习过程也被记诵名言警句、完成习题、朗读课文、填空等代替，缺乏情境创设、缺乏灵活多样的教学组织形式，缺乏探究和创造性的思考。学生学到的只不过是道德知识，没有情感的触动，没有思考内省，很难形成正确的价值观。"空壳化"的课堂只能造就"空心"的学生。

D 老师：教学活动设计"热闹"有余，实效不足。道德与法治课程要"活动化"，要让学生动起来已成为教师们的共识，为了体现"活动化"，教师在课上设计了很多活动环节。但是在听课中我发现很多活动仅仅是形式上的热闹、花哨，效果却不佳。分析原因有三：第一，活动目标不明确；第二，很多活动不深入、浅尝辄止，达不到教育效果；第三，活动缺乏组织，课堂秩序混乱，无法保证学习效果。

从以上讨论中，我们可以看出，现行道德与法治课堂仍然存在重知识记忆、轻价值引领，重技能训练、轻情感熏陶，重灌输讲解、轻启发引导，重教材解读、轻生活体验，重成人经验、轻儿童视角的问题。

为了全面提升小学道德与法治课堂的教学实效，深化道德与法治课程教学改革，实施"智慧德育"，W 小学道德与法治名师工作室的教师组成研究小组，以四年级下册第三单元第 9 课《生活离不开他们》为案例，开展了系列教学研讨活动。

研讨问题一："智慧德育"与道德与法治课程之间有何逻辑联系？

A 老师认为：道德与法治旨在培养学生的道德智慧，而智慧德育以培养学生道德智慧为己任，为道德与法治课程实现育人目标提供实践路径。

B 老师认为：道德与法治需要智慧的教育过程。道德与法治课程注重培养学生在体验、探究的过程中创造性地解决问题的能力，强调知行合一。教师要结合学生生活实际，创造性地设计教学过程，激发学生的道德情感，形成道德认识，修正道德行为，提升道德境界。

C 老师认为：道德与法治教学需要智慧教师。在德育实践中教师首先要转变角色，从教学的执行者转变为学生道德生长的启发者、陪伴者、引导者，拉近与学生的距离，走进学生的心灵，增强与学生之间的情感交流，激励学生主动参与德育活动，主动反思、主动建构，在平等对话中实现德育目的。

通过讨论，研究小组的老师统一了认识："智慧德育"这一主张将课程、生活、学生、教师四者有机统一，智慧的道德与法治教师通过充满智慧的教学过程培养学生参与社会生活的实践智慧。

研讨问题二："智慧德育"引领下的道德与法治课堂有哪些特点？

A 老师认为："真实"是"智慧德育"引领下道德与法治课堂的首要特性。道德根植于生活中，"智慧德育"解决的是学生生活情境中的真实问题。小学道德与法治课堂要引导学生走进生活，认识生活，反思生活。

B 老师认为："践行"是"智慧德育"引领下道德与法治课堂的又一特性。"智慧德育"是对人的精神世界进行改造，内化于心、外化于行的实践性极强的活动，因此，践行性是"智慧德育"的重要特性。践行性包含两方面，一是经历体验，道德智慧是在人生经历体验的基础上升华出来的；二是反思践行，道德境界的提升在于将道德知识付诸行动，不断修正自己的行为，通过内省改过迁善。

C 老师认为："创新"也是"智慧德育"引领下道德与法治课堂的重要特性。创新能使道德与法治课程保持活力与魅力。"智慧德育"要求教师摒弃循旧僵化的教学方式，不断创新德育模式和方法，创造性地开展道德教育，让学生在愉悦生动的学习过程中培育道德。

二、小学道德与法治课程如何实施"智慧德育"？

研讨进入实践阶段，W 小学道德与法治名师工作室选派 L 老师、Y 老师、Z 老师作为执教者，以四年级下册第三单元第 9 课《生活离不开他们》为教学内容，通过三轮试教三轮研讨的方式，探索"智慧德育"的实施方式与路径。

(一)第一次试教，执教者 L 老师(理性辨析＋想象拓展)

活动一：认识劳动者

1. 看录像材料说一说：在一天的生活中，哪些劳动者为张明和他的家人提供了服务和方便？（录像呈现的劳动者：公交车驾驶员、商场工作人员、餐馆厨师）

2. 讨论如果缺少了这些劳动者，我们的生活会受到怎样的影响？

活动二：理解劳动者

1. 阅读教材"阅读角"交流：介绍一下自己的爸爸妈妈所从事的职业，他们为大家提供了什么样的服务？

2. 辩一辩：

小芳对小阳说："我的爸爸是大公司的高级管理人员，好多人都听他的指挥，张华的爸爸没法比，他只是进城务工人员。"

你赞同小芳的观点吗？如果不赞成，该如何反驳她的观点呢？

活动三：感谢劳动者

1. 体验劳动者的艰辛。

厨师为了让大家吃上美味的饭菜，常常持锅翻炒，这个看似简单的动作，他们每天至少要重复上千次，请你模拟这个动作持续两分钟以上。

2. 谈谈你参与体验活动后的感受。

3. 拓展体验。

假如我是厨师，到了深夜还在给顾客做饭菜，那又是一种什么感受？

假如我是快递员，在烈日炎炎下还在送快递，那又是一种什么感受？

4. 想一想：自己在生活中应该怎样去尊重和感谢劳动者。

L 老师教学反思：

本节课的教学目标是引导学生认识到生活离不开各行各业的劳动者，体会不同职业给我们的生活带来的便利；各行各业劳动者没有高低贵贱之分；学会感恩劳动者，树立正确的职业观。课前我搜集了大量不同行业劳动者的资料，想通过丰富的素材引导学生认识劳动者，思考劳动者与我们生活的关系，激发学生的感恩之情。但是教学的过程却气氛沉闷，谈感受时学生或者人云亦云，或者泛泛而谈，对劳动者的感受用得最多的词是"很辛苦"。应该怎么去尊重和感谢劳动者？学生只会说"谢谢他们"，说不出来具体的做法。体验厨师工作的环节，很多学生笑场，没实现预想的体验效果。

W 小学道德与法治名师工作室的老师就 L 老师执教的这一课展开了研讨。大家都认为，这一课目标清晰，能够紧紧围绕"了解各行各业的劳动者，体验各行各业劳动者的艰辛，懂得应该尊重普通劳动者"这一目标展开，"认识劳动者""理解劳动者""感谢劳动者"三个板块清晰。但是本节课偏重知识获得，凸显了"知识教学的逻辑"，忽略了"学生的生活逻辑"，说教痕迹严重，背离"智慧德育"的初衷，未达成教学目标。其表现有两点：一是所用教学素材照搬教材，远离学生的生活，学生仅仅是"旁观者"，无法感同身受。二是活动设计缺乏深度，流于形式。尤其"体验厨师环节"是失败的，由于体验情境的创设不够"真实"，整个过程仿佛玩游戏一般，缺乏严肃性，不能触动学生心灵。想象拓展中的"假如……"距离学生较远，不能激发学生的探究热情，学生无所得也就失去了体验的意义。

大家依据本次讨论的思路，合作修改了教案，由 Y 老师进行第二次试教。

（二）第二次试教，执教者 Y 老师（生活特例＋情境体验）

活动一：疫情下的劳动者

1. 播放视频《2020 春天的坚守》。

2. 交流讨论新冠肺炎疫情期间，有哪些劳动者坚守岗位。

3. 小调查：疫情期间，虽然我们待在家中，但我们仍然每天都会接收到来自各行各业劳动者的服务。你知道这些劳动者的具体劳动内容吗？他们的劳动与我们日常生活有什么关系呢？如果没有他们，疫情期间我们的生活将会受到怎样的影响呢？

我身边的"逆行者"	劳动的具体内容	与我们生活的关系

活动二：我身边的劳动者

我们的父母和其他亲人也是劳动者中的一员，介绍一下自己的父母是做什么工作的？疫情期间他们为人们提供了哪些服务？

职业名称	工作单位
爸爸	
妈妈	
……	

活动三：致敬劳动者

1. 辩一辩：小芳对小阳说："我的爸爸是大公司的高级管理人员，好多人都听他的指挥，张华的爸爸没法比，他只是进城务工人员。"你赞同小芳的观点吗？如果不赞同，该如何反驳她的观点呢？理解无论从事什么职业，只是分工不同，没有高低贵贱之分。

2. 体验活动：戴上 N95 口罩，穿上防护服，戴上橡胶手套，从一楼上到三楼，再回到教室，体验一下疫情期间护士的辛苦。

3. 谈谈你参与体验活动后的感受。

4. 想一想自己在生活中应该怎么去尊重和感谢劳动者。

Y 老师的教学反思：

"解决真实生活中的真实问题"是"智慧德育"的重要特性。这里的生活强调的是儿童的生活，因此，本课我选择了当下学生最关注的新冠疫情中的劳动者为主要的教学资源，引导学生通过调查、采访等方式，了解这些劳动者的职业内容与特点，感受他们为了保障人民生活选择"逆行"和拼搏的奉献精神。这些勇敢的"逆行者"，有的是学生的父母家人、有的是和学生生活密切相关的快递小哥、社区服务者，还有抗疫一线的医生护士……这些都是学生生活中真实的人，真实的事，交流的时候学生有话可说，有情可抒，讲到动人之处，有些学生还流下了感动的泪水。体验疫情期间护士的穿着这一环节，尽管只有短短五分钟，但学生的体会很深，穿防护服感觉热、戴 N95 口罩感觉憋气、戴橡胶手套感觉潮湿，谈感受的时候，学生的表达很丰富，情感很真挚，对抗疫期间医护人员的无私付出，感佩万分。

对于 Y 老师的课，W 小学道德与法治名师工作室的老师有不同的意见，一部分教师认为这一节课非常成功，教师选用了当下生活中最突出的事件切入延展，引导学生发现其中动人的人、事，触动学生情感，形成正确的价值观，升华道德境界。另一部分老师认为这节课是失败的。原因有二，一是 L 老师的课窄化了本课的教学内容与目标。"智慧德育"讨论的是学生在日常生活中如何处理遇到的生活问题，如何融通自我、他人、社会、自然之间的关系，这里的生活强调的是"日常"生活，而疫情期间的生活是特殊情况下的"特殊"生活。L 老师的课所选资源几乎都是与疫情相关的，这必然会使学生出现认识误区：疫情期间的抗疫者才是劳动者，像抗疫英雄那样的劳动者才值得尊重。其实更多的劳动者是日常生活中平凡的人，他们所做的事也是平凡的事。二是"智慧德育"重在践行，让学生在实践中做出价值选择，形成价值标准。而本节课的导行环节依然过于简单，缺乏层层深入的引导，也缺乏课后的导行延伸。

Z 老师听取并吸收了工作室老师们的意见，修改教案后进行了第三次试教。

(三)第三次试教，执教者 Z 老师(生活情境＋情感体验＋实践导行)

活动一：我身边的劳动者

1. 播放视频《彭城十二时辰》，展现城市里每一个时辰的劳动者，环卫工人、送奶员、公交司机、交警、早点厨师、线路检修员……

2. 交流讨论你在视频中看到了哪些劳动者，他们做着怎样的工作。

3. 小调查：

我们的父母和其他亲人也是劳动者中的一员，介绍一下自己的父母是做什么工作的。他们为人们提供了哪些服务？（课前做好调查，收集或拍摄相关图片课上展示）

人物	职业名称	工作内容
爸爸		
妈妈		
……		

活动二：我心中的最美劳动者

1. 介绍你心中的最美劳动者，说清楚理由。（深入理解人们之间的互助互惠关系）

2. 体验活动：戴上 N95 口罩，穿上防护服，戴上橡胶手套，从一楼上到三楼，再回到教室，体验一下疫情期间护士的辛苦。谈谈你参与体验活动后的感受。

活动二：电话连线最美劳动者

1. 电话连线抗疫英雄王护士，采访王护士，了解劳动者服务他人所付出的辛苦。

2. 电话连线地铁控制员×××，了解他们的劳动及感受，体会他们的奉献精神。

3. 电话连线建筑工程师×××，了解他们的劳动感受，体会他们辛勤工作，以及为人们创造美好生活的愉悦。

活动四：用行动感谢他们的劳动

1. 导行：用实际行动来感谢他们的劳动。

图片示例 1　餐厅服务员为我们服务时……

图片示例 2　吃完口香糖，为了不给清洁工人添麻烦，我会……

图片示例 3　在超市购物，为了不给售货员添麻烦，我会……

2. 想一想我们在生活中还能怎样尊重和感谢劳动者，小组内交流一下，做成爱心卡片，贴在班级的爱心树上互相激励。

Z 老师教学反思：

教学伊始，播放视频《彭城十二时辰》，视频选取的是学生熟悉的城市、熟悉的街道，熟悉的环境，熟悉的人与事，引起学生的共鸣，让学生有了亲身经历感。父母也是众多劳动者中的一员，小调查让学生了解父母的工作，并引导学生深入了解一部分劳动者的辛勤工作。介绍最美劳动者，帮助学生发现人们之间的互助互惠关系。最后的导行，教师创设了具体的生活情境，指导学生遇到具体事情该如何处理，学生在情境中思考、实践，内化了道德知识，形成了道德能力，生长了道德智慧。

W 小学道德与法治名师工作室的教师课后讨论认为，这节课的教学设计能够看出教师的教学智慧，教学中注重学生的体验，让学生在体验中亲历、在体验中感悟，在体验中增长解决问题的才干。教师注重活动的教育性，引导学生用调查、讨论、交流、实验等方式建构知识，避免了照本宣科、死记硬背。教师注重教学资源的开发和利用，合理解读教材，同时不拘泥教材，能够根据需要开发并利用家庭、学校、社区中的各种课程资源。教师在教学中能够面向全体学生，鼓励学生多元表达，与学生展开平等对话，既彰显了学生的主体地位，也体现了教师的教学智慧。

经过几轮研讨，教师们总结了"智慧德育"引领下提升课堂教学成效的几条路径。

第一，引导儿童自主建构，激发儿童道德潜能。

儿童世界是蕴藏着巨大发展潜力的世界。儿童天然向上、向美、向好、向善，蕴含着道德生长的潜能。道德与法治教师要相信儿童道德潜能，挖掘呵护道德潜能，引导儿童主动建构意义世界。

第二，发挥道德享用功能，滋养儿童道德情感。

儿童世界是诗性的世界，充满好奇，充满想象，充满生气，充满希望，道德与法治课程应该在这诗性的意境中展开，用真、善、美滋养儿童的道德情感，充分发挥道德享用功能，坚定儿童道德信仰，守护儿童精神成长。

第三，讲述儿童生活故事，解决儿童道德困惑。

道德与法治课程应该根植儿童生活，讲述儿童自己的故事，关注儿童成长需求，面向儿童生活中的真实道德困惑；教师要引导儿童从狭小的生活空间，走向辽阔的人间、世界和宇宙，引导他们在复杂生活世界中打开美德之门。

第四，创设多样化情境，培育儿童道德判断。

道德与法治课程要创造设置多样化情境，训练儿童的道德思维，培养儿童在具体情境中创造性地解决问题的能力。教师鼓励儿童主动参与，勇敢表达，积极分享，沉潜内省，在道德实践中，深化道德认知，做出道德判断，生长道德智慧。

三、小学道德与法治实施"智慧德育"的讨论

L、Y、Z 三位老师的试教深化了研讨小组对"智慧德育"的理解，教师们一致认为"智慧德育"的实施既要遵循德育基本规律和原则，又要灵活运用德育方法，因势利导，因材施教，有所创造。课后，教师围绕"智慧德育"的实践展开思考讨论。

A 老师认为：在"智慧德育"实践中教师首先要转变角色，从教学的执行者转变为学生道德生长的启发者、陪伴者、引导者，拉近和学生之间的距离，走进学生的心灵，增强和学生的情感交流，在平等对话中润物无声地达成德育目标。

B 老师认为：智慧的教师应创造性地使用德育资源，将德育内容与学生生活有机结合，改变"照本宣科""事迹宣讲""不见学生"。"智慧德育"要从学生生活实际出发，挖掘学生生活的德育价值，对课程内容进行合理筛选与重组，丰富学生的生活经验，深化学生的生活体验，积极促进学生正确价值观的形成。

C 老师认为："智慧德育"要求教师善于设计德育活动。德育活动的设计要贴近学生心理特点，关照学生实际需求，激发学生学习兴趣；德育活动设计还需要有意思，能够激发学生情感，促进学生反思内省，激励学生实践笃行，对学生品格的形成起到促进作用。

为进一步验证实际教学效果，研讨小组设计了调查问卷，从所任教的班级中随机抽取 30 位学生完成问卷，问卷主体如下：

1. 尽可能多地列举你所了解的劳动者及其劳动内容。
2. 将下面有关联的劳动者之间连上线。

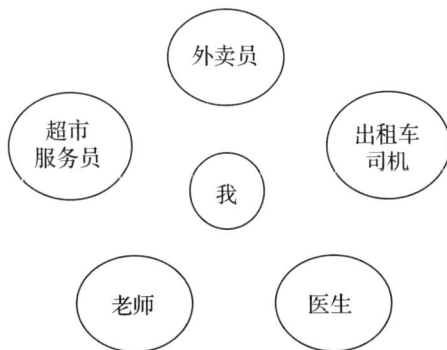

3. 说一说生活中最令你感动的劳动者工作画面。

三个班依据执教老师的执教顺序，分别用 L 班、Y 班、Z 班命名。三个班共下发问卷 100 份，回收问卷 100 份，统计结果与分析如下：第 1 题 L 班全班列举劳动者种类平均不足 5 种。造成这种问题的原因主要在于 L 老师教学中以传授知识为主，忽略了道德学习的学习习惯养成，导致学生对劳动者的认识范围狭窄，教学实效性偏低，学生对本课内容学习兴趣不高。Y 班学生列举劳动者种类平均 12 种，但多集中在疫情期间的护士、医生、外卖员、环卫工人、教师等，这是因为 Y 老师过多强调"特殊生活"中的"特殊事件""特殊人物"，把劳动者瞄准了"英雄"，忽略了学生身边的普通人，使教学偏离了目标。Z 班学生列举劳动者种类平均 20 余种，除了学生生活中常见的劳动者外，还有地铁控制中心控制员、博物馆文物维护者、健康管理师、律师、法警等，学生知道的劳动者种类多，涉及行业广泛，较好地达成了"让学生关心了解周围不同行业的劳动者"这一教学目标。也可看出，教师设计的调查、讲述、体验、采访等教学活动能够很好地引领学生观察生活、感悟生活，学生入情入境，学习效果较好。

第 2 题"在关联的劳动者之间连上线"L 班和 Y 班学生基本上画的是单线联系，如图 5-1 所示；Z 班学生大多画的是网状联系，如图 5-2 所示。

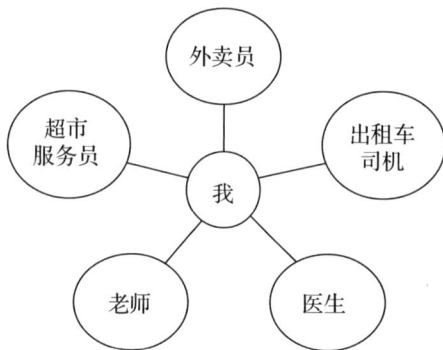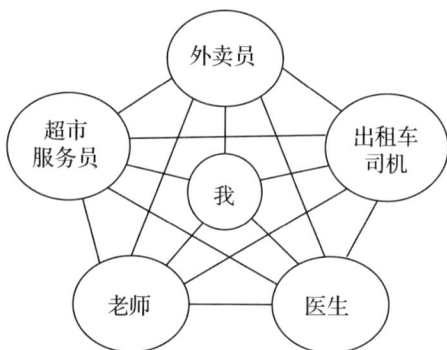

图 5-1   图 5-2

这说明 Z 班学生更能理解各行各业劳动者之间"人人为我，我为人人"的共生关系，"让学生懂得每一种职业都有存在的价值，每一个劳动者都应受到尊重"这一教学目标达成度较高。W 小学道德与法治名师工作室的研究小组认为，Z 班课的成功，不仅是因为教学活动符合儿童需要、遵循德育规律，而且因为教师对教学目标把握比较准确，对教材内容理解比较深刻，这里能反映出教师自身的教学智慧和人生智慧。

第 3 题 Z 班学生的描述更生动细致，表达情感也更真挚。这是因为 Z 老师在教学中注重引导学生去发现，去选择，让学生自主确认"最美劳动者"，发现、调查、记录、整理、表达的过程就是学生自我教育的过程，也是智慧生长的过程。

经过以上分析，研究小组的教师达成以下共识："智慧德育"需要智慧的教师，用智慧的教育方法，培养出智慧的道德儿童。智慧德育需要教师有广博的知识积累，丰富的人生阅历，深厚的专业素养，勇于超越的创造精神。要创设贴近生活的任务情境和问题情境，引导学生自主学习、独立思考、自我教育。智慧德育要用教师的智慧点燃学生的智慧，用教师的心灵之火照亮学生的心灵，让德育过程成为师生共同成长的幸福旅程。

"智慧德育"是针对小学道德与法治教学中存在的"知识德育""灌输德育"问题提出来的，经过三次试教三次研讨，W小学道德与法治名师工作室研究小组的教师们对"智慧德育"的内涵、特点、实施路径有了一定的认识，促进了名师工作室教师教学能力和研究素养的提升。当然，"智慧德育"教学主张的实践刚刚开始，我辈还需努力。比如，"'智慧德育'实施的原则是什么？""'智慧德育'实施过程中如何处理'课本知识'与'生活智慧'之间的关系？""'智慧德育'如何解决课外践行？""'智慧德育'的理论模式是怎样的？"等问题还需要工作室的老师们进一步探索。

案例思考题

1. 阅读本案例，说一说"智慧德育"是如何落实在小学道德与法治的教学中的？如果你来执教《生活离不开他们》一课，你会运用何种方式来进行教学？

2. 简述你对本案例中"智慧德育"内涵的理解。

3. 简述你对本案例中"智慧德育"特性的理解。

4. 本案例中，W小学道德与法治名师工作室研究小组对"智慧德育"的研讨给你带来哪些启发？

案例6　小学道德与法治"德美"课堂的实践探究①

房敏　中小学高级教师　徐州市解放路小学

　　2019年8月，中共中央办公厅、国务院办公厅印发了《关于深化新时代学校思想政治理论课改革创新的若干意见》(以下简称《若干意见》)，《若干意见》指出要在大中小学循序渐进、螺旋上升地开设思政课，引导学生立德成人、立志成才。其中小学阶段重在启蒙道德情感，引导小学生养成爱党、爱国、爱社会主义、爱人民、爱集体的朴素情感，以及争做新时代中国特色社会主义事业的建设者和接班人的美好愿望。2020年10月，中共中央办公厅、国务院办公厅又印发了《关于全面加强和改进新时代学校美育工作的意见》(以下简称《意见》)，并发出通知，要求各地区各部门结合本地实际认真贯彻落实。该《意见》提出要以立德树人为根本任务，以社会主义核心价值观为引领，以提高学生审美和人文素养为目的，明确了学校美育是立德树人的重要载体，美育要贯穿于各类学科人才培养的全过程，贯穿学校教育各学段。

　　J小学是20世纪90年代初的J省首批陶行知教育实验学校，一直以人民教育家陶行知先生的教育思想为指导，学校始终秉承陶行知的教育理念，践行责任担当，依靠教育的力量，为学生谋发展。多年来学校传承"德美"教育，坚持"以美育德"，培养学生做"勤劳勤奋小学生、创新创优小先锋、多才多艺小能人、坚定坚强小勇士、爱国爱家小公民、自觉觉人小先生"。学校依托道德与法治课程开发的"德美"课堂，是基于时代新人的培养目标，整合德育与美育课程，使德育与美育相辅相成，以美育德促进德育发展的新型课堂。J学校道德与法治组由一位市级青年名教师F老师牵头，多名高级教师组成。他们坚持以立德树人为己任，以美育德，将优良品德和良好习惯培养作为学生最美的德行加以引导，注重学生核心素养和审美情趣的培养。小组学习风气浓厚，不仅经常利用教研时间进行理论学习和课例研究，而且对J学校"德美"课程实践经验进行不断反思和丰富完善。

　　F老师在探索研究中发现：新时代党和国家高度重视人才的培养，提出人才培养

————————

　　①　本案例系江苏省中小学教学研究第十四期重点自筹课题"'大思政·小课堂'小学生红色文化认同行动研究"(课题编号：2021JY14－ZB74)与江苏省教育科学"十四五"规划课题"新时代'小先生'德育校本课程实践研究"(课题编号：TY－c/2021/01)阶段性研究成果。

要以德为先,同时还强调弘扬中华优秀传统美德教育,坚定文化自信。随着国际化的迅速发展,世界范围内的经济文化交流也日益紧密,我们在引进吸收外来优秀文明成果的同时,也面临着优秀传统道德文化被侵蚀的风险。由于辨别能力和认识水平较弱,面对外部多样文化思潮影响和多元文化冲击,学生变得无所适从,如果不在道德审美层面进行引领和指导,极易造成部分学生理想信念淡薄、价值选择迷茫、素质修养缺失。培养有理想、有本领、有担当的时代新人,需要对美育的内涵、价值、功能等进行重新定位,良好的习惯是美,良好的审美情趣是美、良好的德行是美。只有审视把握美育与德育的内在联系,梳理二者之间的关系,打造"美育—德育"和谐共同体,才能更好地落实立德树人根本任务。为此,F 老师在道德与法治教学中创造性提出"德美"课堂主张。"德美"课堂注重对学生的审美意识与能力的培养和教育,这种培育有利于学生形成正确的世界观、人生观、价值观,让学生能够从审美视角观察认知事物,这对激发学生自身潜能起到积极作用。"德美"课堂是让学生发现美,在富有温度的课堂活动渗透美,同时感受到课堂中情意美,进而产生学生勇敢坚毅的品质之美,最后外化于行,生成学生追求美好事物践行之美的课堂。"德美"课堂一方面通过优化课程设计,让传统道德和美学教育转化为一个个动人的故事、有趣的实践,充分调动学生的学习积极性;另一方面在传播传统道德、社会美德及社会主义核心价值观的过程中提升了教师的审美情怀。

一、缘由:现有小学道德与法治的教学方式是否需要改进?

为全面了解小学道德与法治课堂教学中教师经常采用的教学方式,以及学生对道德与法治教学认知效果的评价,J 小学以学校特色品牌"无德育不解放"为切入点,组建"德美"课堂研究团队,团队在 F 老师的带领下在 X 市 X 区走访了部分学生,学生反馈如下:

学生 A:道德与法治老师直接把书上内容读给我们听,很少对书上的内容进行讲解。

学生 B:老师会告诉我们这样做是对的,那样做就是不对的。有时候我们不知道为什么有的是对的、有的是错的,脑子有些混乱。

学生 C:我们道德与法治老师也是我们的音乐老师,上道德与法治就是自己读书,自己理解。

学生 D:老师在课堂上会按照步骤把道德与法治书上的内容给我们讲完,老师讲完后就让我们自己反复读,老师说:"书读百遍,其义自见。"

通过分析学生的调查结果,F 老师发现当前小学道德与法治教学存在着教学与实际相脱节的问题。F 老师认为学生对道德与法治的内容不感兴趣,没有真正地将道德与法治的精髓内化为学生的价值追求，并转化为指导学生日常行为规范，这是产生问题的主要原因。同时，传统道德与法治课过分依赖教师说教，教师高高在上，习惯于"我讲你听，我说你做"。这种模式虽然也有一定效果，但学生会感到教学过程无趣、无味。通过调查 X 市 X 区道德与法治教师，F 老师还发现不少学校安排一个道德与法治教师教两门课程，学校道德与法治特别是小学阶段，更应重视文明行为的熏陶和养成，以及对文明规范的遵守，但大多数学校仍采用传统的教学模式，课上互动不足，教师缺乏亲和力，学生敷衍接受，在注重思想灌输的同时，对行为养成重视不够。教师讲了很多高层次的，却忽视了低层次基础文明素养的培育，而且德育和美育衔接也不紧密，因而德育效果不尽如人意，学生无法将其学习到的知识内化于心、外化于行。

F 老师从教多年，一直担任小学道德与法治教学和班主任工作，是 J 省首批网络名师工作室小学道德与法治领衔人，一直致力于小学道德与法治的教学研究，在教学中，F 老师结合"德美"课堂教学课题研究，根据小学生的年龄心理特点，努力打造符合学生年龄特点和心理的真实教育情境，实现德育与美育共融互通。"德美"课堂旨在通过课堂教学向学生传授健康向上的道德思想，涵育道德品质，践行道德行为。通过发现美、感受美、践行美，以美育人，以美育德促进学生全面发展，塑造学生的健全人格，达成符合以德育人与以美育人的目标。

二、探索：小学道德与法治"德美"课堂教学该如何设计？

从 2019 年始，F 老师带着她的研究团队一直探索"德美"课堂的实践样态，希望找到突破传统教学的新路径。她首先研读新课标，经过仔细研读后发现道德与法治课程是以儿童生活为基础的德育课程，它追求"以人为本"的价值取向。"德美"课堂需要遵循儿童的生活逻辑，引导儿童在生活中学习，在学习中发展。陶行知先生批评传统教育是"死读书，死教书，教死书"。他的生活教育理论强调教育要从课堂和书本中走出来，多关注社会生活，以生活为中心，从社会生活中汲取丰富的精神养分，从而让学生通过教育获得成长的精神力量。通过学习和思考，F 老师发现"德美"课堂的第一关键要素就是生活化。这个生活化不是毫无感情色彩的无色生活，而是在传统的伦理道德和艺术美感认知熏陶浸润下的生活化，是在丰富课程教学内容基础上的生活化。下面是 F 老师团队进行探索和研究的教学片段。

（一）案例 1——开开心心上学去

在教学一年级上册第一单元第 1 课《开开心心上学去》时，F 老师以入学中的学生需要学习的各种道德规矩和美丽愉悦心情感受为切入点，将《开开心心上学去》打造成一节生活体验课。课上，F 老师将跟踪拍摄的新生入学场景用于课堂播放，让学生再一次体验新入学时的新奇与开心,从影像中体会自己所习得的规矩。F 老师通过一个个场景让学生再次回味和体验当时"开开心心"的感觉,并适时引导大家展开交流讨论。让学生分组说一说:自己想要的校园生活是什么样的?在学校有哪些规则需要遵守?哪个场景是自己入学后最开心和最难忘的?这样回味体验式的教学设计不仅能调动学生参与讨论的热情,活跃课堂气氛,迸发智慧的火花,而且能在体验互动中拉近师生的情感距离,感悟美好、畅想未来。

设计意图:

将生活化教学融入道德与法治课堂,不仅符合学生的身心发展特点,启发学生主动学习,而且有助于学生在深入理解本课的教学目标的基础上,通过一个个鲜活的场景和事例知道什么是丑、什么是美、什么是讲文明、什么是不道德,从而提升道德与法治课的教学效果。

学生评价:

看到老师播放各种入学后的视频场景,我们都很兴奋,感觉像重新上了一遍学。通过播放的各种场景,结合老师的引导介绍,大家都踊跃发言,有的同学说了新入学的开心感受,有的同学讲述了第一次举手发言时的紧张心情……小伙伴们都感觉到经过短时间的学校历练,我们都长大了。老师在听取大家的发言后,从如何做到"早点到校不迟到""踊跃发言莫紧张""助人为乐好伙伴"等几方面给大家讲解并向大家提问,然后要求大家回答,最后老师进行点评和总结,让我们懂得了小学生已经是"小大人"了,要遵守学校的规矩,要有乐于助人的美好心灵。

听课老师反馈:

这节课呈现的形式比较新颖,以新生入学后的生活点滴为切入点,通过视频情境重现,让学生谈入学后的学校生活感受,吸引学生的互动参与,引发共鸣。教学中,教师适时提出几个富有启发性的问题。在让学生充分表达的基础上,教师通过模拟体验的方式引导学生做到"早点到校不迟到""踊跃发言莫紧张""助人为乐好伙伴",潜移默化地将教材中的规矩意识和助人为乐理念根植在学生幼小心灵中,为培养学生高尚道德情操打下良好的基础,体现了"德美"课堂的价值追求。

课后,F 老师对生活化教学理念有了深入理解。教学中关注学生切身的生活体验,与学生展开面对面的对话,为学生敞开了自我学习和自我超越的广阔空间。F 老师觉得生活化教学应该成为"德美"课堂的常态,因为它是真的表现、实的表现、情的表现。兴奋之余,她对"德美"课堂的样态也愈加明晰。接着,因为有市级比赛课,F 老师又上了一节《爱心的传递者》,对"德美"课堂进行了探索,加深了对"德美"课堂样态的理解。

(二)案例 2——《爱心的传递者》

在生活体验课堂的基础上,F 老师在执教三年级下册第三单元第 10 课《爱心的传递者》时，通过设计不同场景来启发学生的内心感受，从而实现"德美"课堂情感陶冶的目的。

F 教师首先提出问题，让学生回想自己曾经给过别人的关心和帮助。

学生 1：有一次，某同学遇到一道极其难解的应用题，解了好长时间还解不出来。他急得眼泪都快流出来了，我看见了，连忙问道："你怎么啦?"他赶快擦干眼泪，向我请教这道题的解决方法。我便耐心地教给他方法，并和他一起商量其他的题目。随着交流的深入，我们成了无所不谈的好朋友。

学生 2：那是去年寒冬的一个上午，当时下着鹅毛大雪，我冒着刺骨的寒风，拿着五元钱出去买早点。忽然，我看见一位年过八旬的老奶奶，身穿一件破毛衣，坐在一个角落里乞讨，冻得发紫的手上拿着一只破铁罐，嘴里还不停地念叨着什么。看着老奶奶可怜的样子，我想：把钱给那位老奶奶吧！不行，我还要买早点，怎么办呢？正当我左右为难时，一位戴红领巾、穿校服的小女孩一蹦一跳地来到那位老奶奶面前，她大概只读一年级吧，只见她笑着说："老奶奶，这是我的一元钱，您拿去买吃的吧!"说完就开心地走了。那老奶奶连连道谢。看着小女孩那远去的背影，我想：一年级的小同学都懂得关爱，我要向她学习。于是，我慢慢地把那张被我捏得热乎乎的五元钱放到了老奶奶手上，她连忙道谢，我心中不由得开心快乐起来。

新时代的德育应该是有温度的，就是通过一个个弘扬传统美德的事例来陶冶学生的情感，让学生从小就养成关爱他人、帮助弱小的情感认知和道德认同。

设计意图：

情感陶冶是通过自然的特别是教育者自觉创设的教育情境以及教育者自身的素养等因素，对受教育者进行积极感化和熏陶，潜移默化地培养受教育者道德情感的方法。F 老师通过问答的形式还原学生在生活中做"爱心的传递者"，用向善向美的实例来引发学生思考，什么是爱心，怎么样做"爱心的传递者"，从而触发学生践行中华美德的情感认知，进而达到陶冶学生情感的教学目标。

学生评价：

父母和老师从小就教导我们要懂事，要关爱他人，小时候我们也学过孔融让梨的故事，知道要尊敬老人，小伙伴之间要相互帮助，在家也经常帮助爸爸妈妈做家务，给爷爷奶奶捶背。通过老师的提问，能将自己以前帮助别人的事情给大家分享，我很开心。在听了别的同学讲述事迹后，我很受触动。听同学讲述自己帮助他人善举的过程也是对自我情感陶冶的过程，我们知道了帮助他人不仅是我们的传统美德，而且是每个学生应有的基本素养，我们应该在以后的学习生活中更好地践行这种美德，做个真心关爱他人拥有美好心灵的少年。

听课老师反馈：

该教学片段设计巧妙，用问答形式呈现了学生付出爱心的事例。课上，F 老师引导学生自己去发现美,在美中认知、感悟并且践行美。加深对美的理解。教学中教师坚持学生立场,设计教学问题。如:"你在帮助别人的时候是怎么想的?""帮助别人时你有怎样的感受?""假如你在旁边,看到了这一幕你想说什么?"……课堂上,教师始终是以平等身份与学生对话,没有居高临下的说教,而是尊重学生,并和学生一起去探究,在民主和谐的对话场景中,师生以愉悦的心情进行交流,不断丰富了个体经验,有效地达成了教学目标。好人好事呈现分享的过程其实就是中华传统美德的情感陶冶过程,真正达到了"德美"课程"随风潜入夜,润物细无声"的效果。

这节课后,F 老师提出了"德美"课堂要注重情感陶冶,突出"以美育德""以美启智""以美塑人"。"以美育德"围绕"五美"寻找美、体验美、感悟美、表达美、创造美,从行为、心灵以及环境着眼,着力培养学生的审美情趣;"以美启智"则旨在寻求美育学科的大美,并通过对课外知识和课内知识的融合,将课堂之美、陶冶之美、体验之美作为核心内容,通过课程渗透美育;将创造美、感受美和展示美作为核心,着力塑造学生美的人格。"德美"课堂,依托美育认知方式和方法来塑造小学生完整的人格和道德情操,从而成为美好生活的创造者。

通过这次赛课磨炼,"德美"课堂的教学主张会时不时地在 F 老师头脑中闪现。经过一年多的实践、感悟,F 老师对"德美"课堂的理解更为深刻,"立德尚美,向美而生"正是在这种思考中逐渐清晰起来的。

2020 年,突如其来的新冠疫情打乱了教学节奏。疫情期间的小学道德与法治如何实施?如何把抗疫素材融于教学,更好地实现课程育人?"德美"课堂如何在原有的基础上进一步发展,以适应当前实际需要并进一步发挥育人铸魂的作用?F 老师进行了深入思考,F 老师立足"立德树人"根本任务,以统编版小学道德与法治教材为抓手,开展了线上教学研究,确立了"不拘泥于教材顺序,选择与抗疫相关的内容,安排与抗疫相关、适合的内容进行教学"的基本思路,开发了各年级抗疫背景下的系列主题课程,课程遵循学生生活的逻辑,将此次抗疫中的典型素材有效融入教学中,以学生生活中的需要和问题为出发点,用正确价值观引导学生面对疫情挑战。

为了顺应疫情期间线上教学的要求,F 老师把一年级下册第三单元"我爱我家"录成主题微课,通过市级教育在线平台向全市小学生发布。按照"德美"课堂体验性、情感性、实践性的三个特点,团队成员把主题微课分为"我和我的家""家人的爱""让我自己来整理""干点家务活"四部分内容。在体验性课堂展示中,通过角色扮演等形式向学生展示一个家庭所包含的成员,让孩子懂得家庭的构成、家庭生活的组成部分,从父母的角度,来体验生活艰辛和养育孩子的不易,从小养成尊敬父母,感恩父母的美德。在课堂展示中,通过父母生育、喂养、教育、关爱、疼爱孩子的一个个典型片段来展示孩子的成长离不开父母的养育教导和家人的关心呵护,在思想上筑牢学生对家的情感认同,进一步增强对父母的亲情认知。在实践性课堂展示上,通过让学生帮助父母做饭、洗菜，来锻炼生活能力，在亲子互动中增进亲情。通过让学生自己起床、穿衣服，自己打扫卫生等实践活动来培养学生独立自主能力，完善自我的人格品质和道德情操。通过"我爱我家"的线上课堂，F老师展示了"德美"课堂的教学路径：强化认知—真实生活情境体验—情感共鸣的方式方法渗透艺术审美—问题两难的思辨—内化为行为，最终达到德行养成。

(三)案例3——《让我自己来整理》

在情感陶冶课堂实施的基础上，F老师又执教了一年级下册第11课《让我自己来整理》，F老师通过设定互动场景来引导学生学以致用，从而实现在教学活动中记住概念、强化认知、引导行为、主动践行的"德美"课堂目标。

活动一：小乐和他的"小伙伴"

1. 谜语导入，初探"伙伴"

师：各位亲爱的同学们，大家好，我是F老师，今天有一位新朋友来到我们的课堂，他就是小乐。大家一起和小乐打个招呼吧。你好啊，小乐。

2. 发现"伙伴"，突出作用

师：其实小乐有很多"小伙伴"。

(播放语音)小乐：是的，它们都是我的"小伙伴"，每天都陪我一起学习，一起玩耍。比如，小兔玩偶天天和我一起玩，玩得很开心，还有铅笔，它帮我写了很多字，平时写作业全靠它。

师：那同学们，你的"小伙伴"都有哪些呢？（板书：我的"小伙伴"）

学生答，列举自己的"小伙伴"。

设计意图：

第一步：通过活动，强化认知。

引导学生明白"小伙伴"指的是什么，启发学生发现这些"小伙伴"在我们生活、学习中那些必不可少的作用。

活动二：找不到"小伙伴"了

1. 趣事讨论，揭示现象

师：可是，如果这些重要的"小伙伴"找不到了，会发生什么呢？（板书：找不到"小伙伴"了）我们一起来看一看小狗花花的故事吧。（播放视频：讲述小狗花花有一件花裙子，它很喜欢，想在周末穿上它到户外去拍照，可是到了晚上睡觉的时候，它却很随意地把花裙子脱到了床角，等到小狗花花熟睡时，花裙子便被它自己不小心给踢到了床下。掉在床下的花裙子很伤心，它在床底下哭啊哭，这时它发现还有一只袜子也和它一样掉在了床底下，它们在交谈中发现，小狗花花总是会把衣服脱反了随意乱放。第二天早晨，小狗花花起床后开始到处找花裙子，把东西翻得到处都是也没有找到，小狗花花很着急。）

　　师：大家有没有过小狗花花这样的尴尬经历？生答（有）。看来很多同学都有过找不到"小伙伴"的经历。找不到"小伙伴"，不仅会使我们自己的学习和生活受到影响，而且会给身边的家人带来很多的麻烦！所以说，找不到"小伙伴"真的太麻烦啦！我们可不要向小狗花花学习哟！

　　2. 深入探讨，寻找原因。

　　3. 师小结：是啊，正是因为我们的东西放得没有条理，用好了不放回原位，才造成我们房间太乱，搞得到处都是迷路的"小伙伴"。

　　设计意图：

　　第二步：体验生活，引发共鸣。

　　以动画片来引导学生体会那种找不到物品的焦虑，设身处地理解随手丢东西造成的后果，了解找不到"小伙伴"背后的原因，促使学生改善自己不良的生活习惯，帮助学生养成整理物品的好习惯。

　　活动三：送"小伙伴"回家

　　1. 游戏体验，物归原位。

　　师：看同学们，那散落一地的"小伙伴"，特别需要你的帮助，你们愿意帮帮它们吗？

　　生：愿意！

　　师：那就请同学们和老师一起玩"送'小伙伴'回家"的游戏吧！（板书：送"小伙伴"回家）

　　（出示课件：教材 44 页：课件显示洗浴间和卧室两种场景，还有一些生活、学习等方面的用品，分别是毛巾、牙刷、牙膏、袜子、毛衣、剪刀、铅笔、跳绳、红领巾、书本、运动鞋、纸团、皮球、乐高玩具、橡皮擦。）

　　师：游戏规则：请同学们仔细观察，看看"小伙伴"的家在什么地方，然后把这些迷路的"小伙伴"送回家吧。同学们，准备好了吗？

　　生：准备好了！

　　师生进行游戏。

　　2. 归纳总结，学会整理。

　　设计意图：

　　第三步：习得知识，付诸行动。

　　以游戏的形式激发学生的学习兴趣，让学生了解这些物品的用处与其所放位置的关系，帮助学生明白整理物品的原则、顺序和方式，同时增强学生整理物品的意识。美是世间一切美好事物和现象所具有的特有属性，对我们学习生活有用的一切事物也都存在的美感。F 老师通过让学生认知"小伙伴"、体验找不到"小伙伴"的焦虑，参与送"小伙伴"回家的游戏活动养成爱惜物品，有序整理摆放物品的良好习惯，从而实现知行合一的"德美"课堂目标。

学生评价：

当老师问"小伙伴"有哪些时，我们都以为问的是有哪些好朋友呢？后来在老师的引导下我们才知道是指铅笔、玩具等身边的各种物品。看到动画片时，真为小狗花花找不到"小伙伴"着急，我们自己也经常有找不到东西的情况，看到小狗花花仿佛看到了乱放东西的自己。在送"小伙伴"回家的游戏活动中，我们学会了如何整理自己的物品，也懂得了怎样整理物品会更有序、美观。老师教导我们养成良好的整理物品习惯不仅体现一个人的品德素养，而且能体现一个人的审美情趣，以后我会把身边的物品整理得既整齐又好看。

听课老师反馈：

这堂课信息量大，在"小乐和他的'小伙伴'""小伙伴去哪了""送小伙伴回家"三个教学片段中有问有答，并穿插视频和互动游戏。在问答中学生明确身边的生活学习用品也是我们的"小伙伴"，拓展学生的认知面；在视频展示和互动中展示小狗花花找不到"小伙伴"时的焦虑，引发学生的共鸣，引导学生反思不及时收集整理物品的后果；在送"小伙伴"回家环节，让学生参与到整理物品的行动中来，在认知的基础上进行实际操作，真正做到知行合一。三个活动设计连贯流畅，寓教于乐，促进学生学以致用。

课后 F 老师从课程目标、学生的认知特点以及德育和美育的融合共生等方面，对上述几节课进行了认真梳理和反思，对"德美"课堂的课程设置、基本框架、教学样式、流程把控有了更加清晰的理解和认识，她认为"德美"课堂是富有生活化气息的课堂，是具有积极情感陶冶和美德熏陶的课堂，同时也是充满着童真童趣和知行合一的课堂。她坚信通过"德美"课堂一定能实现以美育德、以德臻美的目标。

三、展望："德美"课堂如何更好地激发学生的内生力

F 老师认为教师需要结合学生身心特点和认知规律，综合运用多种教学方式，增强"德美"课堂的吸引力和学生的参与度，唯有此，才能将"德美"课堂打造成富有生活化气息，让学生感知到道德美感，体验到积极情感，同时又能学以致用。我思故我在，我知故我能，随着学生认知水平的提升，必然会激发他们爱上"德美"课堂，主动参与到"德美"课堂中来，认真践行德与美，从而达成"立德尚美，向美而生"的教学目标。当然，由于 F 老师"德美"课堂的探索时间不长，关于"德美"课堂内涵和价值意蕴的挖掘还很有限，如何更好地发挥"德美"课堂的作用，激发学生道德学习的内生力有待进一步探索。

案例思考题

1. 思考小学道德与法治为何要实施"德美"课堂？

2. 分析"德美"课堂的实践样态是怎样的。

3. 探索"德美"课堂如何更好地实施和评价？

4. 小学道德与法治"德美"课堂的实践探索给你哪些启示？

案例7 小学道德与法治"和润"课堂的构建^①

董一红 江苏省特级教师 江苏省南通市教育科学研究院

宋月红 中小学高级教师 南通师范学校第二附属小学

黄俊俊 中小学高级教师 江苏省如东县洋口港实验小学

仇玉洁 中小学高级教师 江苏省如皋市外国语学校

思政课是落实立德树人根本任务的关键课程，思政课作用不可替代。习近平总书记在学校思想政治理论课教师座谈会上指出：青少年是祖国的未来、民族的希望。青少年阶段是人生的"拔节孕穗期"，这一时期心智逐渐健全，思维进入最活跃状态，最需要精心引导和栽培……只有打好组合拳，才能讲好思政课，但无论组合拳怎么打，最终要把思政课讲得更有亲和力和感染力、更有针对性和实效性，实现知、情、意、行的统一。

《义务教育道德与法治课程标准(2022年版)》指出："要密切联系社会生活和学生生活实际，用富有时代气息的鲜活内容，以学生喜闻乐见的方式，增强道德与法治教育的时效性、生动性、新颖性，让道德与法治课成为有现实关怀和人文温度的课堂。"

儿童生长天性，呼唤"和润"的成长环境。一般来说，儿童的性情是喜爱玩耍而害怕拘束，好比草木刚萌芽，如果提供一个好的生态环境就能迅速生长；如果对它摧残压制就会衰竭枯萎。高效的小学道德与法治课堂，必须关注儿童的天性和生长规律，让儿童们欢欣鼓舞地发展，心中喜爱而欢悦，就好比沐浴着春风化雨的花草树木，自然而然地会萌发出勃勃生机，日新月异，不断地进步。

教学过程的本质是一种教与学双边交互的认识活动。夸美纽斯认为："一个能动听地、明晰地教学的教师，他的声音像油一样浸入学生的心里，把知识一道带进去。"和谐的教育落实到课堂教学中，往往表现为一种"润"的状态。教学离不开师生双边的交互认识活动，"和润"的课堂在教学中表现为教学民主、表现为富有亲和力的教学态度，体现为顺应儿童天性、带有关爱意味的教学。因此方法必须是柔性的而不是刚烈的，细腻的而不是粗野的，亲切的而不是生硬的，在珍视学生生活经验的基础上引导学生自悟而非灌输，体现因势利导的诱导策略。

---

① 本案例系江苏省教学研究重点课题"小学道德与法治'和润课堂'构建理论与实践研究"(课题编号：2017JK12－ZB17)阶段性研究成果。

品德形成规律，需要"和润"的教育过程。"儿童青少年品德形成发展有两个基本程式，一是'外塑—内化—内生—外化'的品德形成程式，一是'他律—自律—自觉—自为'的品德形成程式。我们把这两个程式视作儿童品德形成与发展的两大基本规律。"小学道德与法治的教学过程，从儿童对知识符号的接受心理来看，知识符号已经去情境、去生活，失去了感性，而变成了理性的晦涩，色彩不再丰富了，儿童学习时就会排斥。这时候，就要想办法让枯燥的符号能够融入学生的学习里，因此，要对枯燥的符号进行审美变形。这样的过程不着痕迹，不是很刚烈粗暴的，不事斧凿，没有雕琢的明显棱角，这样处理的方法和过程是"润"的，"润滑"的，正因为"润滑"，才容易进入儿童的心田，实现从"他律"到"自律"，进而变为"自觉、自为"。上述理论和思考为小学道德与法治"和润"课堂的建构，提供了指导。

D 教师担任 N 市小学道德与法治教研员 9 年，带领选手 S 老师参加过多次 J 省的优质课教学竞赛和基本功大赛，均取得骄人成绩。S 老师所在的 T 学校是百年名校，省模范学校，在全国享有较好声誉和知名度，曾获中国质量奖提名，是情境教育的发源校。学校积极响应党和国家的号召，推动小学道德与法治课堂教学改革，2019 年该校大力推动"和润"道德与法治课堂"五步法"实验。S 老师是市级学科带头人，同时担任 T 学校道德与法治教研大组长。该教研组有 4 名市级学科带头人，4 名高级教师，其中，硕士研究生学历 2 人；其余均为一级教师。该教研组始终秉承校训，严谨治学，立德树人，注重致力于儿童道德成长的教学研究。

一、直击：当下小学道德与法治教学存在的问题

2019 年 4 月，D 教研员带领 S 老师及其教研组对某地级市所有小学道德与法治教师队伍进行了调查，发现任教本学科的 5795 名教师中，专职教师仅有 3 名，小学道德与法治兼职老师所占比例为 99.94%。5795 名教师中，专业对口的仅有 9 人，占比 0.15%，道德与法治老师的学科素养不高。加上不是考查科目，道德与法治课在大家心中普遍被认为是"副科"，受重视程度远远不够。因此，道德与法治教师应付性上课很常见。调查显示，较多老师在小学道德与法治课堂教学中是"照本宣科"——课堂基本为"串讲""干嚼"书本内容。D 教研员和 S 老师，分别带领 4 名市级学科带头人和年轻骨干老师，随机听取了 N 市城市、郊区、农村 30 节随堂课，其中 20 节为二年级上册第三单元第 11 课"大家排好队"一课，经过分析，发现小学道德与法治课堂教学中主要存在以下几方面问题。

(一)内容脱离生活

尽管统编版小学道德与法治教材还是"接上童气"的，但是地区有异，城乡有别，

面向全国小学生的教材，对于本地学生而言，并不是完全切合。比如"大家排好队"一课中"银行排队"内容，对于城里的孩子而言，并不是很常见。对于农村学生，更是非常陌生。再如，为了让学生体会不排队的害处，进行活动体验——发本子，可是很多二年级的学生经过了一年多的学校生活，平时发本子就已经很有序，所以课堂上并没有发生混乱，从而无法使学生产生共识——不排队害处大。这样的教学设计显然不符合本班学生的实际情况。凡此种种，教材与学生生活有距离，加上教师不注重唤醒学生的生活经验，联系学生生活实际，教学内容脱离学生生活，导致学生对课堂无法产生亲近感。

（二）强塞道德知识

道德认知是道德行为的基础，它不是无缘无故产生的，需要建立在对周围的人、事、物理解的基础上。朱小蔓教授认为："道德教育必须警惕缺乏活力的死板概念，必须警惕未经思考、未经理解而对观念囫囵吞枣地接受。"①当前道德与法治的课堂上，对学生道德认知的教学，则往往是老师直接"告诉"给孩子。如："大家排好队"教学中，有关排队规则，教师就让学生先看图，然后直白告诉：排队要人人排，要先来后到，要注意一米线。至于为什么，轻描淡写甚至不提。在这样的课堂上，学生只有一味地被动接受，丧失主动性和学习热情，成了没有生命、没有情感、没有思维的容器。如此得来的道德认知，往往使学生在知道一大堆道德知识时，不知道什么意思，更不会主动践行，很难转化为学生自觉的道德行为。

（三）忽视道德行为

清代教育家颜元终身以"实学""实行"为教，认为人修身立业的过程，应是"身习学知、身实习之、终身不懈"的过程。道德教育除了着眼于"实学"外，还得"实行"。教学中有的教师讲解完排队规则后，整节课结束，没有任何引导学生行为的实践。我们都知道，道德与法治课程最终都必须指向儿童的道德行为，关注儿童的道德行为养成。如此教学，只是让孩子道德水平，停留在"知"层面。学生知道，但未必能做到。儿童的行为技能、行为习惯、行为意志一直被忽略。卢梭认为知善不等于行善。光注重道德认知，忽略道德行为，会把儿童训练成为伪善的口头谈道德而行为不道德的人。

（四）遏制道德智慧

儿童的道德成长过程离不开独立思考和创造，培养和提高学生道德学习的智慧需要充分调动和发挥个体内部心理机制的作用。大部分教师"大家排好队"教学，都是在

---

① 朱小蔓：《学校德育，最重要的在于唤醒学生的内在自觉》，搜狐网，2017-11-13。

照本宣科，教师以"上位者"的姿态向处于"下位"的学生进行"灌输"，严重压制学生的主观能动性，挫伤学生独立思考能力和创造力，遏制了儿童道德智慧的生长。

没有令儿童亲近的小学道德与法治学习内容，课堂是无味的；没有顺应儿童道德生长规律的教学方法，课堂是"艰涩"不自然的。如此"干涩"的道德与法治课堂，难以激发学生学习兴趣和热情。针对这种情况，D 教研员带领 S 老师及其教研组老师们进行思考和探索，觉得构建"和润"课堂无疑是小学道德与法治教学改革的突破口。于是结合自身参与省市教学比赛的机会，进行了"和润"小学道德与法治课堂的实践探索。

二、探寻：小学道德与法治"和润"课堂的实践路径

不"干涩"的小学道德与法治课堂是怎样的呢？应该是"和润"的。D 教研员带领 S 老师查阅了很多文献。《广韵》中记载："顺也，谐也，不坚不柔也。""和润"课堂的"和"是通道、途径、方法，更是目的、愿景。"润"是策略，"随风潜入夜，润物细无声"，"润"，讲究策略的艺术性、创造性，研究教学过程的自然无痕。"和润"是柔性的、充满爱意的，是多彩的、多样性的、个性的。"和润"课堂，主要是针对当前道德与法治教学过程中，脱离生活、空洞说教、概念化灌输、偏重认知等问题，针对学生对道德与法治课程的厌烦抵触、知而不信、言而不行等问题提出的。D 教研员认为道德与法治课堂，应该也必须是"和润"的。文本与儿童生活"和"，教学内容与儿童生活经验相和谐，不会存在断裂；儿童道德成长"和"，不是一味重视道德认知灌输，忽略道德行为、道德智慧等的发展；师生关系"和"，师生间不是"上位"灌注与"下位"接受，而是和谐共处，心灵亲近，平等相待。"和润"的小学道德与法治课堂，教学方法不应是教师牵引式，不应该只是一问一答式，教学过程不是简单粗暴，而是教学要点悄然渗透，教学方法要顺应儿童道德学习规律，教学过程润滑无痕，自然浸润儿童。

于是 D 教研员带着她的团队成员总结提炼出"和润"的小学道德与法治课堂，应站在学生立场，顺应儿童的天性，遵循学生品德发展进程的基本规律，教学节奏与学生发展的节律共振，这样的课堂好似和风细雨，滋润儿童心田，催生儿童的道德之花自然绽放，让儿童的道德成长自然发生。

D 教研员还提出小学道德与法治"和润"课堂应该是以儿童发展为主线，针对小学道德与法治课堂教学"干涩"的弊端，拓宽教学途径，层层建构"和润"道德与法治课堂的教学样态。

小学道德与法治"和润"课堂是一个外塑、内化、内生、外化的样态，遵循创设情境—观察生疑—唤醒经验—体验自悟—实践导行五个阶段（如图 7-1 所示）。

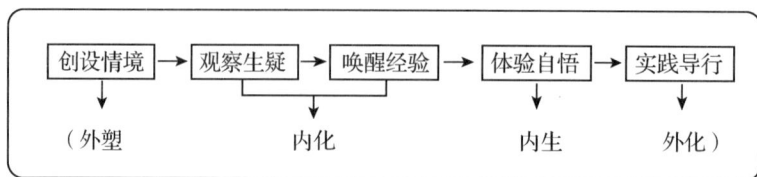

图 7-1 "和润"课堂五步操作法

三、实践：小学道德与法治"和润"课堂的构建

一年多来，D 教研员和 S 老师依托百年名校强大的道德与法治团队力量研究。首先以"大家排好队"为例，依循小学道德与法治"和润"课堂的操作路径，进行了教学尝试。在实验取得成功后，拓展到每个年级，兼顾小学道德与法治各板块内容的教学。教师分成六组，一组负责一个年级。D 教研员和团队成员研究 12 本统编版教材，选择了交通安全、习惯养成、爱国教育、意志品质、尊师爱师、劳动教育、热爱家乡、法治教育等主题。

年段	课题	主题
一上	《上学路上》	交通安全
一下	《我们有精神》	习惯养成
二上	《欢欢喜喜庆国庆》	爱国教育
二下	《坚持才会有收获》	意志品质
三上	《走近我们的老师》	尊师爱师
三下	《爱心的传递者》	美好品质
四上	《这些事我来做》	劳动教育
四下	《家乡的喜与忧》	热爱家乡
五上	《我们神圣的国土》	爱国教育
五下	《夺取抗日战争和人民解放战争的胜利》	历史知识
六上	《公民意味着什么》	法治教育
六下	《探访古代文明》	文化文明

然后以"大家排好队"等教学课例为主，从以下五个方面开展了小学道德与法治"和润"课堂的实践探索。

第一步：创设情境：在整体情境中卷入学习

教材的情境往往是碎片化的，而碎片化的情境不利于学生卷入学习、不利于深度学习的发生。而"和润"课堂所创设的整体情境，有利于激发学生的学习兴趣。"和润"课堂主张教师要深入研读教材，在碎片化教学内容中寻找出一条"主线"，紧密联系学生现有生活经验，创设贯穿全课的完整的生活大情境，在整体情境中卷入学习。

如二年级上册第三单元第 11 课"大家排好队"一课，教师创设了组织学生"看电影"这一主题大情境。上课伊始，观影前，引导学生体会排队的好处。出发去电影院前，让排队在饮水机前取水，引导习得排队规则之一——先来后到；到达电影院后，围绕排队买票这一情境，引导在合作探究中习得排队规则之二——间距合理；观影后，又创设乘地铁返回这一情境，引导学生在实践演练中践行排队规则。为了凸显情境的整体性和连贯性，教师还特地创设"正在观影"情境，一起欣赏幽默有趣的、与教学内容——排队有关的电影短片。

看电影，这是学生生活中常见且感兴趣的活动。整节课教师利用学生的经验创设"看电影"的主题情境，富有真实性、生活性和趣味性，让生活与课堂无缝对接，教学贴近儿童生活。自然流畅、一气呵成的主题情境创设给学生留下了深刻的印象。同时，把排队的好处和如何排好队融合到主题情境中，使学生在生活情境中学习内化道德认知、内生道德情感，从而外化为生活中的道德行为。

这样的主题大情境创设开展了多次，均能取得较好的教学效果。如 S 老师执教《这些事我来做》时，一开始，S 老师发现家务活对于学生来说并不陌生，或多或少都有参与，但要论起家务活的这个话题，学生的兴趣并不是特别高。教学中，教师创设了"成长夏令营"这个主题大情境，通过"入营大考验—复审交流站—选择生活区—选择小搭档"贯穿课堂始终。夏令营的确是学生们生活中渴望参与的活动，"成长夏令营"是以提高学生自理能力为目的的，这样的情境富有真实感，促进教学内容贴近生活。学生面对入营考验的挑战性，选择生活区以及对小搭档的新奇感，还有即时体验等，都促使学生带着积极情绪投入学习之中。

在教学《夺取抗日战争和人民解放战争的胜利》一课时，创设"红色之旅"的主题大情境；在教学《公民意味着什么》时，创设"过机场边检处"的主题大情境；在教学《探访古代文明》一课中创设"穿越时空，回到人类早期"的主题情境；等等。这些主题大情境，让学习活动成为儿童主观需求，激发了学生内驱力，引导着学生积极参与，道德教育一气呵成。

关于整体的情境创设，除了上述这种整节课是一个完整的活动、由几个活动环节组成这个方法，还有一种常用的方法是几个关联的主题情境组成一个完整的大情境，如三年级下册第九课《生活离不开规则》一课的学习。教师创设了走进"游乐场"，探究规则的重要性——安全；走进"食堂"，学习规则的重要性——文明；走进"动物园"，领悟规则的重要性——公平，并践行遵守规则。这三个情境似乎是独立的，但其实是有联系的，核心都是"规则"，组成了一个和学习内容相关的整体情境，让枯燥、刚性的规则重要性从教材走进学生的心里。这样便给教材晦涩的符号以生活的鲜活，教学内容变得亲切可感，将学生深深吸引，从而使其进入学习，始终以饱满的热情进行学习。

事实证明，大情境的创设，让教材与儿童原本的信息储存、原本的生活相融合，缩短了学生与文本的距离，激发了学生参与学习活动的热情，学生亦从中萌生出学习的兴趣和乐趣。

第二步：观察生疑——在细节观察中生疑发问

"和润"课堂主张问题导向，课堂中要留给学生提问的机会，培养学生问题意识和质疑精神，以问题推进课堂教学，驱动学生深度思维。李吉林老师说："课堂设计的活动促进儿童在已有知识的基础上建构新知识，而他们关注的新知识以及提出的问题，会形成建构知识的动力。"[1]的确，小学道德与法治课堂要引导儿童质疑，由质疑产生内驱力，进而去释疑，自发形成构建知识的动力。当然，问题的提出，绝不是无根之木、无源之水。

疑，观察后生成。"和润"课堂中学生的提问应是基于他自己观察思考之后提出的，是在细节观察中的生成。如"大家排好队"一课中，教师出示电影院场景，引导学生仔细观察。在学生发现地面上的等待线时，适时抛出"一米线"概念。孩子们在观察思考后，顿时提出了许多问题——为什么要排在一米线后？一米线有什么作用？还有哪些地方有一米线？针对学生提出的问题，教师组织学生开展合作探究活动，引导学生从明白电影院中一米线的作用，延伸到机场、银行等场所的一米隐私线，地铁站等场所的一米安全线。学生在观察中产生疑问，让疑问源自学生生活中的发现。在问题驱动下，儿童因疑而学，生发了对道德认知的渴求，使道德认知在疑问中，在学生的主动学习和探究中获得。

疑，情境中发生。"和润"课堂中学生的提问还应是在具体情境中生发的。情境展现的是学生的生活，在这样的情境中生成的问题是学生自己思考的结果，是学生自己的价值观问题。教学一年级上册第一单元第 4 课《上学路上》一课，教材情境是在上学路上认识交通标志，学习交通法规，学会安全出行。教学中，教师通过画面、音乐创设上学途中的学习情境：在车水马龙的柏油路上，由人行道、绿化带等隔开几条道路。学生的好奇心一下子被激发了，他们入境问学：行人应该走哪条道路？隔开来的几条各是什么道路？道路上方悬挂的交通标志分别叫什么？学生多了很多疑问，提出来的问题都很有价值。有的学生学习探究的欲望特别强烈，迫不及待地根据图案猜测交通标志所代表的含义。疑惑是学习的起点，它使学生产生探究需求，进入探究活动中去，

---

① 李吉林：《激情萌发智慧——李吉林情境教育论文选》，435 页，北京，教育科学出版社，2016。

学习有关法律法规。

疑，源自生活和认知。如教师教学四年级上册第二单元第 5 课《这些事我来做》时，在如何选择生活区时，老师连接了夏令营中的两种生活区域：一种是自主生活区，条件简陋，自己烧饭，自己洗衣，自己料理自己的生活，每天收费 30 元。一种是豪华舒适区，洗衣烧饭打扫卫生，都有专人服务，每天收费 200 元。老师事先做了一个调查发现：家长们均想选择高档舒适区给学生，那么，你想选择哪一种生活区域呢？面对此，学生产生真正疑惑：到底该怎么选呢？这的确是源于儿童生活和认知特点的真问题。接着，引导学生从哈佛大学的调查中去发现，从新闻链接中去感触，从同伴的选择中形成判断，主动从多角度观察、分析，学会多维度地看待问题，进而形成自我价值判断取向。这样的质疑，重视学生的独立思考，让他们在处理现实道德问题、道德情感体验冲突的过程中，提升思维能力、判断能力和选择能力等，增加对道德规则的认识和理解，从而促进道德的发展。

"学贵有疑"，引导儿童质疑，由质疑产生内驱力，进而去释疑，促进学生深度思考，自发形成构建知识的动力，在思考与实践中培塑学生正确的世界观、人生观、价值观。

第三步：唤醒经验——在班本方案中选择资源

"班本，也就是针对这个班级学生的特点而设计的教学方案。这一独特性，有的是指本班学生群体共有的经验，有的是个体独有的经验，有的是发生在他们身边的独有的资源……"①"和润"课堂要求教师在进行教学活动设计时基于儿童学情，凸显生活性特征，教学内容与教学资源的选择要源于学生现有生活经验，丰盈当下生活、引领未来生活目标。

链接班级事件：如二年级上册第一单元第 3 课《欢欢喜喜庆国庆》一课，国庆节热闹欢乐的社会生活场景离学生生活较远，为了让学生感受国庆欢乐祥和氛围，激发其对革命先烈的感激与怀念之情，教师出示全国各地的庆祝场面和学校庆祝活动图片，引导学生回顾学校开展的各项庆祝活动：唱红色歌曲、讲红色故事、演红色课本剧、诵红色经典诗词等。从本班学生参与红色课本剧表演照片中选取几张精彩剧照，现场采访表演者："当时你为什么眼含热泪？"引导学生交流内心真实感受，表达对革命先烈的崇敬和怀念，激发学生珍惜当前幸福生活的情感。本案例教学注重紧密结合本班学生实际唤醒了学生经验，架起了学生生活经验、道德认知和道德情感之间的桥梁，促进了学生的道德认知的内化。

借鉴他人经验：如教师在教学三年级下册第三单元第 10 课《爱心的传递者》时，为了让学生懂得"爱心在身边，助人从我做起"，老师运用了本班新转学生这个资源，请

---

① 董一红：《构建有温度的爱国主义道德与法治课堂》，载《教学与管理》，2020(20)。

他设身处地想一想：他刚刚从别的学校转到我们班，一个人来到一个陌生的集体，一定有许多地方需要别人的帮助，讨论：

①他转学来到我们班级，有哪些地方需要别人的帮助？

②回忆一下我们班的同学从哪些方面可以帮助他？

③采访：当时，你来到新的学校、新的班级，遇见陌生的老师、陌生的同学，大家给了你很多帮助，哪些帮助让你感到特别暖心呢？

④我们还可以怎么帮助他呢？

……

在接续他人——班级一名转学生的经验当中，学生更能设身处地地去考虑对方的需求，合理地表达自己的爱心，体会奉献爱心的美好，懂得助人要讲究方法，争做爱心的传递者。

巧用身边资源：在学习一年级上册第一单元第 4 课《上学路上》时，学生产生了疑问："警察叔叔和红绿灯同时在指挥，该听谁的呢？"学生为此争论。此时，即时连线班级同学李心怡爸爸——交警大队的李叔叔现场解答，并带领学生学习相关的交通法律法规。交警李叔叔，是本班学生独有的资源，曾经多次走进班级讲坛，给学生普及交通安全知识。本节课上，巧妙地利用这样的资源，让李叔叔给学生解答疑惑，讲解相关的法律知识，学生亲其人，信其言。在教学六年级上册第二单元第 3 课《公民意味着什么》一课时，巧妙链接隔壁班的学生资源小曹同学，他的妈妈是马来西亚人，爸爸是中国人，他在马来西亚出生，出生后，家人便给他办理了马来西亚国籍。那他可不可以拥有中国籍呢？引导学生充分展开讨论，然后请小曹同学来现场公布答案。身边的资源，具体亲切可感，丰富了孩子当下的生活经验。

针对班级特点，选择班本化的教学内容和方法，力求使课堂融入本班儿童的经验，消除了儿童与学习材料之间的距离，从而使课堂成为唤醒儿童经验、滋养儿童经验的地方。

第四步：体验自悟——在投入活动时感悟升华

美国教育家苏娜丹·戴克说："告诉我，我会忘记，做给我看，我会记住，让我参加，我会完全理解。"小学道德与法治课程具有活动性和体验性特征，"和润"课堂关注儿童生活中的问题与需要，倡导在学生亲历中体验，激发道德情感，形成道德认知，依靠道德意志促进行为习惯的养成。在这一环节中，教师要设计体验、探究、思辨等教学活动，创新德育方法，激发学生参与课堂的热情与主动性，使道德学习变得更入脑入心。为此，D 教研员与他的团队探索了三种体验教学法。

对比式体验：教师在教学二年级上册第三单元第 11 课《大家排好队》一课时，让学生先猜一猜宝箱内藏着的电影主人公是谁，学生参与学习活动的兴趣一下子就被激发出来。随后，又让学生到前面来透过小孔看宝箱中主人公。第一次，大家争先恐后，挤作一团，二十秒时间里全班只有几个学生看到。通过引导学生反思活动全过程，学生在切身体验和交流感悟中感受到不排队所带来的"没有序、不安全"等坏处；第二次，大家排好队有序地上前观看，同样是二十秒时间，所有学生都看到了，他们体会到排队所带来的有序和快乐。通过两次体验的对比，学生将体验活动转化为自己内在的学习心境，在前后对比中感受到无序的害处和有序的好处，从而深刻地认识到排队的重要性，形成了排队的行为意识，自觉地将道德认知内化为行为习惯。对比式体验能使学生感受充分，学习活动有声有色，顺乎儿童成长天性，满足他们的道德生长需求。

探究式体验：五年级上册第三单元第 6 课《我们神圣的国土》，教材上有"我国的陆地面积与欧洲差不多"这句话，如果单单告诉学生这个结论，学生没有体会，也不可能拨动学生的心弦。"和润"课堂上，教师让学生在地球仪或者世界地图上找一找自己的国家和邻国，比一比面积的大小。在这样的探究活动中，他们发现了我国陆地面积和欧洲差不多，欧洲由四十多个国家组成，我国的面积相当于欧洲四十多个国家面积的总和。这样的发现，让学生惊叹：我国的疆域多么辽阔！自豪感油然而生，润心无痕。

思辨式体验：培养道德智慧必须激发道德主体的能动性，促使他们产生道德激情。课堂上，创设辨析情境，则可助力学生道德智慧的生长。如在教学二年级上册第三单元第 11 课《大家排好队》一课时，教师创设了以下情境：排队取水时，我的好朋友也来了，他昨天才帮了我大忙，而且他现在特别口渴，我想让他排我前面，这样做，可不可以呢？有的学生认为可以，好朋友之间要互相帮助，这样友谊才能长久。有的学生认为不可以，如果让他插队，后面的同学会不高兴，甚至会说他的。对排在他后面的同学不公平。教师继续引导：看来，还不能让好朋友排他前面，排队得按照先来后到的顺序，这样才公平。那么有没有好办法，既能帮助他的好朋友，又不影响别人呢？有的认为自己灌了水倒给好朋友，有的认为可以帮好朋友灌水。教师点评引导后，有学生想到把自己的位置让给好朋友，自己排到后面去。可以看到，老师设计了这样的思辨体验，激发学生思辨的火花：在不断推进的教学中，学生会仔细辨析，深入思考，不断寻找解决问题的最佳路径，从"帮不帮"到"如何帮"，最终达成"巧妙帮"的道德智慧。辨析情境为学生思维层层深入，将道德知识自觉地内化，提高道德判断力提供条件。

"和润"课堂摒弃了空洞说教和概念化灌输，引导学生体验、加强、巩固与他们生活息息相关的道德行为。这属于"具身学习"，具有"游戏精神"，学生兴致勃勃投入一个个活动，使符号化的、与学生生活有一定距离的教学内容，变得色彩丰富，顺畅地进入学生的心灵世界。学生在活动中发现、悟得，让道德学习变得可感，让道德行为在体验中自然促成，从外塑走向内生。

第五步：实践导行——在回归生活中生长德行

"教学就是要开创一个实践真正的共同体的空间。"①道德与法治课来源于生活，终究要回归学生的生活，将课堂教学活动扩展到校园、家庭、社会等儿童生活的空间，引导儿童学会智慧地处理生活中的真问题，从而逐步养成良好的道德行为习惯，将道德教育落地生根。D老师与她的团队探索了三种实践导行途径。

动力定型：人的大脑皮质是人体各种活动的最高调节器官，它的基本活动方式是条件反射，人们长期定时从事某些活动，便会建立良好的条件反射，称为"动力定型"。习惯是一种动力定型，是在相同情境下出现的相同反应。习惯形成后，它总会在一定的情境中启动。养成某种习惯的人，一旦到了特定的场合，习惯就会表现出来。如教师在执教一年级下册第一单元第2课《我们有精神》一课时，学到"坐立行，有精神"，现场练习行如风：站直，收腹，挺胸，平视，手臂自然摆动。按照这样的要求，一组一组地进行练习，强化行走有精神，这样，课后学生会下意识地"行有精神"。

智慧运用：道德智慧能促成学生生命和谐与圆融，它是道德教育的核心与灵魂，是道德与法治课堂的最高追求。培养道德智慧必须激发道德主体的能动性，促使他们产生道德激情，进而导行。如教师在教学三年级下册第一单元第3课《我很诚实》一课时，创设了学生去医院看望重病的长辈这一生活情境，引导学生思辨什么是"善意的谎言"，理解它与"说谎"有何本质区别，在思辨与交流中认识善意谎言带来的积极影响，帮助学生形成正确的价值观，并在生活中智慧地运用。

延展促成：美国著名行为主义心理学家卡尔·拉施里认为，一种行为至少要重复21天才会初步形成习惯。学生良好行为习惯的养成，仅靠课内的正确认知是不够的，还应延伸至课外生活，在生活中不断践行，这样才能真正将认知外化为行为自觉。如教师在执教三年级上册第二单元第5课《走近我们的老师》一课时，教师在课堂上引导学生感受教师的辛苦与伟大，并懂得如何用实际行动来表达对教师的感激和尊重。教学结束后，学生的学习活动并没有停止，教师组织开展了"尊师一月行"活动，设计了"尊师爱师评价表"，每周从认真学习、主动问好、帮忙做事、关心老师等方面请同伴和老师对自己做出评价，督促学生在实际生活中不断践行道德认知，从而养成爱师尊师的良好品德。"和润"课堂，重视学生生活智慧的启迪、实践空间的延展、行为习惯的养成。

当然，"和润"课堂的五步实践并不是一成不变的，教师要以"和润"理念为引领，根据教材特点及学生学情创造性地运用，打造自然、和谐、无痕的小学道德与法治课堂，在潜移默化中润泽学生生命，实现德行的不断生长。

---

① ［美］帕克·帕尔默：《教学勇气——漫步教师心灵》，91页，吴国珍等译，上海，华东师范大学出版社，2005。

　　由二年级上册第三单元第 11 课《大家排好队》一课"和润"课堂的构建，拓展到各个年级、各种主题的小学道德与法治"和润"课堂的尝试，D 教研员和她的团队老师发现：小学道德与法治"和润"课堂，尽管不能彻底消除当下道德与法治课存在的问题，告别小学道德与法治课堂的"干涩"，但在将抽象道德知识化为触手可及情感体验、行为智慧和行动自觉，让学生从生活中发现问题，在活动中深化体验，最终回到生活指导、规范与提升自己等方面。

　　构建小学道德与法治的"和润"课堂，学生身心愉悦，德性生命舒展自如，让学生真正成为课堂的参与者、探究者。

案例思考题

　　1. 关于小学道德与法治"和润"课堂的主题大情境创设，你认为有哪些注意点？

　　2. 关于小学道德与法治"和润"课堂的操作第二步——观察生疑，你认为学生的疑点落在何处，才是有价值的？

　　3. 讨论：小学道德与法治"和润"课堂五步操作法的教学效果有何不同？

　　4. 关于道德与法治"和润"课堂的构建，你认为还有哪些方面可以进一步完善？

案例8 道德认同视角下六年级上册道德与法治教材小学法治教育专册生活化教学策略初探

康平夏 中小学一级教师 苏州工业园区星湾学校

2014年10月，党的第十八届四中全会讨论并通过了《中共中央关于全面推进依法治国若干重大问题的决定》，明确提出"深入开展法治宣传教育，把法治教育纳入国民教育体系和精神文明创建的内容。从青少年抓起，在中小学设立专门的法治知识课程"。2016年6月，为了深入贯彻党的十八届四中全会精神，落实好相关要求，教育部、司法部和全国普法办联合印发了《青少年法治教育大纲》，青少年法律素养和法治意识的培育和提高成为国民教育的重点内容。2017年，小学思品课程正式更名为"道德与法治"，由一年级开始使用统编道德与法治教材，并在教材内容中逐步渗透法律知识，进行法治教育。2019年9月，小学一到六年级的统编道德与法治教材开始全面投入使用，K老师欣喜地发现六年级上册道德与法治教材为小学法治教育专册（以下简称六上法治专册），成为小学法治意识培养的主要阵地。《义务教育道德与法治课程标准（2022年版）》也把法治观念作为学生核心素养目标之一。

S市的X学校地处一线城市的工业园区CBD，是一所九年一贯制公办学校。建校12年，有137个班级，6500名学生和411名教职工。目前，X学校已经获得了国家、省市几十项荣誉，连续多年来家长满意度100%。2019年6月，X学校的小学道德与法治教师团队在市小学道德与法治教研员、正高级、特级教师和市学科带头人H老师的带领下申报了《小学道德与法治学科激发学生道德认同的研究》省级课题。组内道德与法治教师围绕"道德认同"这一关键词在各年级的道德与法治课堂上进行了实践研究，建立良好关系、连接真实生活、增强情感体验、运用心理元素四个维度，探索道德与法治课堂激发道德认同的教学策略。

在执教六年级法治专册时，教研团队发现这册教材聚焦法律，基于学生思维领悟能力和价值判断水平，采取集中学习的方式，以宪法精神为主线，以知识生活化和德法相融为出发点，对宪法的根本法地位、公民的基本权利和义务、国际公权力的来源及行使等基础法律问题进行讲述，帮助学生感受生活中的法律，在初学法律的阶段形成体系化认知。专册教材"强调法治教育与道德教育结合，注重以良法善治传导正确的价值导向，把法律的约束力量与道德教育的感化力量紧密结合起来，注重从生活实际出发，突出道德教育的引导，力图让学生体会到法律的保护与温暖，实现法治的育人功能"。陶行知先生提出"生活教育理论"。他认为"生活即教育"的教育思想。为此，生活化教学是指教师以学生为中心，以日常生活为基点，用贴合学生生活、符合学生现阶段认知水平的案例、情境、语言等来丰富课堂教学内容，将学科知识与生活实际结合起来，发挥学生的主体作用，增强学生的学习兴趣，引导学生感知生活、体验生活和学会生活。而一节既有"法律味"又有"生活味"的法治课，是能增进学生的道德认同，达到所学知识有效导行的目的。因此，有效的生活化教学是六上法治专册的重要教学方法。

一、困惑：目前六上法治专册的生活化教学存在哪些问题？

六上法治专册内容主要分为四个单元。第一单元"我们的守护者"主要介绍了法律就在生活中，宪法是根本法。第二单元"我们是公民"介绍了公民这一法律身份，以及公民的基本权利和义务。第三单元"我们的国家机构"主要介绍了我国的国家机构、人民代表大会制度、权力监督等内容。第四单元"法律保护我们健康成长"介绍了法律对于未成年人的特殊保护，以及运用法律维护权利的方法。这四个单元的内容虽然看似是法律知识，但是细读教材就会发现，教材编写时并不是重法律知识的传授，而是重法治意识的培养；不是重知识的讲解，而是重实践体验的过程。教材编写特点以及道德与法治课的教学特点都力求使学生将所学的法律知识内化于心，外化于行，能够用法律思维来考虑问题，用法律知识来解决问题。所以在教学六上法治专册的时候，特别要注重教学与生活的紧密联系，让学生在了解生活的过程中学习法律，再用法律的知识去分析解决生活中遇到的法律问题。

2020 年 9 月，六上法治专册已经开始第二次施教。K 老师对两届学生和任课教师分别进行了访谈调查。反馈如下：

第一次学习的学生：乍一看六上的教材觉得很感兴趣，因为都是我以前不太了解的内容。但是学起来才发现那些法律条文长而难懂，很容易遗忘，并且经常混淆。课堂上经常是老师在讲，我们在听。

即将开始学习的学生：这一册的内容从课题上看就不太明白。不是说这一册都讲法律吗？那为什么还讲到了公民、国家机构、人大代表？这些和法律有什么关系呢？我其实挺想知道的。我还想知道我们遇到哪些事情可以用哪些法律？才六年级的我们怎么运用法律呢？

已授课教师：其实我自己对于某些法律条文和法律概念都不太懂，所以在讲授的时候不敢乱说。由于我们都是语文老师和班主任进行兼课，身兼多职，没有那么多的时间对众多的法律条文进行深入研究。所以我一般都是以书为本，书上怎么讲，我就怎么教。教学过程中，学生讨论和举手发言的热情明显不高，有时候提出的问题我都不知道怎么回答。

即将授课的教师：听说这一册的内容很难，我翻看了一下，的确距离学生的生活较远，如国家机构的设立和作用、宪法的概念等。六年级的学生处于道德养成期，公民意识开始觉醒。俗话说没有规矩不成方圆，国法家规都可以让学生学会遵守规则，自觉付诸行动，并逐步规范行为，从而成为一个守法公民。

经过访谈，再结合这四个单元的课程内容，K 老师发现：学生和老师都对学习法律专册的必要性给予了肯定，部分学生对于法律专册的学习具有一定的兴趣。但是教材含有大量的法律内容让许多没有接受专业知识的小学教师难以驾驭，所以很难准确定位和分析教材，在讲课时难免会照本宣科，满口"法言法语"，这让本来就晦涩难懂的法学知识更不容易被学生消化和内化。而学生在反馈和分享的时候，只有"童言童语"的他们会觉得难以表达，课后也不容易留下深刻印象，并产生深远影响。对于学生而言，法治教育的目的不是要求学生掌握准确的法律条文，而是培养学生的法治意识，感受生活中的法和身边的法，学习做遵纪守法的好公民。法律从生活中来，最终还是要回到生活中去，运用生活化策略，提高学生社会生活参与度，才能逐步提升法律在学生心目中的地位，达到提升学生法治素养的目的。

经过访谈和教学探讨活动后，K 老师团队都认为六上法治专册生活化教学还存在问题。

伪生活化的教学案例使得课堂教学脱离实际。一方面，教材和生活之间的关系难以处理。部分教师认为法治专册的生活化教学就是简单地将教材中给予的案例运用于课堂上，用分析交流案例的方式来讲解知识点。而仔细研读教材不难发现，六上法治专册富有浓郁的生活气息，取材于学生看得见、摸得着的生活。另一方面，教材的统编性质也决定了其内容不可能完全贴合学生生活所在地的情况，可能会出现离学生现实生活比较遥远的事例，因此，这样的生活案例用在课堂上，依然难以摆脱照本宣科的结果。

单一生硬的教学活动使课堂缺乏吸引力。生活化教学不等于单一的案例研讨。在组织教学时，部分教师认为研讨案例就是生活化教学的观念失之偏颇。案例满堂灌，则会让法治课堂内容呈现方式比较单一、生硬。根据访问调查，老师在教学时使用率最高的方法是讲授法、小组讨论法和合作探究法，这三种方法符合六年级学生认识和理解新事物的心理过程与思维水平。但在实际教学中，学生反映小组讨论和合作探究常常流于形式，并不能真正起到思维碰撞的效果，难以提高学生对法律知识的兴趣，难以引导学生学习运用法律。

针对这些问题，学期初，X 学校小学道德与法治教研组利用教研活动进行了研讨，希望能探索出落实法治专册生活化教学的有效策略，为开学后的课堂教学提供课例。

经过交流，教师们发现六年级上册第一单元第 1 课《感受生活中的法律》的教学目的是引导学生感受法律的存在，明确国家实施法律会保护我们的权利，维护我们的自由，引导学生初步形成亲近法律、遵守法律的意识。这一课教材内容与生活联系密切，教材中有大量的生活场景和事件，对于落实生活化教学具有借鉴价值。因此，我们选择了这一课作为研讨课题。

二、探索：六上法治专册的生活化教学如何实施？

经过商讨，两位老师决定以六年级上册第一单元第 1 课《感受生活中的法律》的第三课时"法律作用大"为教学内容，进行课堂教学的展示研讨，探讨如何有效建构六上法律专册的生活化教学课堂。教学由工作九年的 Q 老师和工作十三年的 K 老师进行。

(一)Q 老师：依照课本，边读边议

1. 谈话导入

(出示下棋、踢足球的图片)看，他们在干什么？下棋和踢球需要注意什么？作为社会生活中的基本准则，法律为我们设定了行为准则，提供了外部保障，维护着我们的正常生活。(学生结合生活经验回答，了解若没有规则，游戏和生活就都无法正常开展。)

课前我们分组采访了同学和老师：是否了解我们的学校生活会涉及哪些法律？这些法律发挥了什么样的作用呢？一起来听一听吧。(采访小组整理资料，推荐学生交流。)

2. 法律如同指南针——行为指引

同学们，你碰到过这样的情况吗？你看到这些提示又会怎么做呢？

出示图片：玲玲在儿童刊物上发表了一篇小说。交流：玲玲她拥有什么权利呢？(著作权)

出示图片：公共场所禁止吸烟。

交流：想一想，在公共场所，我们还应该注意什么？

教师小结：法律如同指南针，告诉我们行为的方向。法律保障我们可以选择自己的生活；法律督促我们积极承担起对他人、社会和国家的责任。

3. 法律如同尺子——评价作用

过渡：法律还如同一把尺子，衡量我们行为的对错。早在春秋时期，法律政令就是治理社会的规矩绳墨。

读一读。(出示"阅读角")说一说，你读懂了什么？

看一看，下面的几张图片给我们讲述了什么事？法律发挥了什么样的作用？出示图片。

图片 1 禁止酒后驾车，法律让我们更安全。图片 2 告诉我们，残疾人受法律保护，法律让生活更有保障。图片 3 的交通事故中，肇事司机承担全部赔偿责任，法律让生活更公平。

你还知道或经历过哪些与法律有关的故事，说说它带给我们什么样的启示。让我们一起走进"法律故事会"。

教师小结：法律如同尺子，对我们的行为做出评价。合法的行为受到保护，违法的行为受到制裁。当争议和冲突发生时，国家行政、司法机关依据法律，做出公正的处理。

4. 法律如同武器——保障作用

当我们的合法权益受到侵害时，该怎么做呢？你认同下面同学的观点吗？为什么？

观点 1：如果有人偷摘我家果园的葡萄，我就去摘他们家的。

观点 2：如果有人欺负我弟弟，我就找人去教训他。

观点 3：如果我被别人家的狗咬伤了，那我也没有办法，只能认倒霉。

学生分组讨论并分享。

如果爸爸的公司拖欠工资，那么爸爸应该怎么办？

学生交流，出示《中华人民共和国民法典》。

教师总结：当我们的合法权益受到侵害，应该善于运用法律武器，依法维护自己的权利。

Q 老师教学反思：教学内容条理清晰。从规则导入，以案例为讨论内容引导学生认识到法律的三种作用。在案例中分析思辨，在小组活动中分享总结，学生能顺利说出法律的这三种作用。导入环节的案例让学生很感兴趣。下象棋和踢足球是他们喜闻乐见的活动，能结合生活谈感受。这些案例的对错指向性太明显，学生也能作出判断，在讨论中时而涉及法律层面，时而又回到了道德层面，讨论和交流一度变成对错误行为的批判。而关于偷摘葡萄和拖欠工资等案例学生能分享的东西非常少，在相关案例分享环节和讨论环节中，学生显得比较沉闷。课后，学生们留下印象的是其中自己感兴趣的案例，而不是这些案例背后呈现的法律现象和法律作用。

X 学校的道德与法治教师听完课后普遍认为，Q 老师的教学虽然有一定的效果，但教学设计没能调动学生学习积极性，缺乏能力提升和价值引领。教师完全依照教材教学是不太合适的，因为教材的编写不可能是针对所有学生，以所有学生的社会生活为基础的。新课标强调教材的使用必须和学生真实的生活联系起来，教材仅仅是教学的范例。如何活用教材，如何链接学生的真实生活，让孩子体会到法律在生活中的巨大作用？带着这些问题，K 老师进行了如下尝试。

(二)K老师：链接生活，组织活动

活动一：回顾疫情，明确规则的作用

对照世界疫情的数据变化图和中外两国人民在疫情中的表现，结合自己在疫情期间的所见所闻谈一谈是哪些规则让中国取得了初步胜利。明确规则的重要性和法律作为社会基本规则，增强学生对规则的认同，激发学生探索法律的好奇心。

活动二：参与游戏，感知法律指引方向

1. 学生观看X学校小赵的校园生活视频，谈感受。从学生日常校园亲历生活入手，初步感知规定学生享有受教育的各项权利，明确了学生应当努力学习、遵纪守法的义务，指引了每个学生的行为方向。

2. 游戏活动：向左走向右走。遇到问题，小赵该往哪里走呢？请大家一起来帮帮他，大家认为应该向右走就举起右箭头，向左走就举起左箭头。

A. 当苏州工业园区人大代表换届选举时，作为年满18周岁的选民应该怎么做？（出示园区选举照片）

左：这和我们每个选民都有关，我要积极参与。

右：多我一个少我一个无所谓，我还要忙着作业玩耍。

B. 2020年9月3日，在某超市门口，一位老人被人在脖子上挂了一块牌，上面写着"小偷，第三次偷"。

左：偷了东西就应该被惩罚，挂牌示众是他罪有应得。

右：这伤害了老人的自尊心，偷窃行为严重可以报警解决，不能示众。

C. 周末的S市中心人潮涌动，一位叔叔想在商场里抽烟。

左：抽烟是叔叔的自由，其他人无权干涉。

右：S市中心是公共场所，叔叔不能在这里抽烟。

通过游戏了解法律规定的名誉权、选举权，明晰在公共场所不吸烟是每个公民应尽的义务。让学生在日常生活中感受到法律的存在和作用。

活动三：合作探究，体会法律衡量行为对错

1. 课前，同学们分好小组对近来S市的热点问题进行搜集选择。请每一组展示自己选择的热点新闻进行介绍。

事件1：一女子未戴头盔被交警拦下，但是却拒绝接受处罚。

事件2：S市政府为残疾人小李哥哥安排好了就业岗位，这让大学毕业却还没有找到工作的小张哥哥产生不满："凭什么他残疾就能由政府安排工作？"

事件3：S市中心一个十字路口发生了一起交通事故，非机动车闯红灯被机动车撞翻在地。交警到来后却开出了非机动车驾驶人员负全责的处罚书。对于这一处罚，非机动车驾驶员表示不满，周围的群众也议论纷纷。

各小组选择感兴趣的案例，结合资料进行小组探讨，并请组长分享各组讨论结果。学生讨论后发现："一盔一带"保障了人民的生命安全，小张哥哥的事儿让大家了解到法律让社会更公平，机动车免责让大家知道法律帮助真正的受害者，实现社会的公平正义。对照社会主义核心价值观，感受法治的魅力。

活动四："实践园"感受法律的保障作用。

1. 那么，当我们的合法权益受到侵害时应当怎么做呢？

模拟情境 1：出示新闻——王叔叔的银行卡丢失后被一位老人捡到，老人认为自己不偷不抢，不仅盗刷一万八千元而且拒绝归还。王叔叔应该怎么做？

学生模拟表演后再看新闻中法官的判决，知道遇到类似问题应该如何寻求警察的帮助，学会用法律保护自己。

模拟情境 2：阅读《小静的日记》，了解小静遭受到的校园霸凌，请大家来帮帮她。

学生进行情境模拟后了解到当合法权益遭受侵害时，以牙还牙和忍气吞声都是不可取的，必须要了解法律援助的相关知识和渠道，才能维护自己的正当权益。

2. 通过应对模拟情境中的问题，学生体会到了法律对日常生活的保障作用。

环节五：普法微讲堂激发兴趣

教师组织学生观看"普法微讲堂"。法律故事未完待续，欢迎大家一起来知法、守法、宣传法，并写一写自己知道或经历过的与法律有关的故事。

K 老师教学反思：这一课时的教学内容条理比较清晰，案例也比较多。但是仔细研读教材中的案例时，却发现部分案例距离学生生活比较远，如偷摘葡萄和拖欠工资这两个案例对于生活在比较发达的 S 市学生来说，相对经历较少。发表小说的案例涉及的学生人数实在太少，酒后驾车案例又比较陈旧。

X 学校道德与法治老师听课后普遍认为，本课选择 S 市和国家的社会热点新闻替换教材中的部分案例，并在课前组织学生去搜集和选择新闻案例，实现学习活动从书本和课堂向生活延伸，拓宽了学生的学习场域。无论是"抗疫"还是"一盔一带"，都是与学生生活紧密相关的场景和事件，学生有深刻的生活体验，能调动起学生的生活经验来认识不同的法律，体会到法律与生活的紧密联系。课堂中，老师用指南针、尺子和武器这样的形象比喻设计了不同的游戏，例如：充满思辨性的向左走向右走活动，让每一个孩子都可以发表自己的看法，增强学生参与性；小组合作的探讨汇报，展现出合作学习的智慧；情境模拟的实践操作让学生能在活动中试一试，初步尝试"运用"法律的好处，这是一节比较"走心"的法治课。

三、讨论：六上法治专册中法治教育生活化教学有效路径有哪些？

通过两位老师的课堂教学对比，X 学校的道德与法治教师围绕生活化教学目标的落实、生活化教学内容的选择、生活化教学方法的运用三个维度，针对六上法治专册的生活化教学路径进行研讨。

1. 明确靶向，精准定位生活化教学

而六上法治专册的教学目标设定要根据法治教育和学生发展的特点，落实好法治观念培养目标。

K 老师在教学中设定的目标之一是引导学生进行生活经验与经历的回顾，利用游戏、小组合作和情景实践等方法感受法律，体会法律的指引、评价、保障作用。此目标设定渗透在教学各个环节之中，注重在教学时激发学生探索如何正确运用法律武器的兴趣，并愿意通过各种法律途径来参与社会生活。

《青少年法治教育大纲》中提到：法治教育的总体目标是践行法治理念、树立法治信仰、崇尚法治精神，形成对社会主义法治道路的价值认同、制度认同，成为社会主义法治的忠实崇尚者、自觉遵守着、坚定捍卫者。因此，法治知识的传授和相关能力的培养是为了帮助学生树立法治意识，崇尚法治精神。K 老师设定的目标之二是：懂得珍惜权利，同时又要恪守自己应尽的义务，从而增强国家观念和法律意识，培养公民意识。这就使得法治观念素养培育贯穿于课堂教学的始终，并在每一个教学环节都得到充分体现，让学生真正感受到法律在生活中的重要作用，彰显法治教育的价值引领和育人目标。

2. 精选教学案例，助推生活化教学

教学内容是实现教学目标的基本载体，要优化六上法治专册的生活化教学，必须选取贴近学生生活实际的教学内容。教师将教学内容与学生的已有生活经验结合在一起，引导其关注生活和社会。然而，六上法治专册的"统编"性质决定了教材内容存在一定的泛化。因此，教材内容不能在教学过程中进行简单的照搬，而是需要教师的再次加工。教师可以通过网络、电视、报纸等各种媒介去挖掘学生身边适合的案例，并利用软件技术进行截取和处理，使之成为符合课堂教学和学生生活的学材。K 老师在教学中考虑到偷摘葡萄的案例离生活在一线城市的学生有一定的距离，且对于学生来说，问题缺乏思辨性，因此，K 老师选择了老人因偷东西被挂牌的事例，此事例发生在 9 月初，具有较强时效性。并且发生的场景和情节对于城市学生来说比较熟悉。该案例的使用在课堂上引起了广泛讨论，体现了精选生活化内容的重要性。

道德与法治是充满时代特点的课程，需要与时俱进，选择贴合教学目标的时政新闻和社会热点，更加有利于培养学生分析问题、自主探究和主动获取知识的能力，增强他们的社会参与度，彰显法治教育的魅力。如 K 老师在教学中考虑到目前 S 市，在经过多年相关交通法规的普及和较大力度的违法查处后，不酒驾已经成为一种社会共识。X 学校处于较为发达的园区，家长素质比较高，酒后驾车现象十分少见。便把这一案例用当下的时事热点话题——"一盔一带"来替换。"一盔一带"是国家大力提倡的新风尚，国家相关法规出台后，对不戴头盔骑电动车的行为进行查处，这一措施与群众希望便利的要求有冲突，安全与便利哪一个更重要？这使得该话题充满思辨性，让学生感受到法律法规直接规范着我们的日常生活行为，并保障我们出行安全。

在选择生活化的教学内容时，还应该考虑到所选案例必须与学科知识相对应，且符合学生现阶段的认知水平，力求将法治知识通俗化、生活化，来引导学生更好地理解法律知识。如 K 老师所选取的王叔叔丢卡被盗刷且索取无果的案例，整个案例以视频方式呈现，教学过程能让学生一看即懂，并能马上联系到学校生活中捡拾物品的经历，更能激发学生进行情景模拟实践的兴趣。

3. 优化生活化教学，落实生活化教学

在前期访谈调查中发现，由于道德与法治是一门考察课程，任教教师又多由班主任和语文老师兼课，他们对法治课堂的重视程度不高，从而导致法治课堂教学形式单一，教师们普遍照本宣科。法治教学看似讨论生活中的案例，但实际缺乏生活味道。学生还是纸上学法，止步于知识学习，难以内化于心、外化于行。《青少年法治教育大纲》明确提出要综合采用故事教学、情境模拟、角色扮演、案例研讨、法治辩论等多种教学方法，引导学生自主学习、合作学习、探究学习，激发学生学习法治知识的兴趣和动机，提高法治教育的实效。因此，在教学过程中要创设生活化的教学情境，运用多种教学方法，将枯燥法律知识应用到生动的法治教育中来，利用情境或案例帮助学生理解抽象概念，激发学生的学法热情。

K 老师在教学该课时，将整个设计分为五个活动：疫情回顾、游戏、小组探究、情景模拟、普法讲堂。这些活动将规则、交通道路安全条例、著作权、名誉权等抽象概念变为学生看得见、摸得着还能玩得起来的具体活动。活动中，学生不仅学习了抽象枯燥的法律知识，而且还因为这些趣味性的活动符合六年级学生的特点，激发了学生的参与感和求知欲，教师带着学生在探索中感受法律的作用，在感受中内化法治意识，同时也进行了自我法治教育。

在上述五个活动中，"普法微讲堂"的活动场所是 X 学校的直播间，设备先进，学生能清晰地看到直播。活动平台是 X 学校每周五早晨的红领巾直播间。这档节目的策划、供稿、播音、后期制作全部由学生来完成，是学校的重要德育实践基地。为此，我们将最后的行动作业"普法微讲堂"与学校德育活动进行融合，大大拓展了学生学法、用法的场域，增强了学生课后探究法律知识的愿望。

案例思考题

1. 教材中小学法治教育这部分内容是怎样编排的？如果你来执教六上法治专册教育，你会选择什么内容、运用何种方式来进行教育？

2. 阅读本案例，简述你对本案例中 Q 老师"依照课本，边读边议"生活化教学方式的理解。

3. 阅读本案例，简述你对本案例中 K 老师"连接生活，组织活动"生活化教学方式的理解。

4. 本案例中，Q、K 两位老师关于六上法治专册的生活化教学设计给你带来哪些启示？

案例9　问题引领下的小学道德与法治思辨式教学初探

任颖　中小学高级教师　南京市雨花台区教师发展中心

统编版小学道德与法治一、二年级教材的执行主编、南京师范大学道德教育研究所的孙彩平教授指出，道德与法治课程教学不再是以"学知识"为核心，不再是以儿童是否知道、是否记住为目标；而是将引导学生"学生活""学做人"，把生活"过好了"为最终目的。教学要借助"生活"这个不可或缺的道德学习场景，指导学生在实践中学习践行。

孙教授还提到，儿童实践智慧的培育，特别强调儿童对生活情境的整体感受，在明辨当下情境和问题的基础上，结合普遍的道德原则进行决断，以及在明辨与决断的前提下，结合自己的实际能力与可能的情境，做出明智的策略选择，再采取相应的行动。① 简单地说，就是儿童要具有面对具体问题、具体情况进行道德分析与选择的能力。由此可见，孕育儿童生活实践智慧的关键是聚焦在"道德思辨能力的培养"上。思辨，用拆词法来理解："思"即思考，指的是分析、推理、判断等思维活动；"辨"指辨析，是对事物的情况、类别、事理等的辨别分析。一个人在思考问题时能做到层次分明、条理清楚地分析，准确、明白有力地说理，我们就说其具备了较好的思辨能力。道德思辨，则强调对一个道德现象或道德问题多角度、多方位地进行深入思考，反复比较与鉴别后得出不同的答案，最后形成自己的符合道德标准的思维方式，这在儿童生活实践智慧的形成过程中发挥着极其重要的作用。正是因为强调小学道德与法治课程对儿童道德思辨能力的培养，所以，我们把如何开展思辨式课堂教学作为当下教学研究的热点问题。

C小学的道德与法治教研组长是区学科优秀青年教师，组内共有专任教师7人，兼任教师8人。为了更好地进行课程教学的研究和引领，教研组长Z老师与组内一名市级学科带头人R老师以及一名教龄6年的小T老师三人，组建成教学研究核心团队。该道德与法治教研组在学校"体验教育"思想的引领下，扎根课堂、勇于实践、坚持探索，先后开展过《关于体验性学习方式在道德与法治课中运用的行动研究》《低年级情境体验式教学中学生思辨能力培养的行动研究》等课题研究。他们积极探讨在道德与法治

---

① 孙彩平：《小学品德课程核心素养刍议——一个实践哲学的视角》，载《中小学德育》，2016(9)。

课堂上如何通过创设体验式活动情境，创造性地运用道德规范，引导学生学会把握总体道德原则，提升自身的实践智慧。

问题引领的思辨式教学是在该教研组课题研究成果的基础之上提出的，它注重发挥学生的主体作用，以有效的思辨性问题统领学生的学习活动，从而实现其认知、能力、情感的全面发展。

一、现场还原：一节校级研究课引发的思考

2019 年 10 月，C 小学道德与法治教研组即将举办一次教研展示活动，大家商讨后觉得，要利用这次活动将教研组一直以来的研究成果呈现出来。核心团队中的小 T 老师主动请缨，承担起研究课任务。她选择了三年级上册第三单元的第 9 课《心中的"110"》，执教第一课时。小 T 老师认真地研读了教材，将自己这一课时的教学目标定位如下：

1. 独自在家时，增强安全防范意识，要有警惕性。

2. 遇到陌生人要有基本的分辨能力，不轻易相信别人。

3. 培养自信心，具备与坏人坏事做斗争的生活智慧。

在该教学目标下，小 T 老师共设计了三大板块的学习活动：

第一板块：儿歌导入

1. 师出示儿歌《狐狸考小鸡》——

狐狸见小鸡：小弟弟，小妹妹，我来考考你。

你家在哪里？

门牌号是几？

小鸡答狐狸：我知道，我知道，就是不能告诉你。

师提问：同学们，你们觉得小鸡做得对吗？

学生判断说明理由。

2. 师：在生活中如果我们能像儿歌里的小鸡那样警惕一点，就像是在自己心里设定了一个 110 报警电话，这样就可以减少危险的发生了。

揭示课题。

第二板块：有人敲门会分辨

1. 师：随着我们渐渐长大，独自一人在家的机会越来越多。我们班有谁曾经一个人留在家里过？

统计人数。

2. 师：爸爸妈妈把你们单独留在家里，有没有叮嘱你们什么？

学生回忆生活经验。

3. 师揭示情境：瞧，这位小朋友名叫小文，今天也是独自在家的，没过多久，他

就听见了敲门声。当他遇到这两种情况时，能开门吗？请小组讨论。

情况1：敲门的是送快递和修燃气灶的人。

情况2：敲门的是邻居王奶奶。

小组学习要求：轮流发言，一人汇报，声音小一点。

4. 反馈情境1

小组汇报：这些人都是陌生人，千万不能随意开门。

补充视频：爸爸妈妈去医院了，来人声称是爸爸妈妈的朋友来拿东西的。

学生判断是否能开门。

师总结：陌生人来敲门不开门，如果陌生人在门口不走，就一定要打电话，或者实在是危险的话，要拨打110报警。

5. 反馈情境2

小组代表汇报。

老师扮演王奶奶，学生扮演小文。

师：小文，你在家吗？我是邻居王奶奶。我们家的衣服掉到你家阳台了，可以让我进去拿一下吗？

小文a：好的，王奶奶请进。

小文b：王奶奶，妈妈不让我给别人开门，您可以等我妈妈回来后再来取吗？

小文c：就当作没听见。王奶奶嘟囔着："明明听到有声音的，怎么装作没人在家呢，现在的孩子真是的！"

开展小小辩论会，请同学们各抒己见。

6. 师小结：我们独自在家遇到有人敲门时，要根据具体情况灵活分辨，智慧应对。

（板书：据情况 会分辨）

第三板块：遇到危险巧应对

1. 出示情境：小文一个人在家，突然听到门外有声响，但从自家房门的猫眼往外看，却发现猫眼被堵住了。他会怎么想？怎么做呢？

小组讨论。

2. 师：撬门作案的坏人多半是事先了解到家里没有大人才动手的。发现这种可疑现象，绝不可胆小害怕，无所作为，那样只能让坏人的企图得逞，甚至危及自己，造成伤害。（板书：遇危险 巧应对）但也不可以开门和坏人硬拼，可以给家长和邻居家打电话求助或者报警，一定要有自我保护意识。

3. 师：在特别紧急的关键时刻我们可以拨打110报警，但是我们不能遇到事情就轻易地拨打110把警察叔叔请过来，更多的时候要提高警惕，拨打心中的"110"，让心中的"110"伴我行。现在，你明白什么是心中的"110"了吧？

4. 模拟打报警电话。

5．安全大考验。

当你独自在家时，你可以这样做(请判断)：

(1)锁好防盗门。

(2)门铃响时，先看清楚来客是谁，不认识的人不要开门。

(3)来访者提出问题时，你可以隔门与其对话。

(4)有陌生人打来电话，告诉他家里没有人，让他不要再打电话来了。

(5)晚上开灯后，要拉上窗帘，不要让人从窗外看到只有一个孩子在家的情景。

(6)如果发现有人隔窗户偷看，需要尽快打电话给亲朋好友，或拨打110。

(7)如果窃贼已经进屋，但没有发现你，那么你应该大声喊救命。

6．制作安全卡。

7．师小结全课：即使在家里，我们也会遇到陌生人，我们要根据具体情况学会分辨，有危险要巧应对，心中常念"110"，安全记心间。

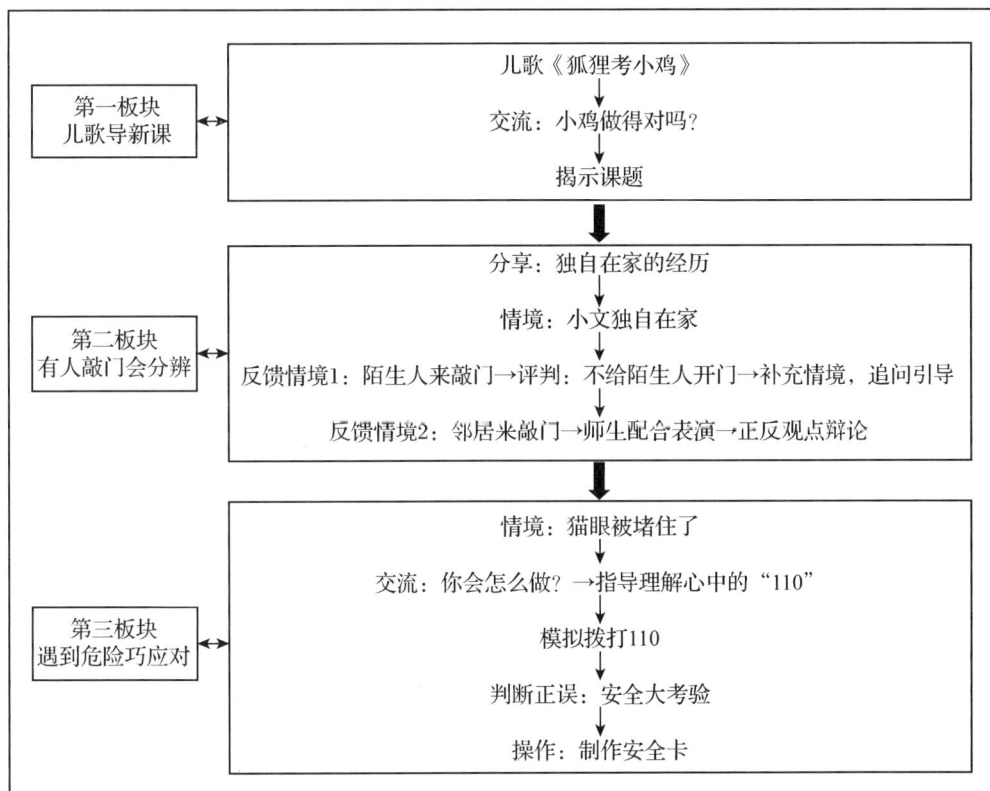

图 9-1　《心中的"110"》第一课时教学流程图

教研组的老师们在听完了小 T 老师的第一次试教后，纷纷发表观课意见：

A 老师：小 T 老师还是很注重通过创设情境来开展教学的，以主人公小文的经历来串起整节课，重点根据敲门人身份的不同指导学生分类进行讨论。但就是因为课堂上一直讨论的是小文的故事，总觉得学生自己的生活经验没有被真正关注到。

B老师：这节课紧紧围绕着"独自一人在家要提高安全防范意识"来进行教学，教学重点明确。但是在指导"如何应对陌生人敲门"时，除了强调不能给陌生人开门外，具体方法指导还比较缺乏层次。

教研组核心团队的R老师和Z老师一致认为：在教学中要坚持教材的价值取向，使教学关注儿童完整生活的建构。部编版小学道德与法治教材编写者何颖老师就曾指出："学校道德教育不宜过度夸大陌生人社会的危险性，以至于抑制儿童本能的交往冲动，亲近关系中善的养成是他们习得陌生人伦理的前提。教学中在引导学生运用法治思维分析和解决人的安全、规则等问题时，不能丢失人和人之间的'同情心''关爱心''良善'等更重要的价值。"①用通俗的话来说，就是我们不能让学生上完课就将陌生人贴上"坏人"的标签，丧失了在生活中与陌生人正常交往的勇气。这样来看，显然小T老师在课堂上过于强调对陌生人提高警惕，没能让学生辩证地思考问题，多维度、多视角地分析问题。

经过充分的组内交流，大家帮助小T老师重新建构了对这节课的辩证认识，T老师在教后反思中这样写道：我在课堂中呈现的活动情境都是教材里的儿童生活，教学还需要向班级里的儿童生活进行转化和对接。学生独自应对外人来访的经验并不是一张白纸，他们是有自己的智慧的，但这些智慧就像散落在夜幕中的星星，三三两两、零碎微弱，我要做的是在课堂上让学生通过活动把这些智慧汇聚串联起来，引导他们梳理出保持警惕的具体做法。我觉得自己备课最大的问题就是没从提高学生综合思辨力的角度来设计整节课，这样会使学生把在课堂上获得的一些认知教条化了。如果课堂教学过于单一、呆板，那么学生在学习之后又怎么能应对复杂的现实生活呢？

二、策略探究：思辨式教学的基本策略是什么呢？

有了第一次试教、磨课的经历，小T老师决定在第二次课堂教学时重点突破实施思辨式教学的问题。然而，受到经验和能力的限制，小T老师对于如何在道德与法治课堂中开展思辨式教学还是比较茫然，没有什么方向。于是，道德与法治教研组的教师根据自己以往的教学经验为其出谋划策。

A老师认为：实施思辨式教学就是要让学生在课堂上具有大胆批判反诘的勇气和自由。批判，是对错误的思想和言行的批驳否定，是"否定之否定"；反诘，包含着反思、追问，它们都属于辩证性思考，都能够引领学生透过表象的对与错、是与非进而深入探究道德问题的内因。人的成长往往是在"批判反思"中实现的，有了它，人才有了超越、发展和成就自己的可能。道德与法治课程中培育学生的道德思辨能力，尤其

---

① 何颖：《形塑儿童的生命安全——〈道德与法治〉三年级上册"安全护我成长"单元分析》，载《中小学德育》，2019(11)。

需要教师在体验活动中敢于放手，呵护学生宝贵的怀疑批判精神。因此，开展教学活动时要注意多元化和开放性，避免用非对即错的二元对立思维方式来禁锢学生；鼓励学生发声和争辩，不能因为课堂出现"不一样"的声音就害怕教师自身的道德权威性被动摇。

R 老师认为：道德与法治课堂上可以通过细致指导学生"自我对照"和"换位思考"来实施思辨式教学。"自我对照"顾名思义就是将"自己"和"自己"做比较。这里提到的两个"自己"，一个是具有道德元认知水平的自我，另一个则是在活动情境中有了道德体验提升的自我。可以看出，学生的"自我对照"强调的是思考的反省性，也就是通过不断地自我反省寻求提升，这其实就是思辨。而"换位思考"，则是从多元因素、多元角度来思考一个问题，可以对事物进行更加全面、理性的分析，这也属于思辨的范畴。在课堂上，换位思考常常可以通过角色扮演、情境假想等活动形式来实施。要注意的是，换位思考不是指学生仅对某一个角色的置换或迁移，而要在活动中设计多个角度、多种角色，以此让他们获得更为深刻、全面的感受，并从内心深处悟出更多理解事物的视角。

B 老师认为：道德与法治课上实施思辨式教学其实质就是引发学生的深度思考。学生要提升道德思辨能力，首先必须完善思维品质，成为一个"会思考者"。所以我们在教学时应根据学生的年龄特点、学习规律、认知水平等创设出一种包含所学知识的实际模拟环境，学生身临其中，不仅有身体的亲历，更有思想和情感的生发。在这样的活动情境中，教师如果能抓住关键节点恰到好处地提问，就能有效地指引学生思维向纵深发展。

而教研组长 Z 老师则引导小 T 老师回顾二年级上册第三单元第 12 课《我们小点儿声》是如何培养学生思辨能力的。

小 T 老师回想那节课上的重点教学活动：

> 活动一
> 通过学习我们知道了在公共场所说话要小点儿声。那是不是所有的情况下，说话的声音都是越小越好呢？
> 出示"课堂发言时""游戏呐喊时""用心看书时""小组讨论时"四个情境，分组实践、讨论这些时刻该用多大的声音说话。

> 活动二
> 出示想法 1，课间本来就是自由玩耍的时间，我为什么不能大声喊叫呢？
> 出示想法 2，课前老师要求发言要响亮，现在怎么又要小点儿声呢？
> 请分组讨论辨析。

小 T 老师猛然领悟到：

原来课堂中的思辨式教学要聚焦在不断促进学生体悟以及做出抉择的机智上。学生在课堂上接受的道德规范和准则往往是既定不变的，然而现实世界却是多元繁杂、不断变化着的。思辨式教学就是要让学生能变通，使头脑中僵化的知识变为灵动的生活智慧。

经过大家指点，小 T 老师对如何在《心中的"110"》一课中实施思辨式教学有了比较深刻的理解，她重新拟定了这一课时的教学目标和重点：

1. 独自在家时，增强防范意识，能根据来访者身份的不同，保持相应程度的警惕性。

2. 能以友善、平和的态度与人交往，提高分辨能力，不轻易相信别人。

3. 培养自信心，根据具体情况掌握一些安全防范的智慧。

三、聚焦核心：统领思辨式教学的问题设计应关注些什么？

在第二次进行备课时，小 T 老师发现，无论是创设开放的情境，还是设置思辨性活动，最后都要着眼于教学问题的设计。一个好的教学问题能架构起整堂课的教学逻辑，能调动起学生主动探究的热情，还能引导学生思维向纵深处发展。问题不仅可以成为学生学习的起点、手段和目标，而且可以变成学生认知、能力和情感发展的催化剂。总之，教师要借助关键性问题来"拎"起思辨教学活动。

于是，小 T 老师首先在本节课中预设了三个主要教学活动（见图 9-2）：

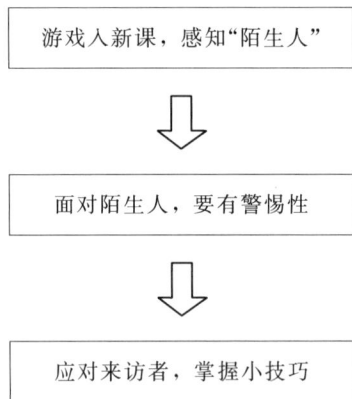

游戏入新课，感知"陌生人"

↓

面对陌生人，要有警惕性

↓

应对来访者，掌握小技巧

图 9-2 《心中的"110"》第一课时教学活动板块图

接着，小 T 老师在每一个教学活动中寻找出一个关键性问题来统领，并明确其中的思辨点（见表 9-1）：

表 9-1　《心中的"110"》第一课时关键性问题表

教学活动	关键问题	思辨点
游戏入新课，感知"陌生人"	提到"陌生人"，大家头脑中会有什么印象？	陌生人到底是坏人还是好人？
面对陌生人，要有警惕性	独自面对不同身份的敲门者，我们应该保持什么程度的警惕呢？	不论什么人敲门我们都应该一样对待吗？
应对来访者，掌握小技巧	独自在家遇到陌生人敲门时，我们应该怎么办？	遇到不同的情况有哪些智慧的应对方法？

搭建好整个课堂的大致框架后，小 T 老师在 Z 老师和 R 老师的帮助下，进一步进行课堂教学的精细化设计。经过修改调整的第二次课堂教学过程大致如下：

第一板块：游戏入新课，感知"陌生人"

1. 游戏：猜猜他（她）是谁？

根据提示猜猜这是哪位同学或老师。

说一说：为什么能猜得这么快、这么准？

2. 我们共同在这个班级里学习、生活了三年多，彼此都很熟悉。但是，在生活中我们更多时候面对的是既叫不出名字，也不了解情况，甚至从来没有遇见过的人，我们就把这样的人叫作——陌生人。看到这个词，你们首先会产生怎样的联想？

3. 老师分享自己与陌生人之间的温情故事。引发学生思考：你们有过因为陌生人的一句话或一个举动而受到感动的经历吗？

4. 小结：陌生人不一定都是坏人，在我们的生活中充满善意、带来温暖的陌生人还是有很多的。

第二板块：面对敲门人，要有警惕心

1. 播放陌生人冒充快递员上门行凶的新闻视频，提问：这个陌生人给彭女士带来的是什么？彭女士为什么会受到这样的伤害呢？

2. 小结：彭女士之所以受到伤害，是因为陌生人心怀歹意。

3. 同学们，你们独自一人留在家里过吗？是否遇到过恰好有人来敲门的情况？"开火车"说说都有什么人来敲过门。板书：敲门者身份。留待后面投票使用。

4. 出示全校三年级学生的统计表，指导读表。

5. 小组活动：用红、橙、黄三种颜色的磁石来给不同身份的敲门者投票区分警惕程度。

6. 小结：来访者越陌生，我们越要保持警惕性；相反，来访者越熟悉，大家的警惕性就越低。但能不能没有警惕性呀？

7. 生答：不能。

第三板块：应对来访者，掌握小技巧

1. 挑选警惕程度最高的来访者与学生展开探究：师生配合表演。

在表演中逐步确认敲门人身份、确认来访者的具体情况以及寻求帮助的方法。

2. 小结：在大家与来访者对话的过程中，有一点老师要特别点赞的，就是始终不开门。可是，有的同学认为，既然不给敲门人开门，那干脆我就假装没人在家不就行了吗？出示情境故事《小文的妙计》：

小文一个人在家时，不但不装作没人，到了晚上，还把家里房间的灯、客厅的电视机都打开。当听到有人敲门的时候，她假装爸爸妈妈在家，故意大声地问他们问题。结果陌生人竟然自己跑掉了。

辨析讨论：小文的方法妙在哪里？

3. 反思提升：通过本节课的学习，大家有哪些收获呢？

对比第一次试教和第二次试教，老师们经过研讨后一致觉得有三点明显提升：

第一，课堂更"整"了。

C 老师：这一次听小 T 的课，感觉课堂板块清晰、主线明确，逻辑性很强，让人一下子就能捕捉到小 T 在这节课中想要达成的教学目标。在小 T 心里，目标更加清晰了，课堂上的问答也变得有效了许多。而且我觉得，这节课上有三个主要教学问题的统领，老师还可以把一些琐碎的提问"化零为整"，减少课堂上提问的次数、增加问题的难度、促进学生思维的深度。

第二，学习更"活"了。

L 老师：第一次试教给我们的感觉是，老师把价值判断提前给学生，学生要做的就是在情境活动中验证这个判断是对的，缺少"辨"的意味和过程，课堂显得比较死板，而且容易导致学生遇到问题出现一边倒现象。这次课堂，主要设计的教学问题没有既定答案，在问题引导下学生自主探究自然地得出自己的结论，学生说出了许多不一样的想法。虽然有些地方小 T 老师还不太能驾驭得住，但学生学习特别投入。

第三，提升更"真"了。

S 老师：对比这两次课的教学，学生对于应对陌生人的能力提升是完全不一样的。第一次课，学生走进课堂之前认为陌生人是坏人，经过一节课学习之后认知依旧是陌生人不怀好意；而第二次课，学生在思辨问题的引导下，学会了一分为二地看待陌生人。第一次课，学生在生活中原本就具有独自在家遇到陌生人敲门要警惕的初步认知，课堂上这个认知并没有获得实质性的提高；而第二次课学完之后，学生自然会形成面对陌生人身份的不同，我们所保持的警惕程度就不同，越陌生的人越要小心。第一次课，学生学到的应对方法主要是两个——不开门和拨打"110"，很显然这也是课前学生既有的认知，而第二次课对于应对敲门人的技巧指导就很细致、有层次性，也能看出有些方法细节真的是学生之前没有关注到的，是生活经验中的空白。综合以上分析，我们发现学生通过第二次的课堂能力有了切实提高。

这一次课堂教学后，小 T 老师重点对如何设计问题引领思辨式教学进行了总结，小 T 老师觉得：问题的本身最为关键。要引领思辨式教学，首先要设计出具有思辨性的关键问题。教学问题具有思辨性，而问题的答案则应该具有开放性，不能是非 A 即 B；问题应该是复杂和有一定难度的，可以借助一连串相关联的问题来提升思维的含量和质量，引发学生深入思考，甚至产生一定的认知冲突；而且问题也应该是贴近社会生活实际和学生成长实际的。此外，提问的时机也十分重要。要在教学重点难点处设问，这是思辨式问题的出发点和终结点；要善于捕捉学生思维的矛盾，将矛盾放大了来提问，因为如果不在思维碰撞中放大冲突点，就不能激活学生的思维，重新进行道德建构，发展学生的理性思维品质；同时，还要关注学生的思维情况，透过表面现象洞察学生的内心，留心学生思维的空白和缺口，通过提问引导和挖掘学生的潜在思维，从而促进其有效思考。

当然，小 T 老师也积极反思了自己课堂中存在的不足，最为明显的就是，当面对开放灵活的思辨式问题时，学生的回答多样且多元，在师生互动的过程中生成性的教学资源纷至沓来，由于教学经验有限，自己把握教学契机的意识和能力还不足，有时不仅不能有效地回应和评价学生的回答，而且会错失将学生思维引向更深处的时机。

总之，在新课程改革的当下，道德与法治课堂要突破传统的纯知识传授与理论灌输的教学方式，开展思辨式教学无疑是一个十分有效的途径。C 小学道德与法治教研组关于"问题引领下思辨式教学"的探索符合新课改实践的要求，他们所采取的基于课例的磨课式教研为如何有效设计思辨式教学问题、全面实施思辨式教学积累了经验、总结了方法，也使得该校教研组在学生思辨能力发展的研究之路上又迈进了一大步，青年教师的教学水平获得了更多提升。当然，在道德与法治课程中培养学生的思辨能力是一个长期的过程，要摸索出有效实施思辨式教学的策略还需要不断地探索，仅仅凭一节课、一个课例是远远不够的，需要更多热爱教学研究的道德与法治教师立足课程、立足教材、立足课堂、立足学生，做躬耕践行的教学实践者和研究者。

案例思考题

1. 你认为学生思辨能力的培养在道德教育中有着怎样的地位和作用？
2. 阅读本案例，试比较小学道德与法治思辨式教学与传统教学模式的差异。
3. 阅读本案例，简述小学道德与法治思辨式教学的基本策略。
4. 阅读本案例，思考小学道德与法治思辨式教学中的问题设计要关注哪些方面？
5. 你在日常道德与法治教学中采用过思辨式教学吗？请根据教学实践举例说一说思辨式教学对教学目标达成有何促进作用。

案例 10　指向情感认同的法治教育方式初探

汪晓勇　　中小学高级教师　南京市武定新村小学

为深入贯彻党的十八届四中全会关于"将法治教育纳入国民教育体系，从青少年抓起，在中小学设立法治知识课程"的要求，2016 年 4 月，教育部办公厅发出通知，从 2016 年起，将义务教育小学和初中《品德与生活》《思想品德》教材名称统一更改为道德与法治。同年 6 月，教育部、司法部、全国普法办联合印发《青少年法治教育大纲》（以下简称《纲要》）。接着，《义务教育道德与法治课程标准（2022 版）》明确指出本课程"着力发展学生核心素养"，促进学生形成"正确的价值观、必备品格和关键能力"。其中"法治观念"作为本课程核心素养之一，是指学生通过接受法治教育"树立宪法法律至上，法律面前人人平等、权利义务相统一的理念，使尊法守法用法成为人们的共同追求和自觉行为。"基于此，六年级法治专册的教学并非简单的法律知识的讲授与学习，而是以社会主义核心价值观为引领，侧重小学生法治意识、尊法和守法行为习惯的养成教育；以宪法精神为主线，培养和增强小学生的国家观念和公民意识教育，将权利义务教育贯穿始终，使学生牢固树立有权利就有义务、有权力就有责任的观念，引导其成为社会主义法治的忠实崇尚者、自觉遵守者、坚定捍卫者。为提升法治教育效果，新课标还强调道德与法治课程教学要"遵循法治素养的形成规律，坚持教师主导与学生主体相统一。发挥教师主导作用，晓之以理，动之以情，导之以行……突出学生主体地位，充分考虑学生的生活经验，通过设置议题，创设多样化的学习情境，引导学生开展自主、合作的实践探究和体验活动，帮助学生形成正确的价值观，涵养必备品格，增强规则意识，发展社会情感，提升关键能力。"这些论述为小学道德与法治教师开展有效的法治教育提供了指导。基于此，教育部将统编版六年级上册道德与法治设置为法治教育专册，并于 2017 年秋季在部分地区先行试用，2019 年秋季全国统一使用。

《纲要》还强调："贴近青少年生活实际，注重知行统一，坚持落细、落小、落实；要更多采取实践式、体验式、参与式等教学方式，与法治事件、现实案例、常见法律问题紧密结合，注重内容的鲜活，注重学生的参与、互动、思辨，创新形式，切实提高法治教育的质量和实效。"这些论述为小学道德与法治教师开展有效的法治教育提供了指导。

W 小学道德与法治教研组由一位市级学科带头人 W 老师牵头，教研组由 2 名高级教师，1 名一级教师，3 名二级教师组成。道德与法治教研组学习风气浓厚，经常利用教研时间进行理论学习和课例研究。他们坚持以立德树人为己任，注重学生法治观念与法治思维的培育，尝试在法治教育中，增强学生对所学内容的情感认同，从而提升法治教育的效果。

情感是对外界刺激肯定或否定的心理反应，如：喜欢、愤怒、悲伤、恐惧、爱慕、厌恶等，是对客观事物与自身所结成的某种关系的不同态度。个体与他人或其他群体进行相异、相似比较后所产生积极的、肯定性的情感，进而模仿、吸收为自身成就客观目标的驱动力，这一感情、心理、行为上的同化过程即为情感认同。我们将在法治专册教育中充分发挥情感认同的选择作用、驱动作用、调节作用，强化学生的积极情感体验，从而让法治教育落到实处。

一、困惑：法治专册教学方式是否需要改进？

一线教师对法治专册的教学方式认知究竟怎样，教学中又有哪些实际困难？为了了解这些情况，W 学校的 W 老师在 N 市 Q 区就六年级上册法治专册教学实施情况对部分教师进行了调查，受调查教师有三种类型：一是参加小学道德与法治教学工作时间不足 5 年的中小学二级教师，二是工作 10 年左右的中小学一级教师，三是工作 15 年左右的高级教师。三类教师的反馈如下：

小学六年级上册的法治专册中有大量的"法言法语"和法律概念。这些法律知识非常专业，可我们老师并不够专业，所以在课堂上不要做太多展开和诠释，让学生读读就可以。

法治专册编写偏理性，因为法律本身就是"冷"的。教材中的活动也更偏重于认知层面，实际操作起来，很难在情感层面与学生产生共情。

在小学高年段进行法治专册学习还是很有必要的。通过让学生感知生活中的法、身边的法，能够帮助学生初步具备依法维护自身权益、参与社会生活的意识和能力，为培育其法治观念、树立法治信仰奠定基础。

纵观小学法治专册教材，其编写逻辑是以宪法教育为核心，以权利义务教育为本位，并贯穿始终。所以，《中华人民共和国宪法》（以下简称《宪法》）文本作为教材的重要补充，必须进课堂，仅仅简单地让学生打开《宪法》读宪法，实际教学效果并不好。

法治专册中列举了许多案例，力图用生动的案例引发学生学习法律的兴趣。鉴于此，教学中，教师不能仅仅就教材教教材，而要挖掘身边的鲜活案例，必要时，可根据学生认知特点，将真实法治案例引入课堂教学，注重学生法治思维能力的培养。

从法治专册编写风格来看，编者仍然力图在内容编排上贴近学生的生活，从学生的生活出发，帮助学生运用法治意识和法治思维去解决他们生活中的困难。因此，在教学时，教师还是要回归儿童的生活去教。然而知易行难，如何把"法言法语"转化为"童言童语"，如何既尊重"法理"又遵循"教理"，将法治知识教育与学生行为实践相结合，这对教师的教学要求很高，教师往往感觉心有余而力不足。

从上述访谈中，我们可以发现一线道德与法治教师对法治教育的价值虽有认识，但在"教什么"上，仍然偏重于法律知识的讲授。在"怎么教"上，仍然缺乏有效的方法手段。在"教到什么程度"上，还缺乏有效的评价手段。因此，如何通过法治专册学习，建立起法治与儿童生活的有效链接，引导学生在情感上认同法治，在行为中践行法治，从而帮助学生获得法治认知，促进其尊法、守法行为习惯的养成，学会过"法治生活"，已然成为一线教师无法回避的重要议题。

W老师是一位工作19年的教师，曾在省、市小学道德与法治优质课比赛中获得一等奖，具备一定的教学技能，他善于教学研究，有多篇道德与法治教研论文在省级期刊发表。作为W学校道德与法治的带头人，他在对小学六年级上册的法治专册研究中发现：第一单元第2课《宪法是根本法》是整册书教学的核心课，也是学生法律知识的起始课。可以说，本课教学的成败直接关系着法治教育的整体教学效果。

为全面了解教师对六年级法治教育的意见，W老师成立了一个研究小组。该小组由工作刚满1年的A老师，参加工作12年并取得区赛课二等奖的B老师以及参加工作19年的N市学科带头人C老师组成。该小组以第2课《宪法是根本法》第一课时的内容，开展了系列教学研讨活动。

研讨问题1：法治教育涵盖哪些法治教育内容？如何体现德法相融的特点？

A老师认为：法治教育涉及大量的法律法规，具体的法律条文和法律概念。《宪法》《中华人民共和国刑法》《中华人民共和国民法典》《中华人民共和国行政法》《中华人民共和国义务教育法》《中华人民共和国未成年人保护法》《中华人民共和国预防未成年人犯罪法》这些法对于学生而言是陌生的，学生要通过本专册的学习建立起自己与这些法律概念之间的联系是有一定困难的。

B老师认为：我们的法治教育方式不能是冰冷的，不能把法治教育简单地等同于法律条文或者法学理论。而是要引导学生感知身边的法，生活中的法，在真实的情境中，在具有实际意义的活动中去使用法，从而培育学生的国家观念、规则意识、诚信观念和遵纪守法的行为习惯。

C老师认为：我们在法治教育教学时还要注意如下几点：一是我们这门课程是一门德育课程，是一门育人课程，我们的教学要把法律的约束力量、底线意识与道德教育的感化力量等紧密结合起来。二是充分关注生活的复杂性，无论是法治手段还是道德力量都是我们去解决生活中实际问题的钥匙，缺一不可。三是要引导学生明白法律是底线的道德，道德是内心的法律。道德和法律是一体两面并非完全割裂。

最后，三位教师都认为六年级用一学期对学生集中进行法治教育，法治教育教材的编写以培养守法公民的视角，从学生生活经验切入，引导学生在观察生活中发现法，在案例辨析中明晰法，这对于提高学生法治观念和法律意识具有重要意义，使尊法、学法、守法和用法成为自身的共同追求和自觉行动。

研讨问题 2：教师在教学中应采用什么方式对学生进行法治教育？

经过研讨，大家一致认为教好《宪法是根本法》这课对于强化学生的法治意识至关重要。但如何用好教材做好学生的法治教育？三位教师展开了讨论。

A 老师认为：教材在编写上本身就已经遵循了生活逻辑，以宪法日为窗口，让学生走进宪法，了解宪法的基本内容。所以在教学时可以遵循教材逻辑，引导学生分享参与宪法日活动体会，从而激发学生学习宪法的兴趣，树立意识。

B 老师认为：教师教学不能拘泥于教材，而应该从学情出发，从学生已有的生活经验入手。通过学习第 1 课《感受生活中的法律》，学生对一些生活中常见、常用的法律已经有了感性认知，本课教学可以从学生已有的对法律的认知出发进行。

C 老师认为：通过课前调查发现学生对于《宪法》充满了好奇心和求知欲，因为这是他们知识和经验的盲区，他们很想知道宪法是什么，宪法在他们生活中起着怎样的作用。因此，采用指向情感认同的法治教育方式有利于引导学生树立学习宪法、尊重宪法的意识。

二、探索：法治教育方式到底如何设计？

经过商量，三位老师决定以《宪法是根本法》为教学内容，选择不同教育方式来设计这节课。三位老师均执教六年级，特安排三个平行班级进行教学，以便对教学效果进行比较。

(一)A 老师：遵循教材逻辑的教学(见图 10-1)

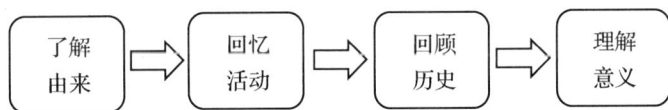

图 10-1　"遵循教材逻辑"的教学思路

1. 导入新课

师(出示"12.4"这个日期)：同学们，看到这个日期，你想到了什么？(国家宪法日)

2. 了解宪法日的由来

师：国家宪法日为什么是 12 月 4 日？请同学们自读教材 12 页，找到答案。

学生阅读书中资料：我国现行宪法是 1982 年 12 月 4 日颁布的。2014 年，我国将 12 月 4 日设立为国家宪法日，并通过多种形式开展宪法宣传教育活动。

师随机补充：从 2001 年开始，12 月 4 日就成为每年的全国法制宣传日了。

3. 回忆自己参加的宪法日活动

师：请同学们打开书第 13 页，看看陈飞平同学的发现，说说在宪法日这一天有哪些活动？你参加过哪些活动？

全班思考：在即将到来的国家宪法日暨"宪法宣传周"活动中，我们能做些什么呢？

4. 了解新中国第一部宪法

师（出图 1954 年宪法）：1954 年 9 月 20 日颁布的这部宪法是中华人民共和国第一部宪法。这部宪法诞生背后又有哪些故事呢？让我们一同走进视频《大揭秘：新中国第一部宪法的诞生》。

播放视频：《大揭秘：新中国第一部宪法的诞生》（片段）

全班思考：

(1)谁主持了新中国第一部宪法的制定？（毛泽东主席）

(2)为什么说"五四宪法"是我国第一部人民的宪法？（人民广泛参与，肯定人民在国家中的地位……）

5. 理解设立宪法日的意义

小组讨论：我们是不是只有到国家宪法日才要去学习宪法、宣传宪法呢？为什么？

播放视频：国家宪法日宣传片（片段）

6. 总结本节课所学内容

7. 课后延伸

自读宪法原文，发现你感兴趣的内容，下节课进行交流。

A 老师教学反思：

我教学时遵循教材逻辑，因为我觉得按照教材来教总不会出错。通过本节课的教学，学生对宪法日的由来和意义有了一定的了解，知道我国的第一部宪法制定的意义，对《宪法》也有了一些初步的认识。不过，这课堂整体感觉比较沉闷，学生的学习兴趣不高。我想，这和教材内容与学生生活联系不密切有一定的关系。

W 学校的道德与法治教师听完课后普遍认为，A 老师的教学虽然取得了一定的效果，但未能真正激发学生学法的兴趣和热情。小学道德与法治课程的出发点和落脚点都是为了学生，教学必须与学生的生活世界相联系才能真正促进他们的学习和成长，因此，教师在进行教学设计时不能仅仅是教材文本的活动化，还要将学生的个体经验和真实问题引入课堂，让课堂中的儿童与教材中的儿童对话，让同龄人产生经验的回应与情感的共鸣，让课堂成为解决真正问题的场所，让每个学生都能学有所得。鉴于此，如何活用教材？如何将理性的、看上去高冷的宪法转化成感性的、易于被学生接受的宪法？如何选取学生易于理解并能激发他们思考的真实案例进行教学……带着这些问题，B 老师与 C 老师进行了如下尝试。

(二)B 老师：从学情出发的教学(见图 10-2)

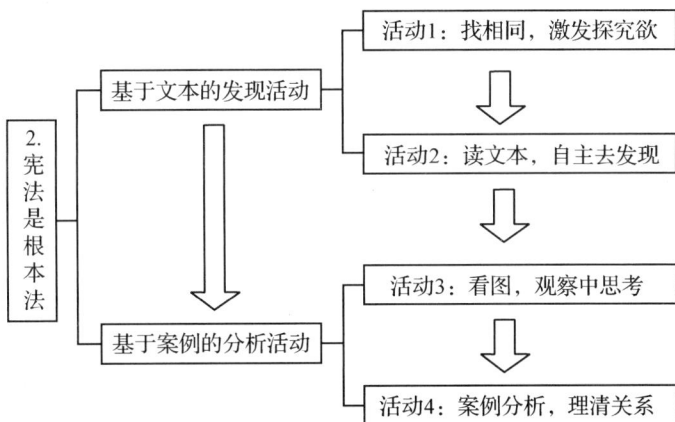

图 10-2　"从学情出发"的教学思路

活动 1：找相同，激发探究欲

师：让我们打开这三部法律，去读一读它们的第一条。(请同学读)

你发现以上三部法律第一条规定的共同点是什么了吗？(根据《宪法》，制定本法)

师：《宪法》是一部怎样的法律？它和其他法律是什么关系？这节课我们就来探讨该话题。

活动 2：读文本，自主去发现

师：课前，我们都自读了宪法序言的部分内容，通过阅读，你了解了些什么？

师：让我们再来读一读目录，你一定会有新的发现，宪法还规定了些什么？

师：所以毛主席称宪法是："一个团体要有一个章程，一个国家也要有一个章程，宪法就是一个总章程，是根本大法。"(生齐读)

师问生：宪法是……

小结：宪法是国家的总章程，是国家的根本法。

活动 3：看图，观察中思考

师：宪法是根本法，它与其他的法律是怎样的关系呢？让我们先来观察这幅图。从中你有什么样的发现？(同桌交流)

小结：宪法如同树根，其他法律就好比繁茂的树叶，宪法是制定其他法律的基础和依据。

活动 4：案例分析，厘清关系

1. 宪法最权威

师过渡：下面，就让我们用学到的知识来判断一下：可以制定这样的规定吗？

出示案例：广西某高校发文清查师生电脑。

生自由判断。

师：可不可以，不能凭感觉或经验，而应该有法律依据。前面我们学到：在我国，其他法律都是根据《宪法》制定的，所以要判断这样的规定是否合法，就必须在哪部法律里找依据？（宪法）

生快速打开宪法，开始查找相关法律条文，找到并读出。

师再次出示三部法律第一条。

师：现在知道为什么我国在制定其他法律时要有这句话了吧！谁来说一说。（任何法律都不得与宪法相抵触）

追问：如果让你用一个词来形容宪法在法律体系中的位置，你会用什么词？

小结：在法律体系里，宪法是根本法，是最高法，具有最高的法律效力、法律权威和法律地位。（板书）这些，在宪法第五条有明确的表述。

生齐读宪法第五条。

2. 需要其他法

师过渡：同学们，学到这儿，你们有没有想过：我们既然制定了宪法这个根本法，那么为什么还要制定其他法律呢？

出示案例：某网红主播因改编国歌被刑拘 5 日。

师出示宪法相关条文。

思考：仅仅依据宪法能对杨某处以行政拘留吗？

小组交流：为什么有了宪法还需要其他法律？

小结：宪法规定的是国家和社会生活中最重要、最根本的问题，需要其他法律去维护宪法的权威。

B 老师教学反思：

我通过课前调查发现，学生在平时生活中并没有关注到"宪法日"。如果还是遵循教材编写的逻辑，从感知"宪法日"开始教学，这条路是走不通的。所以我基于学情，大胆地将教材第二板块"宪法具有最高法律效力"移到第一课时来上，通过联系学生已有的生活经验，自然地导入本课的学习。此外，我在用好教材资源的同时，还适时补充了一些生活中的真实案例，强调违反宪法的后果，引导学生遵纪守法，不做违反宪法和法律的事情。但我感到学生对于宪法权威性的认识不足，对宪法地位认识不清。在阅读宪法的过程中，我发现一些学生对于宪法文本缺乏尊重。

W 学校的道德与法治教师在集体评课时，对于 B 教师基于学情重组教材的做法给予了充分肯定，也对其引入一些真实案例，让学生明白宪法就在我们身边，大加赞赏。但也有教师指出 B 教师的教学过于理性，学生没有从心里对宪法产生敬畏感，也没有真正建立宪法与学生现实生活的联系，那如何解决这些问题呢？

(三)C 老师：指向情感认同的教学(见图 10-3)

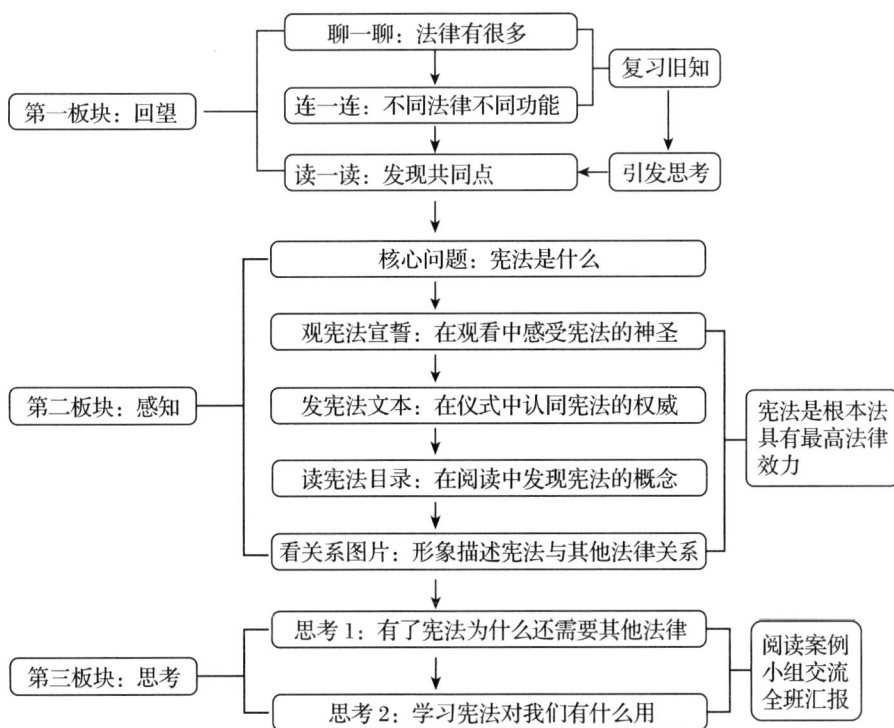

图 10-3　"指向情感认同"的教学思路

活动 1：观宪法宣誓，在观看中感受宪法的神圣

师庄严地出示宪法文本：这就是宪法，它常常出现在最庄重的场合，最庄严的仪式上。

播放：习近平宪法宣誓视频

师：谁在进行宪法宣誓？(生回答习近平主席)

师：习近平爷爷作为国家的最高领导人，在任职的时候都要依法进行宪法宣誓，说出这铿锵有力的誓词(出示宪法誓词)，从中你感受到了宪法有哪些特点？(神圣、威严、重要、每一个人都要遵守宪法，维护宪法……)

活动 2：发宪法文本，在仪式中认同宪法的权威

师：今天，老师也为咱们班每一个同学准备了一本宪法。等下组长分发的时候，请每位同学伸出双手，用最庄重的姿态迎接它。

组长分发，师要求学生将宪法举在胸前。

小结：宪法是神圣的，爱护我们手中的宪法，就是维护宪法的权威与尊严。

活动 3：读宪法文本，在阅读中发现宪法的概念

师：宪法规定了些什么？请同学们打开书，翻到第 2 页。

请一位同学大声朗读目录

师：通过阅读目录，你发现宪法规定了些什么？（基本权利和义务，国家机构，国家标志和象征）

师：所以，毛主席称宪法："一个团体要有一个章程，一个国家也要有一个章程，宪法就是一个总章程，是根本大法。"（重点涂红，生齐读）

师问生：宪法是什么？

小结：宪法是国家的总章程，是国家的根本法。（板书：是根本法）

活动 4：看关系图片，形象地描述宪法与其他法律的关系

师：前面我们知道了许多法律，现在我们又认识了宪法。你们认为，宪法这个根本法与其他法律法规是什么关系呢？（生猜想）

师出示书图：有人用一棵树来表现宪法和其他法律的关系，你发现宪法就像什么？其他的法律法规呢？根据这幅图你能形象地描述宪法与其他法律法规的关系吗？

同桌交流，全班汇报。

师出金字塔图：还有人形象地将宪法比喻成母亲，其他的法律法规都是她孕育的孩子，孩子要听妈妈的话。

师：想一想：你还能用哪些形象的比喻来描述宪法与其他法律法规的关系吗？

小组内说一说。

小结：（给出树和金字塔图）宪法作为国家的根本法，在法律体系中与其他法律法规不同，它有着至高无上的地位，具有最高的法律效力。

C 老师教学反思：

因为学生能够感知到的《宪法》是一个薄薄的红色小册子。如果一发了之，他们是没有办法在情感上建立起对宪法的敬畏感的。所以，我在教学"宪法是什么"这个环节时加入了"仪式感"。通过播放"宪法宣誓"视频，让学生直观感知其重要性和地位之高。再通过庄严的文本发放仪式，让学生感受到沉甸甸的分量。正是有了这样的情感认同，学生无论是翻阅，还是研读，其内心对于宪法认知都会发生变化。接着再通过符合学生心理的形象比喻，真实案例的辨析，学生就能真实感受到宪法是根本法，宪法在我们生活中有着非常重要的作用，从而为后面的学习打下情感认同的底色。

S学校的道德与法治教师课后讨论认为，有效的法治教育既要体现法治精神、理念、原则，法律知识的准确性，又要充分考虑并体现学生的年龄特点，采用学生可以理解的语言，避免法治教育的生硬和僵化。C教师在执教本课时就充分考虑到了这种平衡，他准确抓住了学生对宪法学习的兴趣点，将理性、看上去高冷的宪法概念转化成可感的事物，变成学生可接受的知识。选取学生易于理解并能激发他们思考的真实案例、生动图片并以此为蓝图来进行相关活动设计，将学生带入一定的学习情境中，真实学习，积极反思。从而真正地将法治教育与儿童现实生活相结合，将"法言法语"转化为"童言童语"，做到"法理"与"教理"的和谐共生。

三、讨论：不同样态法治教育方式的效果有何不同？

A、B、C三位教师都从自身教学理念和经验出发对"宪法是根本法"这节课进行了个性化设计。应该说A老师完全从教材出发，对教材文本活动化的设计，是很难触动学生心灵的，也难以引导学生过好自己的生活。B老师大胆调整教学板块，基于学情开展教学，可以说为小学法治教育的有效教学探索出了一条新路。但教学中偏重于文本阅读、知识讲授、理性思辨，课堂整体氛围偏冷，学生也很难与学习内容产生共情。A、B两位教师的教学方式反映了目前道德与法治教育的现状，尽管教师有意识地将静态文本活动化，关注到学生的需要，尽可能让学生参与到学习中来，但因为所教内容与学生生活距离甚远，如果仅仅是简单地读一读、说一说、议一议，并不能让学习发生，法治教育的效果就很难达到。C老师运用指向情感认同的教学方式，通过设疑激趣的方式引出学生对所学内容的真实困惑，从而使课堂由"要我学"变成"我要学"。用情感驱动学习，在寻找问题答案的探究中不断加深学生对于所学内容的认同感，从而使得教学指向学生核心素养目标的落实，引导学生真正地尊法。

为进一步验证实际教学效果，三位教师分别从所任教的班级中随机选择几位学生参加座谈，请他们谈谈学习《宪法是根本法》这一课的收获，节选部分学生体会：

A生：通过学习，我知道了许多知识，比如我国第一部宪法是1954年颁布的。但我还是不明白小学生为什么要读。

B生：尽管我在课上了解了许多关于宪法的知识，但我还是不知道宪法与我们的生活到底有什么关系。

C生：课前老师让我们阅读宪法序言，从中归纳一些关键词，我很认真读了，可我没有读懂。

D生：在课堂上，通过案例辨析，我了解到宪法可以保护我们的合法权利，我觉得宪法很有用，可我没有感受到宪法是根本法那种庄严神圣的感觉。

E生：从视频中，我看到武警叔叔庄严地捧着宪法，踏着正步，一步一步地走上主席台。看到习爷爷在就职国家主席时手按宪法宣誓，我的内心是震撼的，我第一次感到原来宪法的地位是这么崇高和重要。我就特别想了解宪法是什么，它为什么这么重要。

F生：在课堂上，老师问我们对于宪法有什么疑问时，我举手说出自己的疑问："宪法与我们的生活有什么关系"。没想到班上有很多同学和我有同样的疑问，更没想到老师把我的问题记录在黑板上，并通过一个鲜活的案例解答了我的疑惑。让我觉得自己特别棒，在这节道德与法治课上学到了很多。

G生：我感觉老师所提供的资源离我们的生活都特别近，也能让我们有话可说，让我感到法律学习并不枯燥，我挺喜欢这样上道德与法治课的，觉得自己有收获，也懂得了很多。

通过对学生的访谈，笔者知道小学生对课堂教学的评价还很幼稚、片面，但从中还是能发现他们所期待的课堂模样。坚持"情在理先"是指向情感认同的法治教育方式的一个重要原则。法治教育作为道德与法治课中的重要组成部分，我们要想方设法将教育落地、生根，入脑、入心。基于此，作为道德与法治教师，我们要不断创新教育教学方法，结合学生的生活实际，充分发挥学生的主体作用，将小学的法治教育落到实处。

小学道德与法治课中法治教育方式是选择偏重知识性的教学还是指向情感认同的教学，其背后是不同教育理念使然。W学校W老师教研团队的三位老师，他们对法治教育分别采用了"遵循教材逻辑""从学情出发"以及"指向情感认同"的教学设计，呈现了三种不同样态的法治教育课。小学道德与法治课中法治教育方式要不要改进？如何改进更有效？偏重知识性的教学与指向情感认同的教学哪一种方式更好？这些探讨一定程度上丰富了道德与法治课程教学理论，也提升了S学校道德与法治教师的教学能力和研究素养，当然研究并没有结束，就"认知"与"情感"来说，它们也并不截然对立，"指向情感认同的法治教育方式"也并不排斥知识学习和理性分析。就本案例中的指向情感认同的法治教育方式来说，如何用真问题、真情境、真探究帮助学生从"有感"到"有为"，还有很长的一段路要走。指向情感认同的法治教育方式如何找准学生的情感点？引导学生从情感认同到实践智慧有哪些实施策略？这些问题都值得我们进一步探讨。

案例思考题

1. 小学法治教育内容在六年级教材中是怎样编排的？如果你来执教法治教育内容，那么你会选择什么内容？运用何种方式来进行教育？

2. 阅读本案例，简述你对本案例中A老师"遵循教材逻辑"法治教育方式的理解。

3. 阅读本案例，简述你对本案例中 B 老师"从学情出发"法治教育方式的理解。

4. 阅读本案例，简述你对本案例中 C 老师法治教育方式的理解。

5. 本案例中，A、B、C 三位老师法治教育的教学设计给你带来哪些启示？

案例 11　基于学生生活的道德与法治真实性学习

——以六年级上册《用好法律 维护权利》一课为例①

袁云美　中小学高级教师　苏州市吴江区莘塔小学

党的十八大提出，要把立德树人作为教育的根本任务。我们要培养什么样的人，这是教育必须回答的问题，而"立德树人"恰恰给出了最为本质的回答。2019 年 3 月 18 日，习近平总书记主持召开学校思想政治理论课教师座谈会并发表了重要讲话，他指出思想政治理论课是落实立德树人根本任务的关键课程。"青少年阶段是人生的'拔节孕穗期'，最需要精心引导和栽培""我们办中国特色社会主义教育，就是要理直气壮开好思政课"。《义务教育道德与法治课程标准（2022 年版）》以此精神为指导，进行了贯彻落实，强调：思政课是落实立德树人根本任务的关键课程，道德与法治课程是义务教育阶段的思政课，要为培养以实现中华民族伟大复兴为己任的有理想、有本领、有担当的时代新人打下牢固思想根基。提出义务教育课程要聚焦中国学生发展核心素养，培养学生适应未来发展的正确的价值观、必备品格和关键能力。

当今世界也涌动着基于"核心素养"的教育改革潮流。基于"核心素养"课程的转型（从知识本位课程转向素养本位课程）和课堂转型（从教师单向传递知识的教的范式转向儿童能动学习、建构知识的学的范式）的潮流也在奔腾不息。世界各国都在探讨新时代的"核心素养"究竟是什么以及如何来落实"核心素养"。因此，研究学生发展核心素养便是落实立德树人根本任务的一项重要举措，也是适应世界教育改革发展趋势、提升我国教育国际竞争力的迫切需要。新课标新增内容，明确了义务教育道德与法治课程培养的核心素养主要包括政治认同、道德修养、法治观念、健全人格、责任意识五方面，要求以学生的真实生活为基础，增强内容的针对性和现实性，突出问题导向，正视关注度高、涉及面广的问题，引导学生发现问题、分析问题、解决问题、提升道德理解力和判断力，强化规则、纪律、诚信、冲突解决等问题。

ST 学校是首批中国陶行知研究会实验学校。该校把陶行知先生的"真教育"思想作为学校发展的核心思想，在此基础上他们提出了"基于学生生活的小学'真学'课堂实践

---

①　本案例系江苏省教育科学"十三五"规划课题"基于学生生活的小学课堂'真学习'的实践研究"（课题编号 TY－c/2018/17）阶段性研究成果。

与研究"，被 J 省教科院立为"十三五"陶行知研究专项课题。他们以陶行知先生的生活教育理论来解决"真学"课堂中学生要"学什么"；以"教、学、做合一"来指导"真学"课堂中学生"该如何来学"；以"千教万教教人求真，千学万学学做真人"这一至理格言来明确"真学"课堂中学生"为什么而学"。在 ST 学校的"真学"课堂上，学生追求一种真实性学习。教师从学生实际出发，遵循学生自身身心发展的一般规律，将学生的真实生活引入课堂，进行深度体验、深度学习。在习得知识的同时更要努力去获得学习的方法和解决问题的技能，最终获得真正的学习智慧，从而学会学习。在这一课题的引领下，近年来，学校的教学质量稳居全区前列，学校连续六年获评 W 区学校综合考核一等奖。学校也被评为 J 省陶行知研究先进集体，获得 S 市教育科研先进集体等荣誉称号。

　　ST 学校道德与法治组由校长 Y 亲自领衔，校长 Y 是苏州市拔尖人才、S 市名师、S 市学科带头人（道德与法治），在实践中积累了丰富的教学经验和管理经验。组长 W 是吴江区学科带头人（道德与法治）、吴江区模范教师（道德与法治），多次承担区级课题，多项研究成果在各类杂志发表。副组长 S 为吴江区道德与法治骨干教师。组内共有 2 名高级教师，5 名一级教师和 5 名二级教师。道德与法治组科研氛围浓厚，曾两度被评为 W 区先进教研组，教研组工作经验曾在全区道德与法治课教师培训会上作为大会交流内容。

　　在对学生的一次问卷调查中，她们了解到个别年长的道德与法治课教师还是用陈旧的方法上新教材，依旧采用教师讲、学生听这样一种单一灌输式的教学方法，学生感觉道德与法治课堂索味无趣，更有甚者，对教师的道德说教，产生反感和抵触，课堂上学生不能真正地参与到课堂中来，教学效果不尽如人意。在课例研讨中，S 老师发现个别年轻的道德与法治老师为顺应新课程改革要求，课上组织了一个又一个的活动（频频的小组讨论，随意的情境扮演，还有辩一辩、唱一唱、跳一跳等），看似非常热闹，然而课堂表象背后，是学生的疲劳和茫然。学生缺少发现、思考、体验、感悟的过程，课堂教学只是留在表面、属于浅层次学习。这样的道德与法治课堂目标达成度低，很难达到立德树人、铸魂育人之效。

　　为了有效解决这些问题，促进学生核心素养的发展，落实立德树人根本任务，校长 Y 带领道德与法治组全体成员进行了"基于学生生活的道德与法治真实性学习"实施策略的研究。基于学生生活的真实性学习，它不再是学生听从教师讲解之类的被动记忆知识的学习，而是学习者依据教师所设置的真实或逼近真实的各类贴近学生生活的情境（包括基于信息技术的虚拟或非虚拟情境），针对现实社会中各类生活问题或典型议题，以探究性学习为主要方式实施的深度学习，是一种以深刻理解学科概念、提升高阶思维、发展核心素养的新型学习方式。

　　"真实性学习"是从学生作为学的主体的角度来说的，学生在习得知识的同时获得学习和解决问题的技能，最终成为儿童的学习智慧。它在学习主体、学习内容、学习方法上有如下要求：（1）以学生为中心；（2）贴近学生生活；（3）强调手脑并用，做到知行合一。

新课标指出：道德与法治课程教学遵循道德修养和法治素养的形成规律，坚持教师主导和学生主体相统一，做到灌输性和启发性相统一；突出学生主体地位，充分考虑学生的生活经验，通过设置议题，创设多样化的学习情境，引导学生开展自主、合作的实践探究和体验活动，使他们在感悟生活中认识社会，学会做事，学会做人。综合运用多种评价方式，促进知行合一。真实性学习符合课程标准要求。基于学生生活的道德与法治真实性学习可以更好地克服道德与法治教育对学生进行道德说教的问题，让学生能够敞开心扉，真正参与到道德学习中，实现自身的道德成长。

一、困惑：为何要实施道德与法治的真实性学习？

"师者，所以传道、授业、解惑也。"办好思想政治理论课关键在教师，关键在发挥教师的积极性、主动性、创造性。习近平总书记在 2019 年 3 月 18 日召开的学校思想政治理论课教师座谈会上殷殷嘱托广大思政课教师："要给学生心灵埋下真善美的种子，引导学生扣好人生第一粒扣子。""如何给学生心灵埋下真善美的种子，引导学生扣好人生第一粒扣子"是每一位道德与法治教师所需要思考的。为此，ST 学校召开道德与法治教师座谈会，畅谈如何发挥好道德与法治课的作用，引导学生扣好人生第一粒扣子。

几位年长的道德与法治教师认为，以前上道德与法治课，都是按教材内容从头到尾给学生讲讲读读，时而会一问一答地互动一下，涉及相关道理会跟学生反复强调，学生刚开始还能听听，到课的后半段，学生总分神。有些道理学生看似都清楚明白，可让他们落实到行动上就很难。这样的道德与法治教学我们也知道对学生道德形成起不了多大作用，也想改变但就是不知道该如何来改变。

几位年轻的道德与法治教师认为，在经历几轮课程专题培训后，他们对统编版道德与法治教材的特点、实施要求有了一定的了解，懂得这一课程在教学中应注意体现它的政治性、思想性、综合性和实践性，为上好课，他们都会在课前通过网络收集大量的视频、案例、童谣等，课堂上利用多媒体尽可能多地呈现给学生，也会设计一些活动，让学生在课上表演、展示，课堂看似是热闹了，可热闹过后让学生来说一说道理，学生总说不到点子上。而且资料使教学容量大大增加，常常是铃声响了，教学任务却还未完成，教师总要拖会儿课，导致学生比较反感。

Y 老师是 S 市道德与法治名师共同体成员，Y 老师和 W 老师均为吴江区道德与法治核心组成员。近年来，他们对于该学科的教学颇有研究，多篇研究论文在国家、省、市级刊物发表。他们发现当前道德与法治教学中，传统教学模式依然存在，一些年长的教师兼任这门课，由于年纪偏大，不太会在这门课上下功夫钻研，教师只带一本书，进了教室就让学生翻开书，看到多少页，然后照着书本内容读读讲讲。填鸭式、满堂灌、一言堂缺乏启发性的课堂灌输比比皆是。虽然教师讲得口干舌燥，但是教学效果却不尽如人意。因为若不结合学生生活实际，不预设情境教学，不让学生探讨交流，只是一味地言传，学生学得枯燥无味，上课昏昏欲睡，这种授课方式既不利于学生对知识的学习，又不能很好地发挥学生的主体作用，不符合新课程改革要求，对学生的道德形成作用甚微。

还有些教师将别人的案例和课件原封不动地搬到课堂上，殊不知不同的学生、不同的教学环境，学习起点是不一样的，同样的教学设计并不能取得同样的教学效果。所以教师应针对本班学生实际情况找到学生学习的原点和起点，确定精确、恰当的教学目标，开发贴近本班学生生活的教学资源，设计学生喜爱的教学活动，让学生主动参与学习、积极交流反思，才能取得最佳效果。新课标要求课程资源的选择要立足学生实际，重视资源的典型性和适切性。

Y 老师、W 老师通过调研分析发现：基于学生生活的真实性学习是一种很好的学习样态。每一位道德与法治老师要充分利用好课堂 40 分钟，引导学生进行真实性的道德学习和意义建构。

在两位教师的组织下，ST 学校很快成立了"基于学生生活的小学道德与法治真实性学习"实施研究小组。Y 老师、W 老师、S 老师为该研究小组主要负责人，各年级备课组长为研究小组的核心成员，共同参与研究。

(一)研究问题 1：统编版新教材与旧德育教材有哪些不同之处？

Y 老师已经做了 28 年的道德与法治课教师，教过《思想品德》《品德与生活》等教材，她发现十多年前的《思想品德》教材基本是一课一个德目，开篇讲这个德目的含义，接着呈现一个符合此德目思想的真实伟人故事，然后再归纳总结提出行动要求，这样的教材结构简单、呆板、枯燥，而且离学生生活太远，学生无法体会伟人的所思、所行，无法与他们产生共鸣。"道理＋故事＋行动要求"的教材编排体例，不利于学生的学，也不利于教师的教。

W 老师也是拥有 20 多年教龄的道德与法治课教师，她认为：道德与法治教材，包括《品德与生活》《品德与社会》已经有了很大改变，提出了"品德培养回归生活"的基本理念，也有了"儿童化"努力，但更多还是停留在教材表现形式上，即竭力将生硬的内容用"活泼可爱"的形式来表现，如：加一些故事、用一些儿童化语言，装点一些图片，但内容上的"软化"不是很明显，有些只有表面的"涂脂抹粉"，有"换汤不换药"的感觉。

S 老师担任道德与法治课教师近十年，她将现在的统编教材与《品德与生活(社会)》进行比较，觉得统编教材在追求"学本"的同时，更具有"教本"的物性，为教师教学打下了基础。但因为授课教师大多为兼课教师，很多教师无法对这门课程教学理念及方式的研究投入太多精力。而统编教材与旧教材的不同之处在于能用教材引领我们的教学从知识学习到道德建构。通过课文的栏目指示以学生为中心的教学活动，里面的范例点明了源于学生生活的教学重点。当然在具体教学中，仅靠教材引领还是不够的，还需要教师结合本班学生实际来进行教学，引导学生进行真实性的道德学习。

三位教师一致认为，在新课改之前，教材中所预设的教学多数以道德知识的学习为目的，问题类型的设计更多以"是什么"和"为什么"为主。在杜威看来，这种关于道德知识的教学，并不是德育，而是智育，它的影响是微弱的。因为这样的教材里没有儿童经验，有的只是道德要求、知识、论证说理等。这种知识化、劝说性、系统性的教材与儿童的经验缺乏联系，儿童的学习动机不强。

如今统编版道德与法治教材更接近儿童，它更好地落实了"回归儿童生活"这一课程理念，它以"生活事件"作为教材基本素材，以学习活动作为编写核心。单元是学习活动指向的问题域，正文是学习活动的有机组成部分，栏目是不同类型的学习活动，学生是学习活动的主体。这样的教材设计，实现了教与学的互动，打破了说教式结构，为基于学生生活的小学道德与法治真实性学习提供了必要条件。

(二)研究问题 2：统编版新教材为真实性学习提供了哪些条件？

经过研讨，团队老师一致认为：更接近儿童的统编版新教材真正回归了儿童生活，为进行真实性学习，促进儿童的道德成长提供必要条件。那么，提供哪些必要条件呢？围绕此问题，研究组成员再次展开了讨论。

Y 老师认为：统编版新教材以学生学习活动所指向的问题域作为教材的基本结构，每一课由课题、二级标题、正文、栏目等要素构成，根据课题和二级标题的内容，可以让使用者较为清晰地看到每课之间的内在逻辑，这些大主题、小主题就是学生需要探究的核心问题，也是教师设计教学目标、任务的依据，正文、栏目、范例等都是为了达成目标、完成任务所设计的相关学习活动。基于学生生活的小学道德与法治真实性学习需要教师创设与学习主题相关的、尽可能真实的学习情境并引导学习者带着真实的、具有挑战性的"任务"进入学习情境，而任务解决将会使学生更主动、更广泛地激活原有的知识和经验，并为新旧知识的衔接、拓展提供理想平台。

W 老师认为：在统编版新教材中，常见栏目有"活动园""交流园""知识窗""阅读角"等，教材中的栏目，都是针对学生的，需要他们去观察、操作和探究，这样的学习活动使教师在教学中无法唱独角戏，必须以学生为中心来组织相关互动活动。这需要教师读懂教材中活动图标的寓意，理解教材所预设的多种类型的活动。当然，教师还应结合本地区、本校和本班情况以及学生在这个主题上的兴奋点和困惑点，适当调整教材中相应的教学活动，以保证教的针对性和有效性。围绕学习活动来编写教材，是本次统编教材的一个重大突破，教材编写的活动化带来了道德与法治课堂的活动化。所以真实性学习，要求教师成为学习活动的设计者、组织者、指导者和咨询者，课堂上的学与教是发生在具体生活情境中的互动共生关系，基于学生生活的真实性学习离不开有效活动的组织。

Y 老师认为：真实性学习中学生的学习是一种深度学习，深度学习力求学习者能够将新知识纳入原有认知结构中，并迁移到新情境中来，而且做出解决问题的决策。真实性学习是指向学生学习能力（包括知识迁移和问题解决能力）提升。教师要多联系生活实际，构建多元化教学生态，使小学道德与法治教材中的诸多知识、问题、材料、案例等与学生认知紧密关联，进而给予学生更多实践、探索、运用的机会，促使学生在知识学习与现实生活的迁移、过渡、衔接中开展深度学习，因此，让学生进行知识的迁移性应用是真实性学习不可缺少的条件。

"学而不思则罔""吾日三省吾身"。古人早就知道自我反省的重要价值。在高年级道德与法治教材中，侧重引导儿童关注自己的内心世界，特别在六年级下册，通过引入"反思"这一主题，引导儿童有意识地像在自己心中"过电影"一样来反思自己的言行。所以，基于学生生活的真实性学习要重视学生的结构性反思。学生在道德与法治课尾进行结构性反思，那是对学生学习过程、学习方法与学习结果的自我监督、真实评价的具体表现。

二、探索：基于学生生活的真实性学习该如何设计？

为了更好地将"基于教材为本的灌输式学习"和"基于学生生活的真实性学习"的教学进行比照，我们分别挑选了非课题实验组成员和课题实验组成员各一人，以六年级上册第四单元第 9 课《知法守法　依法维权》一课第一部分"用好法律 维护权利"为教学内容，选择不同教学方式来进行教学。两位老师均执教六年级，特安排了两个平行班进行教学，以便对教学效果进行比较。

(一)A 老师："基于教材为本的灌输式学习"教学设计

1. 直接揭题 ，谈话导入（板贴课题）

2. 听讲故事，知晓法律

师：让我们来认识一位姐姐，她的名字叫——吕慧娴。我们来听听她的故事。同学们可以打开书本第 82 页。听听《懂法、用法、学法的心路历程》录音故事。

师生交流：同学们，故事中的吕慧娴，哪项权利受到了侵犯？是哪一部法律维护了她的权利？你想对吕慧娴的父亲说什么？从吕慧娴的故事中你学到了什么？

3．师生对话，重温权利

师：那你知道我们未成年人享有哪些权利吗？

4．行为辨析，学用法律

师：（出示书上第83页图片）大学生吕慧娴在法律援助中心实习。这一天，她为几名前来请求法律援助的人提供了法律建议。这些行为分别侵犯了未成年人的哪些权利？可以用什么法律来保护？请说说理由。

师：生活中，你有没有亲身经历或遇到的，通过法律途径解决问题的案例？

师：感谢同学们的分享，用好法律可以更好地保护我们的合法权利。

5．案例分析，寻找未成年人法律保护

师：国家通过专门法律保护未成年人的合法权利，你知道有哪些法律吗？

师：学生交流后出示《中华人民共和国未成年人保护法》和《中华人民共和国预防未成年人犯罪法》。

《中华人民共和国宪法》《中华人民共和国刑法》《中华人民共和国刑事诉讼法》《中华人民共和国民法典》《中华人民共和国治安管理处罚法》《中华人民共和国禁毒法》等，都有保护未成年人的法律条款。

师：下面请同学们完成本书第84页的活动园，你认为这些情形会运用到下列哪部法律？

师：在日常生活中，你见到过哪些涉及未成年人权利保护的情形？（出示未成年人合法权益被法律保护的案例）。

6．对话交流，学会维权

出示活动园的文字材料：广场舞的矛盾。

师：看完后，你有什么感想？（小组内讨论，交流。）

师：如果你是赵志刚，应该建议家人怎么做？把你所想到的合法措施写下来。

7．师生谈话，总结延伸

师：同学们，今天我们学习了第9课《知法守法 依法维权》第一部分内容"用好法律维护权利"。同学们学习了两个阅读材料和两个活动园后，有哪些收获？

师：希望同学们在今后的生活中，能具备用法律解决问题的思维方式，学习运用法律武器维护自身权利，理解自己作为未成年人的合法权利，在权利边界内寻求法律的支持。

板书：

9　知法守法 依法维权

用好法律　　维护权利

未成年人保护法　　受教育权

宪法　　　人身自由权

民法典　　姓名权

义务教育法　名誉权

预防未成年人犯罪法　隐私权

……　　　……

（A老师）基于教材为本的灌输式学习教学设计

A老师教学反思：

本节课，我尊重教材，充分利用教材上所提供的案例展开教学：（1）吕慧娴姐姐案例；（2）书上第83页的4个图片情境；（3）活动园材料"广场舞的矛盾"。借助文字，通过师生一问一答，告诉学生当自身权利受到侵害时，要选择合法、智慧、有效的维权方式。在实际教学过程中，教学效果却并不如意。首先是学生的兴趣不大，前半节课还可以，大部分学生基本能做到认真聆听，但是到了后半节课，虽然我在课堂上讲述故事时，尽可能做到绘声绘色，但是还是不能吸引学生的注意力，有的学生开始开小差、有的做小动作等。另外，在引导学生运用学过的法律来维护权利时，由于我课前没有让学生复习之前学过的法律，所以此环节中，学生不能很好地运用已学过的法律知识来分析问题，教学效果差强人意。

ST学校道德与法治老师课后研讨：

A老师能充分利用书上的案例与学生进行对话，引导学生认识法律的重要性，并引导学生用好法律武器，维护自身合法权益，但是却忽视了要关注本班学生生活实际这一点。比如，课堂上采用了吕慧娴姐姐的案例，虽然是书上提供的，但是在我们S市这一带，辍学的事基本不会发生，其实A老师可以去调查一下本班学生中，有哪些权利受到侵害需要维护的案例，在课堂中呈现身边的案例，这对学生来说更有说服力，教学效果会更好。

课堂上A老师能充分利用书上资源（图片情境、文字情境）与学生进行对话，但是由于这些图片和文字都是静态的，不能很好地激发学生的学习兴趣。建议A老师利用多媒体资源进行动态教学。精心录制与教学内容吻合的教学情境则更容易唤起学生内心深刻的情感体验。

如何基于学生的生活，灵活运用教材，创设生动形象的真实情境来激活学生自在的经验，进行真实性学习，从而进一步进行学生生活建构，B老师进行了如下尝试。

（二）B老师：基于学生生活的真实性学习教学设计

课前任务：梳理六年里道德与法治课上已经学到的相关法律。

1. 问题驱动，感知法律与生活的关系

明确课堂总任务：生活中如何用好法律，维护权利？

(1)反馈课前任务的完成情况，重温生活中的法律。

同学们，通过小学六年的学习，你知道有哪几部法律跟我们的生活息息相关？

(2)看来同学们都掌握得不错。但是在前期的学习中，Y 老师听到过这样两种说法。

出示：①我们现在这么小，用不到法律，等长大了再学；②这些法律跟我关系不大，我又不犯法，要知道那么多干吗？

(3)师：同学们，你们同意他们的说法吗？(学生自由说，教师暂时不明确说出观点对错)

(4)问题驱动，明确本节课学习任务。

我们到底需不需要学法呢？法律究竟与我们的生活有怎样的关系？生活中我们怎么用好法律维护自身合法权利呢？今天这节课，让我们一起走进我们的同龄人小苏的生活，看看能不能从中找到答案。

2. 创设真实情境，组织探究活动，了解如何依法维权

明确课堂子任务一：面对这样的情境，你会想到哪些法律？为什么？

(1)真实性情境一：

课前录制生活场景视频呈现：小苏爸爸不让小苏骑自行车，小苏迟到了，爸爸想进学校跟老师说明一下原因，保安不让爸爸随意进校园，要求出示身份证登记。

(有效性活动)讨论：爸爸为什么不让小苏骑自行车？

保安为什么要让爸爸用身份证登记进校门？

(有效性活动)追问：学校为什么要这样规定？

师：原来进门登记就是学校为保障我们的安全所采取的必要措施。

(2)真实性情境二：

课前录制生活场景视频呈现：小苏迟到了，同学围着小苏嘲笑他，并戏称他大懒虫。

(有效性活动)讨论：你们觉得同学们这样做对吗？说说你的理由。如果你是小苏，会怎么做？为什么？

(有效性活动)媒体出示：《中华人民共和国未成年人保护法》规定……他可以用这部法来保护自己。

(有效性活动)追问：你知道还有哪些行为也属于校园欺凌？如果你遇到了会怎么做？

(有效性活动)学生观看新闻报道：新修订的《中华人民共和国未成年人保护法》相关新闻报道，然后交流想法。

（3）真实性情境三：

课前录制生活场景视频呈现：小苏和小州来到游戏厅，他们在纠结是进去还是不进去。

（有效性活动）交流讨论：你们认为，他们能不能进去？为什么？

（有效性活动）媒体出示：《中华人民共和国未成年人保护法》规定……

《中华人民共和国未成年人预防犯罪法》规定……

（有效性活动）讨论探究：如果他们想进去，你们认为老板会不会让他们进去？为什么？

（4）真实性情境四：

课前录制生活场景视频呈现：买到过期食品，小州建议扔了，小苏建议跟面包坊老板去理论。

（有效性活动）交流讨论：小苏和小州，你们认同谁的做法？说说你的理由。

（5）真实性情境五：

晚 10 时了，小苏想睡觉了。附近传来一阵阵跳广场舞的音乐，影响了小苏休息。爸爸下去劝说了，可是大妈们认为这是她们的权利，爸爸管不着的。大妈们说锻炼身体也是她们的权利。

（有效性活动）师生对话：你们觉得爸爸管得着吗？为什么？

（有效性活动）继续播放生活情境：小苏爸爸没能劝住跳广场舞的大妈们，小苏恨恨地说："爸爸，她们这么不讲道理，明天我们去把她们的音响砸了吧！"

师：你们觉得小苏的想法对吗？大家可以读书上第 85 页第一段文字后思考。

（有效性活动）阅读资料，讨论交流。

（有效性活动）播放采访视频：第二天小苏同学还特意去采访了一位律师叔叔，让我们一起来听听律师叔叔怎么说的。

（有效性活动）讨论交流：律师叔叔告诉小苏应该怎么做算妥当。

3. 学会迁移运用，增强法治意识，学会依法维权

明确课堂子任务二：你们平时生活中有没有碰到过被侵权的事情，当时是怎么做的？通过今天的学习，今后你会怎么做？为什么？

（有效性活动）：小组讨论、交流。

师小结：法律是保护我们权利的最有效、最有力的手段，当我们的合法权利受到侵害时，我们一定要用好法律这个武器，来维护自己的合法权利。

（有效性活动）：行为辨析，交流感悟。

师：学到这儿，让我们再来看看刚才两位同学的说法，你们赞同吗？为什么？

出示：①我们现在这么小，用不到法律，等长大了再学；②法律离我们太遥远，我又不犯法，知道那么多干吗？（不赞同，因为……）

4. 进行结构性地反思，达到知情意行的统一

明确课堂子任务三：本节课你有什么收获，你是通过什么方式获得的？不足之处今后准备如何改进？

(1)学到这儿，你有什么收获？

(2)本节课上的学习任务你是否都能很好地完成？你觉得还存在哪些不足？不足的地方今后该如何改进？

(3)课后延伸：生活中，还有哪些事情也能运用我们所学到的法律知识来维权？

明确课后任务：

课后，请大家用心观察生活，尝试完成以下调查表(见表 11-1)，可以和爸爸妈妈商量，也可以和同学讨论，当然也可以来问老师。

表 11-1　调查表

生活事件	侵犯的权利	可用来维权的法律	我的做法或今后改进的地方

总结：同学们，和谐社会，需要法律来维护，让我们一起做个知法、守法、依法维权的好少年。播放歌曲：《做遵纪守法好儿童》，在音乐声中结束本课。

（B 老师）：基于学生生活的真实性学习教学设计

图 11-1

B 老师的教学反思：课前，我先出示了本节课的教学任务——生活中如何用好法律来维护自身合法权利？然后将总任务分解成几个具有挑战性的子任务，将书上的内

容进行了重组，删除了一些与学生生活距离较远的情境图，改换贴近班级学生的一些真实性事例，并通过多媒体加以呈现(见图 11-1)。真实的生活情境通过视频呈现，更为形象生动，易于激发学生的学习兴趣，引发学生的情感共鸣，学生参与判断、讨论、比较等活动的积极性较高，学习氛围浓厚。通过分析、选择，最后解决问题。课尾让学生对自己一堂课的学习再进行总结反思，谈收获，说方法，最后将所学知识应用于实践、落实到行动上，让学生真正感受到生活中处处有法律，法律时时保护我们的健康成长。

ST 学校的老师们反馈：在 B 老师的课堂教学中，学生们学习目标明确、学习任务清晰，这种基于目标来设置教学任务，基于任务来创设真实情境，基于情境来组织学生学习活动的课堂，学生学习目的性强，学习主动性高，目标达成度好，课堂教学效果较好。课堂上教师充分运用多媒体课件，整合多种资源，运用视频，以图、文、声、像并茂的方式向学生呈现了小苏的一个个真实的生活场景，以此来唤起学生的生活经验，引发了他们的情感共鸣，最后将情感共鸣迁移至学生现实的生活中，将所学知识和方法迁移到现实问题和矛盾的解决中，真正做到知与行的统一。

三、讨论：基于学生生活的真实性学习效果如何？

A、B 两位老师都从自身教学理念和经验出发，对《用好法律 维护权利》这一课进行了个性化的设计。A 老师基于教材为本的灌输式学习设计，以教材为中心，通过教师声情并茂的讲解、图片文字的提示，引导学生在生活中学会运用相关法律来维护自己和他人的合法权利。虽然统编版教材已经为教师提供了较为多样且有效的教学活动，它是围绕学习活动来设计的，教师可以按照教材所指引的教学方式来精心选择典型案例，但依然无法完全满足所有地区、学校、班级和学生的现实学习需求，所以还需要教师从本班的生活实际出发来设计教学，教材中的留白设计还需要教师引导学生填补自己的生活经验。教师还可以根据学生实际，对教材内容进行取舍，提升教学的针对性。如果所选事例不能很好地与学生的生活联结起来，就很难走进学生的心灵世界，也就很难调动学生参与的积极性。B 老师的设计非常强调以班级学生(或同龄人)的生活事件为主，因为班级学生或同龄人的生活事件更能发挥教育引导，而教材中吕慧娴姐姐的故事、吸毒的图片情境等，与我们当地学生的生活比较远，学生不能体会到当事人的感受，无法与他们产生共鸣。我们在教学中所选用的事件，不是为了讲述他人的故事，而是通过这些生活事件，将使用教材的学生带回到他们自己的生活情境之中，去体悟、去感知。因此，B 老师在进行教学设计时大胆地进行了教材内容重组，创设了同龄人小苏一天生活中权利受到侵犯的具体场景，引导学生体会小苏的感受，增强法治的意识，拿起法律武器维护好自己的合法权利，过好当下的生活。学生在讲述同龄人小苏的故事，犹如在讲述自己的故事，有强烈的代入感。学生经验借此学习过程被激活而进入课堂，通过教师提问、交流等方式加以表达，获得情感上的升华。

新课标在实施教学建议中强调：注重案例教学，选择、设计和运用个人和社会生活中的典型实例，鼓励学生探究、讨论，提高学生的价值辨析能力。案例的选择要紧扣时代主题，反映学生关注的现实问题；要具有真实性、典型性、可扩展性，能够服务核心素养的培育。B 老师在教学中所选的案例正是当下比较热门的校园安全、校园欺凌、食品安全等典型实例，是学生生活中真实存在且需要去解决的一些现实问题，所以在交流中更能够引发学生的共鸣，学生也能更积极主动地探究、学习。现代教育理论也强调：学生要成为自主学习的主体，教师在学生学习过程中起主导作用，要充分调动学生学习的积极性和主动性，让课堂成为一个开放的教学环境，让学生在真实的生活情境中进行主动探究、对话交流、感悟践行。整堂课上，B 老师围绕目标，上课开始就明确总任务并把它分解成一个个小任务，通过一个个真实性的任务情境或问题情境来激发学生主动学习和探究的兴趣，鼓励学生大胆尝试，帮故事中的主人翁解决一个又一个的问题。学生积极地参与到学习中来，较好地完成了真实性学习任务。

为进一步验证实际教学效果，两位老师分别从所任教的班级中随机抽取了 6 位学生参加座谈，请他们谈谈上完课的感受，下面节选部分学生的真实感受。

A 学生：这节课给我印象特别深刻的是 B 老师用视频的方式给我们呈现了同龄人小苏一天的生活以及生活中所涉及的法律问题，让我们感受到了家庭、学校、社会等时时处处都在保护我们的成长，生活中处处可以用法律来维护自身合法权利。

B 学生：我感觉 A 老师课堂上提供给我们的案例在我们这儿不太可能，如吕慧娴姐姐的辍学，还有图片中蒋某某的贩卖毒品，这些事跟我们距离有点远，所以体会不了当事人的感受。

C 学生：课堂上 B 老师一开始就把本节课要学的任务告诉我们，让我们一开始就明确了学习目标和任务，在后面的学习中有意识地会搜寻已有知识来解决问题。

D 学生：课堂上 A 老师让我们看图分析相对应的权利以及解决问题时所运用到的相关法律，有些距离我们比较遥远，感觉跟自己关系不大，所以学起来兴趣不浓，时而会走神。

E 学生：这节课的课尾，B 老师通过视频创设了一个 AB 剧来呈现，感觉很真，就像是在讲我的故事，所以我很感兴趣，努力寻找有效的维权方式，也很快就找到了解决实际问题的方法。

F 学生：我觉得 B 老师课上呈现的同学采访律师的视频很好，通过专业解答让我们更清楚地了解了生活中以正确方式维权的方法和重要性。我印象比较深刻，以后也会运用到生活中去。

通过对学生的访谈，Y 老师知道引导儿童生活构建的关键在于能够直接满足学生真实的道德需求，解决他们真实的道德困惑。学生是真实性学习的主人，教师要让学生在真实的生活情境中产生"真感悟""真发现"，并将之运用于生活中，只有这样，我们的道德教育活动才会有意义、有价值。

案例思考题

1. 你觉得是否有必要实施基于学生生活的小学道德与法治真实性学习？

2. 基于学生生活的小学道德与法治真实性学习的实施策略（要素）有哪些？

3. 阅读本案例，运用新课标中课程理念的相关内容，说一说你对本案例中 A 老师以教材为本的灌输式学习的理解。

4. 阅读本案例，运用新课标中课程理念的相关内容，简述你对本案例中 B 老师基于学生生活的真实性学习的理解。

5. 本案例中，A、B 两位老师对《用好法律 维护权利》一课的不同教学设计给你带来哪些启示？

成长感悟篇

感悟 1 体验即生长

王银娣 江苏省特级教师 徐州市大马路小学

"体验即生长"教学主张的提出是一个不断摸索的过程，在这一过程中，我逐渐进入了研究状态，养成了探究、反思的习惯，转变着自己的教育教学方式，引导学生在体验中成长，也体验着自己的专业成长。

邂逅"体验"，确定研究方向

2007—2010 年，我在徐州师范大学（现江苏师范大学）攻读硕士学位，学习、进修为我打开了一扇扇知识之窗，使我开阔了视野，让我渐渐明白教育的本质与真谛，获得了智慧的启迪。在学习中，我逐渐认识到"体验"对个体生命成长的意义。2009 年，硕士论文开题，我把"体验"作为研究、撰写论文的主题和方向，同年，徐州市教科所首次组织教师开展市级个人课题研究，我及时申报了第一个"体验式教学"课题——"小学六年级体验式作文教学的研究"并成功获得了立项。立项成功后，我以课题为抓手进行读书学习和体验教学实践，取得了很好的教学效果，也为写作硕士论文积累了大量素材。2009 年，我的第一个"体验式教学"课题顺利结题。2010 年，我完成了 5 万余字的硕士论文，通过预答辩、答辩、抽检、盲审，成为第一批硕士论文答辩成功的学员，并获得专家组一致好评，同年 12 月获得硕士学位。之后，2011 年度、2012 年度又完成了第二、第三个市级"体验式教学"课题的研究并顺利结题。2022 年 1 月，我申报的江苏省"十四五"规划课题"红色基因涵育青少年学习成长的校本化实践探索研究"成功立项。

爱上"体验"，彰显教学特色

2012 年，大马路小学的刘文琪校长鼓励我往品德教学方向发展，并得到了市教研室左兆军老师的鼓励和支持，在一次次品德教研活动及比赛磨炼中，我认识到品德课程在学生生命成长中的分量，也坚定了"体验式品德教学"这一专业发展方向。

教育家蒙台梭利曾说："一件事，我听说了，随后就忘记了；我看到了，也就知道了；我做了，很自然就理解了。"生命成长需要在活动中体验，在体验中提升生命的质量，学生只有通过亲身体验获得的东西才是真正意义上的学习和获得。在教学研究的过程中，我逐渐认识到体验活动在促进学生的品德生长乃至生命成长中的重要作用，体验为学生的主动发展和自主创新提供了可能性条件，是学生喜闻乐见的方式。教育教学应建立在"儿童生命发展"之上。基于此，我努力遵循学生生命发展的内在本性，以体验活动为教和学的基本形式，以学生的心理需求作为体验活动设计的起点，让学生成为体验活动的主体，亲历体验过程，在活动中感受，在感受中发现，在发现中探究，在探究中挑战，一次次完成心智的历险，一次次完成生命成长的飞跃。

有效的体验活动使学生的生活体验与道德体验、知识学习与社会参与、问题探究等彼此渗透，更好地促进了学生的品德养成与自身发展。在此过程中，我也形成了自己鲜明的教学风格。

潜心"体验"，凝练教学主张

2014 年，大马路小学成立了以刘杰老师为带头人的"自主成长团队"。建队之初，张艳校长就对成员们提出了明确要求，要求大家在成长过程中找到自身再发展和自我超越的生长点——教学主张。基于前期的思考与实践，我以课题研究为抓手，边研究，边实践，边凝练。我开始申报市级个人"体验式品德教学"课题，在品德教学中开展体验式教学的实践研究，逐步探索以体验活动促进学生品德生长的方式与方法。

在课题研究期间，我超越单一的书本知识的传递和接受，指导学生在活动中真实体验生活、主动参与生活、创造生活。2012—2019 年，我先后完成了低年级"'体验式'品德养成教育的研究""品德教学中体验活动有效性的研究""在品德教学中依托体验活动实现'学进去·讲出来'的实践研究""小学品德体验教学活动的设计研究""在道德与法治教学中唤醒学生积极情感体验的研究"5 个"体验式品德教学"课题，并以此为基础，提出了"全景式自主体验'德育范式的构建与实施"的构想。这一构想于 2017 年 6 月被江苏省教育厅批准为首批"品格提升工程"项目，2019 年 1 月成功结项，并被评为江苏省品格提升的"优秀项目"。

在课题研究、项目建设过程中，我始终围绕"体验"这一关键概念开展深入研究，关注学生作为一个"完整""独立""自主"的人的成长与发展，关注学生这一实践主体的内心体验，以身"体"之，以心"验"之，学生所有的学习、生活都成为体验的源泉与场景。学生由过去知识的被动"受体"到现在的体验和认知主体，在真实的情境中体验与探究，激活已有的生活经验，用体验认知尝试解决实际问题，形成由已知到未知的触类旁通、举一反三的思维深度发展，呈现思辨攀升的台阶状态，实现能力与智慧的螺旋上升，在主动探索、实践、思考、运用过程中实现自主成长，我也最终形成了"体验即生长"的教学主张。

向体验更深处漫溯

在体验式教学、课题研究及项目建设过程中，我也逐渐明晰了体验的目的就是呼唤学生内心的情感，只有当体验内容回归内心、回归本心，才能启动最本真的情感。为此，我更加积极关注学生的内心世界，拨动学生心灵的琴弦，走进学生的内心深处，进行情感的感染、心灵的互动，唤起学生获得积极情感体验，引导学生愿意接纳新经验、新事物，悦纳自我，用积极态度对待他人，激发自身的优势与潜力，促进个体的发展与适应，形成积极的人格特质。新的研究，新的起点，我将继续为学生创造潜能的开发提供广阔的体验舞台，促进他们自然生命和精神生命的蓬勃生长，构建儿童挥洒生命活力的天地。2022 年 3 月，我主持的江苏省"十三五"规划课题"小学道德与法治教学中促进学生积极情感体验的实践研究"成功结题。

回首十余年来走过的路，正是在课题研究和教学实践的相辅相成中，我逐渐形成了自己的教学风格，提出了"体验即生长"的教学主张。"体验"引人入胜，"体验"魅力无穷，"体验"带给学生和我生长的力量，"体验"也将伴随学生和我继续成长……

感悟 2　做促进学生学习的设计者

宋梅　江苏省特级教师　徐州市太行路小学

　　课堂是教师的"道场"，作为育人的主阵地，课堂承载着非比寻常的意义。道德与法治课程教学是立德树人的重要途径。如何提高课堂教学实效，如何使学生在课堂学习中获得发展，是每位道德与法治教师必须要面对的现实问题和重要使命。在执教了两轮"夺取抗日战争和人民解放战争的胜利"课程教学实践的过程中，我和课题组的老师们一起学习、实践、反思、改进，在"教—学—评—改"中共同成长。

教师应从知识传播者转向学习设计者

　　教和学是一个统一的整体，教师应在课堂教学中给任务、给资源、给支持，让课堂真正以学生为主体。在第一轮的教学实践中，我们设计了"翻转课堂，自主先学"的任务，让学生课前先自主学习，课上再交流学习收获，这样学生能够积极参与。在第二轮教学实践中，教师设计了"从甲午战争到卢沟桥事变，为什么日本对中国的侵略持续不断?"等三个驱动性问题，发布创课挑战，提纲挈领地引导学生思考和研究，学生自主选择其中一个感兴趣的项目问题，组成项目小组，思考辨析、收集资料、制作创课，并把自己的课前学习成果以创课的形式进行发布。教师引导学生围绕项目主题，进行线下的小组交流。学生在项目小组内明确分工，教师深入到小组内，给同学实时的评价，激发学生共享资源、碰撞思想、交流收获。在学习的过程中，学生自主地加入适合自己的学习小组中，充分参与小组的合作探究，从而获得更多的发展。在参与共同体的学习活动中，每个成员都能认识到自己的价值，并获得在班级的身份认同，最终使课堂学习共同体成为一个和谐统一的场域。

教师应从教学实施者转向课程领导者

　　学科知识、社会生活、教师和学生的经验具有整体性、联系性。教师应该把割裂、分离的东西整合成有内在联系的"课程有机体"。课程是"活"的。在本课第二轮教学实践中，教师从细碎零散的知识点中抽离出来，全面分析和掌握教材，对课程内容进行创造性重构。教师还对课程内容进行创生，以学习单的形式，请学生一起创建一个抗日战争纪念馆，建议学生用图片、视频、音乐等形式，描述抗日战争的爆发及过程，包括九一八事变、南京大屠杀、台儿庄战役等内容。教师从"教的专家"转向"学的专家"，师生协同学习的关系形成了巨大的"学习场"，这种平等协作的方式很大程度上解放了学生的学习力，促进了学生高品质思维发展和学习。

　　学校改革的核心在课堂，读懂课堂，是每一个教师成长的标识。作为一名小学道德与法治教师，面对时代的召唤，我们应在教学与研究中探寻有力支点，努力上好每一节课，努力成为学生喜爱的教师。

感悟3　对话"新苏州人"，爱我美丽新家园

华琳智　中小学一级教师　苏州工业园区星湾学校

　　新课标对义务教育道德与法治课程功能的定位是以立德树人为根本任务，发挥课程的价值引领作用。课程面对"成长中的儿童"，从"自我"开始，以"成长中的我"为原点，随着儿童年龄的增长，他的交往范围和社会生活不断扩展。基于课程培养核心素养的要求，一线教师就要认真选取与儿童的生活经验、社会要求紧密相关的内容，注重儿童的生活经验、社会要求和学科体系之间的内在关联，组织综合性的课程内容进行教学。

　　执教二年级上册第四单元第14课《家乡物产养育我》这一课时，我根据"新苏州人"较多的班情，选择了合适的内容，精心设计了教学目标。教学为了学生，我深刻懂得教学应从学生出发，依靠学生展开。我将教学目标设定为：了解家乡有哪些物产，感受家乡物产的丰富。了解家乡本地产业的特点，初步了解家乡物产与自然环境、经济发展特点，以及与人们生活的关系，激发学生喜爱家乡物产、热爱家乡的情感。同时，我非常注意培养学生的收集、整理资料和信息的能力。总体设计立足学情、目中有人，教学目标定位准确、教学内容精心选择。课上通过系列教学活动，吸引学生参与课堂实践，真正实现了以学生为主体的教学思想，体现了新课标新理念。

　　着眼"对话"是我课堂教学的特点，教学中时时处处贯穿"对话"，整节课层次清晰、设计巧妙、时效性强。正因为教学设计兼顾了"有趣"和"有效"，所以学生上课非常投入。在"视频导入、激发学生兴趣"环节，我播放苏州城市宣传片《美丽苏州》，该片形象直观地介绍了苏州，引发学生想起家乡，直奔教学主题，激发其学习兴趣。在"逛博览会、体验物产丰富"环节，我让学生课上反馈课前小调查情况，引导学生分享自己家乡物产，激发其自豪感，同时引导学生在小组活动中积极与他人对话。在"游苏州馆、热爱苏州物产"环节，我采用讲故事、看视频、品美食等方式，让学生感受到家乡物产的丰富、人情味浓厚，了解家乡物产对家乡发展的贡献，激发身为苏州人的自豪感。"拓展作业、苏州物产宣传"则是一个课外实践活动，我为学生创设了课外实践平台，引导学生由教材、课堂走向广阔的生活，从而实现与生活、与自我的对话。从教学效果来看，学生的思维是活跃的，情绪是饱满的，他们体会到了学习有收获的喜悦，我也看到了课堂生成的精彩。

　　这节课一共有两次小组活动，第一次小组活动交流课前小调查"我的家乡产什么"。这次小组活动，既有对课前准备活动情况的检查，又明确了课中交流活动的要求，促进了师生、生生、生本以及学生与生活之间的对话，一定程度上提高了学生小组合作的有效性。第二次小组活动是创设情境，由于苏州博物馆为我们星湾学校学生提供了一个展台，我设计了请学生上台介绍物产这一环节。这次小组活动比之前"我的家乡产什么"要求提升了，学生要以小组为单位，介绍自己所调查到的家乡物产，比如包括物产名称、用途或制作工艺、物产的故事等。在分享活动环节，我要求学生不是"展示一下"就可以，而是要通过交流调查收获以及自己的感受来促进情感的升华，让学生通过本课学习，知道家乡物产的丰富以及物产和自然环境、本地经济发展之间的联系。利用本次教学活动，我引导学生就如何开展小组合作活动进行了具体指导，大大提升了学生合作学习的能力。

　　道德与法治课程学习源于生活。同时也只有回到生活，才能得到检验和践行。因此，要把道德与法治课的学习延伸至社会，教师就要带领学生走出课堂、走出学校，充分利用各类教育资源、教育场馆，使学生在社会生活中，充分感受家乡的发展变化，使道德与法治课程教学更具有真实性和针对性。课后拓展作业和班级的雏鹰假日小队进行了整合，让学生走出课堂看发展，坚持知识教育与实践教育相结合，引导学生通过参观访问、研学活动等形式，灵活运用所学知识，把知与行统一起来。总之，道德与法治是一门综合课程，作为一线教师，必须立足发展学生的核心素养，综合考虑学生发展的特点和需求，以学生的真实生活为基础，根据他们的思想发展动态，有针对性地选择相关的内容，使"爱家乡""为家乡自豪"真正地入脑入心，并化作学生自觉的行动，培养学生的家国情怀和政治认同感。

感悟4 逆流而上，追寻灵魂美好

宗海玲　中小学高级教师　徐州市经十路小学

有人说，懒惰是人类的劣根性。这次教学案例写作过程就是我和懒惰做斗争的过程。

疫情期间，我第一次收到案例写作要求时，粗略浏览了一下，看到这么多的字数要求，这么"高大上"的写作范例，这么高深的教育教学名词，第一反应就是我写不出来，直接就放弃了。后来，我们工作室的首席、江苏省特级教师王小倩老师亲自打电话给我，鼓励我完成任务。碍于情面，我只好又详细地看了要求和参考范例，觉得好像也有点写作思路。但当时新冠疫情来势汹汹，我心想：写这些又有什么益处呢？虽然嘴上答应了，心里面却还是抗拒的。规定时间要求上交写作框架，我也始终没有动笔。又过了一段时间，王老师直接把我们拉进了一个案例写作QQ群，江苏师范大学陈美兰教授也在。看到陈教授的热情鼓励，想到王老师的苦口婆心，看到群里这么多的学习榜样，我觉得很惭愧，觉得再也没有懒惰的理由了。

但写什么呢？想到自己最近的思考和实践，就写近期我们教研组的一次教研活动吧。这次教研活动是以五年级下册第三单元第10课第二部分"夺取人民解放战争的胜利"为教学内容的。很快我拟定了写作框架发给陈教授，陈教授从案例题目到关键词确定，到每一部分内在逻辑关系都给予了细致指导，让我感受到大学教授的高屋建瓴和君子之风。此时，我不禁万千庆幸，幸好我开始动笔去写了，不然如何能得到这么优秀的专家引领呢？专家一句话，往往就会打开我们的思维之门。

确定了框架，我就利用居家办公的大把时间，开始了认真的写作。当我开始写作时，就被转移了注意力，我对疫情的恐惧也减退了不少。之所以说"细致地写作"，是因为我对遇到的每一条教育名词，涉及的每一个教育政策法规，文中提到的每一个教育现象都进行了几乎竭泽而渔式地查询或学习。查家里的教育书籍，查网上的相关资料，查知网上的学位论文，其间还回学校一趟取回了一些储存在学校里的资料和书籍。当我沉浸在写作世界里时，我充分感觉到这种梳理、思考和再学习的快乐，也是一种久违了的写作之乐。如果人是有灵魂的，那么无尽的懒惰、对疫情的恐惧或是为了忘却这种恐惧而在各种短视频、影视剧中游走时，人的灵魂是向下行的；而现在的写作、思考，以及和优秀团队同向同行，灵魂则是向上的。顺流而下自然不用费力，但得到的依旧是惘然；逆流而上固然辛苦，得到的却是美好和坦然。

　　当案例进行到三分之二的时候，开学了。生活的节奏再次被改变，我又开始犯懒，原来写作时那些美好感觉也如宝石一般被雪藏。直至被催稿，我才又开始动笔，就像戒烟、戒酒很难，戒掉懒惰一样困难。我怀着惴惴不安的心情把写好的案例发给陈教授。当看到陈教授的留言"文笔很流畅，把项目化学习的精髓写出来了""而且案例紧密结合教材、学情和探究实践，有血有肉"时，我喜悦万分，看了又看。

　　回顾整个写作过程，如果没有王小倩校长的一再督促，没有陈美兰教授的悉心指导，没有团队同人的携手同行，也就没有这篇案例的新鲜出炉。和优秀的人在一起，成长是不知不觉的，但愿我一直有这样的幸运，感恩！

感悟5　困难·追寻·幸福

王小倩　江苏省特级教师　徐州市云龙小学

回顾这次撰写小学道德与法治教学案例的过程，可以分为三个阶段。

困难的开始

陈美兰教授找到我，说是否愿意组织工作室的老师参加小学道德与法治教学案例的撰写工作，我毫不犹豫地答应了。当时想法比较"肤浅"，仅仅是基于"责任"，作为名师工作室的主持人，有责任借智借力为团队拓展实践平台，提升团队的专业水平，带领团队不断进步。陈美兰教授是江苏师范大学马克思主义学院的教授，是小学道德与法治课程的教学专家，是深耕教学一线、受教师喜爱的学者。跟着这样一位德高望重的前辈学习，团队的进步一定很快。但是，当我把这些想法告诉团队老师们时，大家却感觉到完成这个任务非常困难，有极大的畏难情绪。为了鼓励老师们，也是为了起到一个示范带头的作用，我决定也写一篇。

追寻的过程

写作开始了，才发现鼓励老师们容易，自己要想完成这个任务，难度还是不小。首先要解决写什么的问题。写案例不能记流水账，要在案例的分析中，体现自己的教学主张。自我追问，我的教学主张是什么？这篇案例要围绕什么主题去写？回顾二十多年的教学经历，梳理自己的德育工作心得，心里闪现出"智慧德育"四个字。

我追寻的德育课堂，是灵动、充满创造力、充满生命活力的。我想培养的学生是敢于实践、敢于创新、会动脑解决问题的，这不就是实践的智慧、人生的智慧吗？我把想法告诉陈美兰教授，陈教授说，"智慧德育"好，针对当下道德与法治教学过程中依然存在的"知性德育""形式德育"，"智慧德育"的提出是有价值的。得到了陈教授的肯定，我也坚定了写作方向。

2020年的春天，疫情来临，停课不停学的线上教学，使我们的寒假变得异常繁忙。作为学校的业务校长，要设计学校的线上课程、培训老师进行线上教学，要制作微课、进行线上教学，还要进行网络教学的管理评价、完成宣传报道的任务……那段时间的忙碌，远远大于正常的线下学习生活。忙碌中，心也难以安定，本来计划要写的案例，没写出几个字。感谢陈美兰教授，她无比耐心、无比坚定。她组织我们开展线上学习，帮助写作的老师们一个一个筛选主题，修改方案，指导写作方法。线上指导会议，一开就一个多小时。看到陈教授如此敬业，我深深感动了。再忙也不能丢掉"灵魂"，再忙也不能忘掉对育人思想的梳理。感谢工作室的小伙伴们，看到大家都在坚持，我也备受激励，重新规划延迟开学期间的生活，一边学习，一边工作，一边写作，日子过得充实而有意义。

代替当初"肤浅"的，是步步深入的写作过程。第一稿没什么思路，几乎是模仿陈教授给的案例写。陈教授给予我很多详细的指导。我认真记录，反复琢磨，决定在第二稿动笔之前，先梳理清楚自己的教学主张，想清楚了再动笔。围绕"智慧德育"，我阅读了《回归道德智慧——转型期的道德教育与教师》《情感教育论纲》《德育新论》《儿童哲学》等专业书籍，逐渐明晰了"智慧德育"的概念，确定了"智慧教师""智慧过程""培养道德智慧"三个核心要素，总结了智慧德育引导儿童自主建构、发挥道德享用功能、讲述儿童生活故事、创设多样化情境、创新品德评价方式五个实施路径。写第二稿时我努力寻找同道德与法治的教学连接点，借着案例写作，让自己的德育教学主张落地、生长。

幸福的收获

终于完成案例撰写，我感到非常幸福。幸福之一：每次给陈美兰教授发去文稿，她总会先说"辛苦辛苦"，然后给予你细致的指导。我想，我们哪里辛苦，辛苦的是陈教授。我们这些"70后"师范生，没有上过大学，底子薄，能力弱，看我们这样的文章，陈教授一定是非常头疼、费力的。可是她始终热情鼓励，耐心指导，"先生之风，山高水长"，陈教授的先生风范，令我佩服景仰，也为我树立了榜样。幸福之二：曾经很多领导同事对我说，作为特级教师，你要形成自己的教学思想，我嘴上应着，但从未认真思考过。这一次的写作让我认认真真回顾了自己的教学经历，提炼了自己的教学主张，这一主张也许还不够成熟，但是，我已经拥有了方向，拥有了坚定前行的力量！

写作是一种坚持，思考是一种成长，有陈美兰教授的热情指路，有工作室同伴们的携手同行，我们在小学道德与法治教学的研究之路上，必然会越走越高远，越走越幸福！

感悟6 "德美"课堂，让学生成为美好生活的创造者

房敏 中小学高级教师 徐州市解放路小学

我是解放路小学的道德与法治课教师，并不出类拔萃，能够取得一点儿成绩，有很多不期而至的"偶遇"。"和什么样的人在一起，就会有什么样的人生。和勤奋的人在一起，你不会懒惰；和积极的人在一起，你不会消沉；与智者同行，你会不同凡响；与高人为伍，你能登上高峰。"——这是我在成长路上体会相当深刻的一句话。我的成长得益于江苏师范大学陈美兰教授的引领。因为一次"偶遇"，陈教授改变了我的成长轨迹，引领我从经验型教师走向研究型教师，加速了我的专业发展步伐。"立德尚美，向美而生"是我道德与法治课的教育教学主张，"德美课堂"是我18年课堂教学实践的积淀与思考，也是我践行新课改理念的价值追求。

党的十八大提出"把立德树人作为教育的根本任务"。立德树人指明了基础教育的首要任务，坚持育人为本，通过适切的教育助力学生成长。如何践行立德树人，在我看来应始终坚持以德为先，通过优秀的道德与法治"德美"课堂引导学生、感化学生、激励学生。尚美就是追求并崇尚美感。蔡元培先生曾以"以美育代宗教"的主张，认为美育是一种重要的世界观教育。美是"好"，是"善"，至善者至美，至美者至善，美是立德、行事、育人的至高境界。以美熏陶人，以美激励人，以美塑造人，引导学生在教学活动中，在课堂实践中寻找美、发现美、体验美、感悟美，进而表现美、创造美。人之作美，善之广大，这也是我的人生追求。向美而生，让学生成为美好生活的创造者是我的教育主张。

"德美"课堂作为儿童生活的载体，是学生体验展示的课堂，它不是以教为主体的课堂，是生活化感悟熏陶的课堂，不是被动接受的课堂，是尊重生命释放灵性的课堂。"立德尚美，向美而生"的"德美"课堂应当是充满智慧和美好、生活和思辨、情感和审美的活动型课堂。"德美"课堂的提出使我的教学改革之路更加明确，我想我的道德与法治"德美"课堂的追求，就是和学生在一起把事情做对、做好、做美，让美跃动心灵，让五官在美中打开。课程设计的最终目标是以美引善，培养创造未来美好生活的社会小公民，到那时，教育的生态自然而然就丰富而有质感了。

综上所述，"德美"课堂是尊重儿童生命成长内涵，遵循儿童学习规律的课堂。我将继续立足根本进行探索，把握课堂内德育与美育之间的联系，不断拓宽思想政治教

育领域，延展多彩德美教育内容，转变德育方式，呈现多种"德美"课堂样态。努力营造德美氛围，创设德美情境，最终促进学生能力发展、素养提升和生命成长，引导学生真正向美而生！

　　这就是我所追求的"德美"课堂的价值与意义所在。

参考文献

一、著作

[1]求是杂志社政治编辑部．社会主义法治理念教育学习问答．北京:红旗出版社．2006

[2]曹义孙．多面向的法治教育．北京:中国政法大学出版社．2012

[3]陈会昌．道德发展心理学．合肥:安徽教育出版社．2004

[4]陈静静．学习共同体:走向深度学习．上海:华东师范大学出版社．2020

[5]成尚荣．核心素养的中国表达．上海:华东师范大学出版社．2018

[6]成尚荣．教学律令．上海:华东师范大学出版社．2018

[7]丁锦宏,冯卫东,严清,杨曙明．走近教育大师——中外教育家言论辑评．北京:北京
   大学出版社．2006

[8]董一红．语文课堂的理想追求——和润课堂欢快达成三维目标．南京:江苏教育出
   版社．2011

[9]高德胜,章乐,唐燕．接上童气:小学《道德与法治》统编教材研究．北京:人民教育出
   版社．2019

[10]陈美兰．中学政治学科教学案例研究．北京:北京大学出版社,2022

[11]顾润生,盛晓英主编．小学《道德与法治》六上(法治专册)备课指南．南京:江苏人
   民出版社．2020

[12]李吉林．激情萌发智慧——李吉林情境教育论文选．北京:教育科学出版社．2016

[13]李吉林．为儿童的学习．北京:外语教学与研究出版社．2008

[14]李晓文．学生自我发展之心理学探究．北京:教育科学出版社．2001

[15]林良富．课堂教学生活化的实践与探索．宁波:宁波出版社．2004

[16]刘惊铎．道德体验论．北京:人民教育出版社．2003

[17]鲁洁,王逢贤．德育新论．南京:江苏教育出版社．2010

[18]鲁洁,夏剑,侯彩颖．鲁洁德育论著精要．福州:福建教育出版社．2016

[19]鲁洁．义务教育教科书教师用书《道德与法治》六年级上册(2011年版)．北京:人民
   教育出版社．2019

[20]孙彩平．怎样上好小学道德与法治课．南京:南京师范大学出版社．2020

[21]万增奎．道德同一性的心理学研究．上海:上海教育出版社．2009

[22]汪凤炎,郑红,陈浩彬．品德心理学．北京:开明出版社．2012

[23]吴安春．回归道德智慧——转型期的道德教育与教师．北京:教育科学出版

社．2004

[24]杨四耕．体验教学:新课程教师必读丛书．福州:福建教育出版社．2008

[25]中华人民共和国教育部．义务教育道德与法治课程标准(2022年版).北京:北京师范大学出版社.2022

[26]钟启泉,崔允漷,张华．基础教育课程改革纲要(试行)解读．上海:华东师范大学出版社.2001

[27]钟启泉．解码教育．上海:华东师范大学出版社.2020

[28]朱小蔓．关注心灵成长的教育．北京:北京师范大学出版社.2012

[29]朱小蔓．情感教育论纲．南京:南京师范大学出版社.2020

[30][德]席勒著．审美教育书简．张玉能译．南京:译林出版社.2009

[31][法]安德烈·焦尔当著．学习的本质．杭零译．上海:华东师范大学出版社.2015

[32][美]约翰·杜威著．民主主义与教育．陶志琼译．北京:中国轻工业出版社.2014

[33][美]科尔伯格著．道德发展心理学——道德阶段的本质与确证．郭本禹等译．上海:华东师范大学出版社.2004

[34][美]理查德·保罗,琳达·埃尔德著．思辨与立场:生活中无处不在的批判性思维工具．李小平译．北京:中国人民大学出版社.2016

[35][美]帕克·帕默尔著．教学勇气——漫步教师心灵．吴国珍等译．上海:华东师范大学出版社.2005

[36][美]约翰·D.布兰思福特等著．人是如何学习的:大脑、心理、经验及学校(扩展版).程可拉等译．上海:华东师范大学出版社.2013

二、期刊论文

[1]董一红．构建有温度的爱国主义道德与法治课堂．教学与管理．2020(7)

[2]顾润生．道德与法治课程性质界定与误区分析——基于课程内容的思考．中小学德育．2018(2)

[3]何声清．国外项目学习对数学学习的影响研究述评．外国中小学教育.2017(6)

[4]李道强．提升道德与法治课教学艺术三策．中学政治教学参考.2019(2)

[5]李季．德性内生:论儿童品德的自我建构．中小学德育.2012(1)

[6]唐隽菁．每课三问:提升学生公民素养的实践探索．中小学德育.2016(12)

[7]赵幼明．道德与法治课思辨力培养三策略．中学政治教学参考.2019(23)

[8]朱小蔓．关于学校道德教育的思考．中国教育学刊.2004(10)

三、硕士论文

[1]李会丽．G小学项目化学习个案研究．上海:上海师范大学.2020

[2]张丽娟．项目式学习在小学语文阅读教学中的应用研究．成都:四川师范大学.2018

四、报纸、标准

[1]习近平主持召开学校思想政治理论课教师座谈会强调用新时代中国特色社会主义思想铸魂育人 贯彻党的教育方针落实立德树人根本任务.人民日报.第1版.2019-03-19

[2]习近平.在学校思想政治理论课教师座谈会上的讲话.人民日报.第1版.2019-03-18

[3]中办国办印发关于深化新时代学校思想政治理论课改革创新的若干意见.光明日报.第1版.2019-08-15